mingjiawenku
diancangban

名家文库 典藏版
胡适 著

胡适精选集

北京燕山出版社

目 录

胡适:但开风气不为师 …… 孙郁 001

诗歌编

蝴蝶 ………………………… 003
中秋 ………………………… 003
虞美人·戏朱经农 …………… 004
江上 ………………………… 005
一念 ………………………… 005
鸽子 ………………………… 006
老鸦 ………………………… 007
三溪路上大雪里一个红叶 …… 008
新婚杂诗(五首) …………… 008
老洛伯"Auld Robin Cray" …… 011
四月二十五夜 ……………… 014

关不住了！ ……………… 015
"应该" ……………………… 016
"威权" ……………………… 018
乐观 ………………………… 019
一颗遭劫的星 …………… 021
一笑 ………………………… 022
湖上 ………………………… 023
梦与诗 ……………………… 024
十一月二十四夜 ………… 025
双十节的鬼歌 …………… 026
希望 ………………………… 028
晨星篇 ……………………… 029
西湖 ………………………… 031
秘魔崖夜月 ……………… 032
也是微云 ………………… 033

散文编

文学改良刍议 …………… 037
历史的文学观念论 ……… 048
归国杂感 ………………… 051
论短篇小说 ……………… 058
建设的文学革命论 ……… 070
易卜生主义 ……………… 085
贞操问题 ………………… 102
不朽 ………………………… 112

目录

多研究些问题，少谈些"主义"！ … 121
三论问题与主义 …… 126
四论问题与主义 …… 135
新生活 …… 140
谈新诗 …… 142
什么是文学 …… 161
杜威先生与中国 …… 164
十七年的回顾 …… 167
差不多先生传 …… 172
读书 …… 174
庐山游记(节选) …… 182
中国公学十八年级毕业赠言 …… 188
我的母亲 …… 190
追悼志摩 …… 195
逼上梁山 …… 204
平绥路旅行小记 …… 234
信心与反省 …… 243
三论信心与反省 …… 250
写在孔子诞辰纪念之后 …… 256
个人自由与社会进步 …… 263
记辜鸿铭 …… 269
高梦旦先生小传 …… 275
北京大学五十周年 …… 278
自由主义 …… 282

序跋编

《尝试集》再版自序 …………… 291
《吴虞文录》序 …………… 300
《蕙的风》序 …………… 304
《科学与人生观》序 …………… 312
《词选》自序 …………… 330
跋《白屋文话》 …………… 336
《人权论集》序 …………… 340
《四十自述》自序 …………… 342
《师门五年记》序 …………… 345
《梁任公先生年谱长编初稿》序 … 348

书信编

致胡近仁 …………… 355
寄陈独秀 …………… 360
答钱玄同 …………… 363
答朱经农 …………… 368
给沈尹默 …………… 371
致郭沫若、郁达夫 …………… 374
致鲁迅、周作人、陈源 …………… 377
致刘公任 …………… 380
致胡祖望 …………… 382
复吴晗 …………… 385

致徐志摩 …………… 387
答陈英斌 …………… 389
致罗尔纲(三札) …… 391
致吴健雄 …………… 396
致俞平伯 …………… 398
致张爱玲 …………… 401

日记编

一九一四年一月二十五日(三则) … 405
一九一四年六月七日 …………… 407
一九一五年五月二十八日 ……… 409
一九一五年十月三十日(二则) …… 410
一九二一年八月三十日 ………… 413
一九二三年十月十三日 ………… 414
一九三七年二月十日 …………… 415

创作要目 ………………………… 416

胡适:但开风气不为师

孙 郁

一

胡适的影响力一直在某一阶层的学人里,但并不在民间。20世纪晚期的中国小说家们、诗人们,也并不在意他的存在。从50年代开始,他一直是中国大陆冷落的对象,直到20世纪末,亦难说有多少人真正走进了他的世界。但在中国的现代化进程里,他是功勋卓著的人物,其思想与人格,均可谓旷世难寻。

美国国务卿腊斯克在胡适去世后,曾称赞其为"本世纪历史性伟大人物之一,满怀勇气和智慧";蒋介石在给胡适的挽联上竟写着"新文化中旧道德的楷模,旧伦理中新思想的帅表"。这些言辞足以表明对他在中国文化史上的特殊位置的肯定。理解整个20世纪文化,如果不深入到这位伟大学人的世界里,我们自然无法窥测到这段历史的另一面。而这一面所呈现出的精神秩序,显然在未来的世界里,将具有更为重要的意义。

胡适给人的印象是温文尔雅的,在他的文字背后,一直站着一个和蔼可亲又严谨不苟的学人形象。我读他的书,很少领略到心灵层面的形而上的东西,这一点,他和鲁迅比,有着遥遥的距离。但他的迷人之处,在于其人格的与知识层面上的执着精神,这是历代学人中最少有的品格。论文化史的贡献,他不及章太炎、王国维、陈寅恪,谈白话文写作,亦不如周氏兄弟。但言及对一个时代变革风气,不得不推他为领袖式的人物。成就他事业的,不是政治的与人格的因素,在我看,更主要是他的科学的知识论和民主的作风,此乃历代中华文明史中最缺乏的因子。胡适由于在这两方面不遗余力地奋斗了一生,其诱力当不下于同代的诸多闻人。

自16世纪意大利传教士利玛窦来华传教,把西方文明带到中土后,中国涌现了几批深明东西方文化的学人。无论是"中体西用"还是"西体中用",在解救中华文明的弊端上,许多学人陷入了自相矛盾的困境。从黄遵宪那代人开始,学人们一直面临着这种棘手的选择。胡适出生的时候,中国已进入了清代的末期,他到美国留学的年代,正逢科学主义思潮汹涌之时,文化背景,与魏源、王国维那代人也有了不同。单就对他影响最大的实证主义哲学而言,其在知识论上的革命,对中国人而言,无疑是划时代的。胡适后来在《介绍我自己的思想》一文中说道:"我的思想受两个人的影响最大:一个是赫胥黎,一个是杜威先生。赫胥黎教我怎样怀疑,教我不相信一切没有充分证据的东西。杜威先生教我怎样思想,教我处处顾到思想的结果。这两个人使我明白了科学方法的性质与功用。"应当说,被实证主义意识武装起来的他,在日后中国文化革命史上,起到了先锋的作用。后来的五四运动,如果是以基督教的文化为旗帜,或以工业革命为旗帜,均不能算是真正意义上的文化革命。而恰恰是"民主"与"科学"这两个范畴,在真正意义上确立了现代启蒙的根本内容。胡适在五四新文化中充当了旗手的角色,也正是他崇尚的科学主义的思想深入人心的结果。在这里,胡适找到了中国人思维结构与知识结构致命的弱点,以此为突破口,他才在文化史上,肩负起了重大的历史使命。

杜威的实证主义哲学,在胡适眼里是充满魅力的精神殿堂。胡适认为,在杜威眼里,有系统的思想通常要通过五个阶段:其一,为思想之前奏,是一个困惑、疑虑的阶段。这一阶段导致思想者认真去思考。其二,探究疑虑,决定这疑虑和困惑究在何处。其三,寻找方法,为解决这些难点去寻找一个解决问题的假设。其四,在这些假设中选择其一作为他的困惑或疑虑的可能解决的办法。其五,也是最后阶段,思想的人在这一阶段要求证,把大胆选择的假设,小心地求证出来。① 应当说,这个思路被胡适在总体上继承了下来,它在方法论上,动摇了不可证伪的宗教玄学,也动摇了一切理想主义的形而上学的根基。中国的现代启蒙必须以此为出发点,只有站在这种非功利、实证的角度上,我们才能找到一条清理旧精神的道路。

在这样的道路上,儒学自然不行,神学亦无疗效,于是只剩下了科学之路。但科学,还必须有民主与自由作保证,这两点,中国自古就没有。所以,他后来提出了比前人更为果决、更为醒目的口号:"全面西化"。由于此观点是用英文表述的,译成汉文后被攻击甚多,有人干脆讥之为"洋奴哲学"。但不管人们如何批评他,在根本点上,他欲以美国式的民主制与文化精神,补救中华文明不足的勇气,在他之前,确还是不曾有过。

但奇怪的是,建立了自己的世界观的胡适,后来却很少在哲学上深入进取,倒是在文学、考古、政治等方面,耗去一生的精力。看他在白话文的倡导,《红楼梦》的考证,美国国会与联合国上的表现,都很难与他早期学过的哲学联系在一起。他确实在渐渐偏离哲学的经院化之路,全力以赴地走向实践的大地。难怪贺麟曾感叹:哲学家胡适很少谈哲学。他一生,也并未建立过一个真正的属于自己的体系,倒是在人生哲学上,耕耘不辍,这一点,大概是理解他的一把钥匙。

---

① 参见唐德刚译注:《胡适口述自传》,华东师范大学出版社1992年版,第96页。

二

不错,只有在理解了杜威哲学的背景下,我们才能梳理出胡适思想的脉络。但这还不仅仅是其中一点。从这一点生发出的启蒙精神,才是其思想上的原色。那时候最吸引胡适的,不是玄学的静思,他的注意力一直在具体的文化问题上。这便是对语言自身的思考。

留学美国时,胡适曾在"文学科学研究部"任文学组的委员。这只是中国学生会的一个自发的组织,那时他便和赵元任等人,讨论过中国的语言文字的问题了。不久,他便在此类问题上陷入了长久的思考中。凭着他对语言的敏感,以及杜威哲学的启发,他突然发现:"原来一整部中国文学史,便是一部中国文学工具变迁史——一个文学或语言上的工具去替代另一个工具。中国文学史也就是一个文学上的语言工具变迁史。"

在文学的复杂进程里,不是以思想的变迁与文化的变迁角度来梳理旧迹,而是用思维的变迁的符号——语言的变化,来审视着客体,大概是只有受到过科学哲学训练的人,才会去如此思考的吧?

他回忆说:

> 所以在1916年7月底8月初,我就决定不再写旧诗词,而专门用活的语言文字来写白话诗了。在我还没有写出几首白话诗之前,我已决定把我下一个诗集定名为《尝试集》了。这个诗集的名字也明显的表示出我是受杜威实验主义的影响。把实验主义的哲学理论应用到文学改良运动上面来。"实验主义"告诉我,一切理论都不过是一些假设而已;只有实践证明才是检验真理的唯一标准。同时要证明一个理论之是否有真理的唯一方法,也便是想出这

个理论在实际运用上牵涉到各种情况;然后在实验中观察这一特殊理论是否能解决某一问题的初步困难,从而进一步找出一个原来所要寻找的解决方案。所以我的以白话文为活文学这一理论,便是已经在小说、故事、元曲、民歌等(文学)领域里,得到实际证明的假设。剩下的只是我的诗界朋友们所设想的韵文了。这剩下的一部分,也正是我那时建议要用一段实际试验来加以证明或反证的。①

五四新文化运动爆发后,胡适便把这一思路推向了极致,成为了那时"文学革命"中最具号召力的理论。1916年11月,他终于写出了《文学改良刍议》一文,对新文学提出了八条建议:一、须言之有物。二、不摹仿古人。三、须讲求文法。四、不作无病之呻吟。五、务去烂调套语。六、不用典。七、不讲对仗。八、不避俗字俗语。这八条,均是学人式的"形式"之谈,尚无后来陈独秀在精神层面上的酣畅淋漓的宣言那么激烈。但它却在逻辑的层面上,颠覆了僵死的文言文所呈现出的秩序,可谓在文学的内部演化史上,找到了一个新生的突破口。

从语言的进化中,确立新的文化价值观,这是只有在美国文化背景启示下才会有的思路。语言的进化,其实亦是观念的进化,可惜胡适在此就原地踏步了。他尚不具备后来语意学的理论素养,以及由此生成的语言学的更为深厚的理论构架,这限制了他在这一领域的发展。但他在这一时期不断地译介西方的学理,探讨妇女问题、贞操问题、整理国故诸问题,又把"新文化"的概念拓宽了。随着陈独秀、周作人、鲁迅等人的涌现,胡适的"文学改良"才有了真正的内容。胡适的思想那时并不在生命哲学与人性论的基点上,像法国大革命的思想和俄国革命思想,与他有着一定的距离。他不是从抽

---

① 唐德刚译注:《胡适口述自传》,同上,第149页。

象的人道观上来理解新文化,倒如周作人那样以生物学与希腊精神组合自己的思想,也不像鲁迅那样带着浪漫诗学与尼采的精神。他似乎不想从信念上建立一种什么,而是在生活习惯行为上和知识法则上来寻求新的秩序。虽然,他一开始与陈独秀、李大钊、周氏兄弟有很大的共同性,但出发点与逻辑方式的不同,最终导致了他与诸人的分化。文化启蒙终导致思想上的分道扬镳,乃至形成后来中国社会的两种不同的格局,这是青年胡适所始料不及的。

三

20世纪中国文化的分歧点,最早萌动于胡适与李大钊间的"问题"与"主义"之争。它实际是形而下与形而上两种思路的交锋。"五四"前后,西方各种思潮,如无政府主义、基尔特社会主义、马克思主义等,纷纷涌入中国。操持各种新思潮的人,许多都钟情于新的观念,其热情颇令人鼓舞。应当说,这些域外新精神,对当时的启蒙,特别是对旧文化的颠覆力,是巨大的。但胡适不久就发现了其中的问题。他认为:"所有的主义和学理应是都该研究的,但是我们应当把它们当成一种假设的观念来研究,而不应把它们当成绝对的真理,或终极的教条。"他的那篇《多研究些问题,少谈些"主义"!》的文章,便全面地表示了这一观点。李大钊看到此文后,写了反驳的文章《再论问题与主义》,认为真正的、有现实性的"主义"不应放弃,在众多"主义"中,只有马克思主义和布尔什维克主义是最重要、最正确的。他认为:"《新青年》和《每周评论》的同人,谈俄国布尔什维克主义的议论很少,仲甫先生(指陈独秀)和先生(指胡适)等的思想运动、文学运动,据日本《朝日新闻》的批评,且说是支那民主主义的正统思想。一方要与旧式的顽迷思想奋战,一方要防遏俄国布尔什维克主义的潮流。我可以自白:我是喜欢谈谈布尔什维克主义的。"

李大钊认为,俄国革命的胜利,是因为有了马克思主义,在这个主义之下,一切社会问题便迎刃而解了。言外之意,"主义"在一定时期,比"问题"更为重要。但胡适则恰恰相反,他说:

> 凡是能成问题的问题,无论范围大小,都是具体的,决不是抽象的;凡是一种主义的起初,都是一些具体的主张,决不是空空荡荡,没有具体的内容的。问题本身,并没有什么抽象性;但是研究问题的时候,往往必须经过一番理想的作用;这层理想的作用,不可错认作问题本身的抽象性。主义本来都是具体问题的具体解决办法。但是一种问题的解决法,在大同小异的别国别时代,往往可以借来作参考材料。所以我们可以说主义的原起,虽是个体的,主义的应用,有时带着几分普遍性。但不可因为这或有或无的几分普遍性,就说主义本来只是一种抽象的理想。

参与这场争论的还有蓝公武等人。这场争论可惜未能在学理的层面上继续下去,不久便被政治风潮遮掩过去了。"问题"与"主义"之争,实际上是中国人如何选择新的生存方式的步骤,即路的如何走法。坦率讲,扯起一面旗帜,一拥而上,是容易做到的。但认真地进行学术研究,从实际中寻找具体运作的方式,是殊难之事。胡适十分悲壮地选择了后者,其遭到的不解与日俱增。他的思路,自然否定了社会的巨变,与文化保守主义在某些方面交织在一起。联想起他后来和国民党政府的某些联系,便可证明,这是他的思路造成的必然结果。20世纪50年代开始,大陆学者不断批判他的思想,是有其根据的。

胡适世界中的实证主义确是中国文人最难具有的思维,这一思维因为是科学革命的产物,故在中国便成孤掌之状。一个衰弱的民族,在危难之时,最易接受的是精神信仰,一种"主义"和号召,要比沉稳、冷静的实证主义更具有魅力。胡适一生苦苦追求的，是一种科学、自由的思维方式与生活方式，然而在庸众与传统势力面前，他能说服谁呢？没有丝毫宗教情绪与神秘精神的胡适，除了在学人面前展示了他特有的风采外，对民众，他的影响甚微。在这个意义上说，他确是孤独的。

四

在文学写作与治学方面，胡适并不寂寞。他的一生，在白话文的倡导与考据学上，一直颇受人认可。了解胡适，不可不深入到他的这一领域，在这一领域，寄寓着他一生不渝的价值理想与生命情思。

我们现在看鲁迅、周作人、俞平伯、顾颉刚等人对胡适的评价文字（包括书信），是可以感受到他在当时的地位的。这一点，连他的前辈梁启超等人，也不得不佩服。胡适的新文学思想，最早体现在白话诗的写作上。用白话来写诗，在他之前，是不可想象的。但他却举起了白话文的大旗，于今回想可谓杰出的先驱。

现在说起白话诗，已很少有人会想起胡适来了。除了文学史上不能不提及他外，新诗选集里，实在找不到他一篇像样子的作品。这是他的可叹之事。"但开风气不为师"，虽清醒得可以，但与鲁迅这类人比起来，在新文学的写作实践上，他值得夸耀之处并不很多。

但他的诗话是好的，无论谈旧诗，还是新诗，他都是一个通人。他对诗自身的鉴赏力很高，加之一肚子考据学墨水，所以文章写起来别有一番味道。诗话可以有各式的写法，胡适走的是史家的路子，即，不拘于一文一诗、一时一事，而是以流动的观念看作品，于是文章便生出苍然之色。胡适的诗话从早年到晚年，思想变化不大，谈艺术性少，讲文体与思想上的规律多，这是他的一个特点。我在他的几十篇文章中，看出了他性格中一贯的东西，也看出了他精神上的一种原色。

　　早期的胡适,力主文学革命,把精力均放到白话文的开拓上。说白话文有前途,在当时是要有勇气的,这并不为世俗社会所接受。胡适的观点并不是凭空提出,杜撰着新奇的理论。看他论述中国文学史的著作,便可知道,倡导白话诗、白话文,实在是文学发展的规律使然。胡适大约从文体的演变史悟出了这些所以,谈《诗经》,讲《楚辞》,以及后来的唐诗宋词等,他眼中看到的,是人性的自然解放和自然发展的历史。他论述词的演变,看到的是白话口语对文体的影响,这自然加深了他对改革文言、进行文学革命的信心。因此,看他对古今诗人的评说,大抵很少心灵上的呼应式的读解,而是远远地站在历史的一端,对其流变的模式任意评说。他的关于"作诗如同说话"、"语必由衷,不师古人"、"诗须废律"等观点,在当时均为振聋发聩。其文章新颖、逼人、温和的口气,读了让人久久不忘。

　　旧时诗话家写作,阐诗意,解史疑,谈感慨,有着很高的雅兴。刘勰、钟嵘、沈约、严羽诸人文思浩瀚,体亦精湛。但有意推一新声,开辟新时代者尚少。胡适可说是中国诗界革命史上,在理论上贡献最大者。20世纪中国新诗的出现,实在和他的努力有关。他在留学日记中曾说:

　　　　文学革命,在吾国史上非创见也。即以韵文而论:三百篇变而为骚,一大革命也。又变为五言七言之诗,二大革命也。赋文变为无韵之骈文,三大革命也。古诗之变为律诗,四大革命也。诗之变为词,五大革命也。词之变为曲,为剧本,六大革命也。何独于吾所持文学革命论而疑之?[1]

---

[1] 《胡适全集》第28卷,安徽教育出版社2003年版,第334页。

这种思路,当时响应者甚少,但不久便被世人所认同。这并非胡适一人之力所为,而是历史进化的结果。他不过把握了历史的时机而已。但我们读他那时的呼喊之文,可见其用心的良苦。启蒙者的伟大,都留在了这类有趣的诗话语录里了。

严格地说,胡适是从未有意去写"诗话"体的文章,他的行文也并不讲究。但为什么好读呢? 一是有学识,二是有思想。这两点实在不易。比如他谈"文学堕落之原因在于'文胜质'",论据是令人信服的。"诗不可摹仿古人",亦是对文学史充分体味后的结论。他说民间文学可以上升为正统文学,以南北朝民歌为例,所谈环环相扣,颇令人信服。旧文学家是很少看上民歌的,胡适却独自于此发掘出奇意,对后代学者的影响不容小视。他介绍清末的宋诗运动,直陈其弊,读了真是快意。而批评章太炎极端的复古论调,以史为依据,并不给人强词夺理之感。这些文章都有着同样一个声音:文学是进化的。这声音像隆隆的雷声,给我们文坛带来了巨大的惊喜。

胡适认为诗要"通达",要有"力量",这样才能叫作美。他自己写不出这类的诗来,但却在理论上用力倡导之。他评陶渊明、评韦庄、评晏殊等人,用的是这一尺子;谈郭沫若、康白情、陈梦家诸新诗人,亦是这一尺子。总觉得他不仅是在写诗评,那些对通达、流利、自然的写作文体的呼唤,似乎是对人性解放的呼唤。这一呼唤不是从人生与哲学角度切入的,但文字间流出的,却是一种博大的人间情愫。他曾研究过外国十四行诗和中国古诗的韵律,从文学的流变中,发现了文学史是不断从旧的束缚中解放出来的历史。他的自觉化了的史家感觉,使他一直在警惕复古主义的滋长。他研究古代诗歌的文章,并不像古人那么深深地沉浸下去,而是远远地指点,悟出其中的利弊来。那些关于诗词选注的诗话,我们读了,感到确是进化的力量。他在古诗中,发现的是如何进行文体的解放,这种多年一以贯之的思路,如今想来,多与他的哲学意识有关吧。文学的革命,说起来,便是思维革命。胡适关于白话文学、白话诗的主张,在哲学意识上难说有什么突破之处,但在诗学的思维方式上,却殊多奇想。中国历代治诗史者,不能在此意义上批评文学,恐怕便是缺少新式哲学思维之故。

胡适谈诗的文字,我最喜欢的,还是关于旧体诗的部分。那里的考据颇为精当,虽只点点滴滴,但锐气扑人。如《胡笳十八拍》非蔡琰之作,说得合理;关于欧阳修也写过艳词的评述,亦多妙处;对李清照身世的辨析,毫无臆断之处。胡适承认自己是个有历史癖的人,他不是从人性的角度印证文学,而是从文学变迁的历程来发现人性,这恰好与五四时代许多先驱形成对照。他后来远离政治,疏远左翼文化,大概从这一治学思路中,可以找到些佐证。

但胡适也有一个致命的弱点,他对文学外在的形式过于在意,从而忽略了人生体验的价值。仅从文体的变迁来把握文学,是看不到艺术深层力量的。他自己没有留下一首好诗,便说明人生体味的贫乏。没有苦难,没有危机感,即便出现过这类情绪,但书斋气过于浓厚的个性,又往往消解了这一切。从20世纪初到60年代,关于诗的文章他写了许多,但大抵一种调子,在艺术本体上没有多少创见。与后来新起的朱湘、艾青比,他在诗话上,确是落伍了。

其实,他对此是十分清楚的,在本质上,他是一个史家,而不是典型意义上的诗人。看他后来在考据学、史学上的贡献,我觉得诗话写作实在是他一生中次要的东西。"但开风气不为师",这句话引用得很好。一个人的一生,能在一个方面一个部分对社会有所贡献已属不易。何况像胡适这样的人,在几个领域几个方面开了时代风气之先,确是值得后人景仰。明于此,我们在读其作品时,便不会过于挑剔了。

五

胡适的名气大,"五四"后,因倡导白话文而称世一时,人缘又好,故请他作序的人颇多。胡适写序跋,不像梁启超、陈独秀那样领袖气,而是温和地叙述,娓娓地道来,有时竟把序写成论文式的东西。所以,读起来颇好,也是个享受。在新文化诸干将中,他的题记写得最具学究气,在知识上给人的启发也是颇大的。

欲了解胡适的思想,看他为自己或别人写下的序跋,便大致可感受到其治学思路。接触他的文章,最吸引我的,不是其题旨,而是其独有的方法,即逻辑上的力量,这是在他之前的所有文人中最缺少的东西。胡适的序跋,大多与"整理国故"有关,几乎涉及了他一生治学的许多方面。我以为这里不仅有他的治学理想,也可以见其人生的态度。他平易近人的一面,在真理面前人人平等的一面,在此均表现得淋漓尽致,那其中给我的开导,为别一类人文章中所少有。

胡适序跋中关于古小说的考证与古代哲学著作的论述为最多。读起来一是觉得国学根底厚,有洋洋大气;二是甄别史籍的目光迥别他人,实证的力量大于臆断,绝无自恃聪明的傲态。这使我想起他关于研究国学的新原则和方法,他说:"第一,用历史的眼光来扩大国学研究的范围。第二,用系统的整理来部勒国学研究的资料。第三,用比较的研究来帮助国学的材料的整理与解释。"此方法一反宋儒的附会、清儒的拘谨,兼收前人之长,又参之西洋实证哲学原则,可以说在"五四"后诸"整理国故"的大师中,是允推独步的闻人。有了这一科学精神,他的视野便别于他人,文章纵横捭阖,态度之认真,考据之细致,推理之严谨,均非同代人可相提并论。

怀疑精神、求真精神,是他一生中最具诱力的两个特征。中国旧的典籍太多,时间又长,汗漫的地方比比皆是。又因为历代王权在史料上倾注的功利思想过浓,史籍都不免涂上一层颜色,使后人难以分出它的原色。胡适是一眼就看出其背后复杂的东西的。他所做的,不是简单的教义的宣解,而是一种思维的方法,一种去伪存真的思路。看他考订《红楼梦》的文字,论述古小说诸版本的态度,都有这种严明精神在内。例如关于《红楼梦》,在胡适之前可以说还没有一部像样的研究文字,大多是牵强附会的东西。胡适以"大胆的假设,小心的求证"之法,考究各种版本,校辑诸家典籍,从中考证出曹雪芹的家世,使后人终于看清了其中的原委,此项工作,可谓功勋卓著,开一代考据新学之风。读他的文章,觉得在跟着他涉水过山,枯燥的版本目录之学,原来却有着那样多的趣味,思想者的推理论证中那种理性的愉悦,从他的笔下悠然地飘来。

翻看他的《三侠五义·序》《老残游记·序》《儿女英雄传·序》《海上花列传·序》,大致可看出他研究小说的有趣方法。他往往先弄清著者的来历、版本的优劣,然后才是作品的思想和技巧。这类文章几乎没有通篇的"主义"高调,也无旧式学究毫无生气的叙述语态。在他的文字背后,你分明可以感受到一个新型的智者,在混沌之中开辟新路的场景。他后来写下的《〈敦煌写经题记〉与〈敦煌杂录〉序》《陶弘景的〈真诰〉考》等,更可看到他治学上的严谨和开拓精神。我记得他曾为中国禅宗问题,专门跑到英国和法国查找敦煌当年散失的资料,他在史料的搜集整理上所下的气力,确是够大的。一方面有朴学的考据功底,另一方面多史家与哲人的风范,于是一堆干瘪的古志旧籍,便在他那儿生出诸种思想,一本本历史的糊涂账,在其实证的精神之下,终于有了眉目。

大概还没有一个人的考据文字,会像胡适那样,其背后流动着如此鲜活的理性力量。他不是文体家,语言亦不讲究,但那种逻辑精神,那种温和又不失肃穆的口吻,让我感到一种久违了的亲切。要讲治学,在版本目录学领域,他是个大师式的人物。在某些方面,虽尚不及章太炎、鲁迅、顾颉刚,但其治学中自觉化了的求实思想,和迥于他人的史学胆识,我以为是难得的。他确是在以人道的精神看世界,以美的目光发现世界。他对历史诸家学说的评语,对佛学、儒教的微词,都可看出他现代人的智慧。如果不是科学的方法论滋养了他,要有这样的成果,是难想象的。

我一直觉得,他和鲁迅、周作人一样,是现代中国难得的精神清道夫。他的第一功绩是促成了白话文的胜利,为中国语言由古典走向现代,立下赫赫战绩。读他为《小雨点》作的序文,便可想象他留学美国时,为打破古典语言而做出的诸多努力。他的白话诗写得并不好,像个孩子蹒跚地走路。可正是这艰难的第一步,才有了后来文学的起飞,这是不易的。他的另一功绩,是颇有力度地清理了中国旧的遗产。这一方面,他用力最勤,我已在上文说过。第三,我以为他确立了中国文人和学者的新型人格,即以平和、中正的目光看事,以求实、温和的态度待人。例如,他在文中批评过梁漱溟、冯友兰的学术观点,可并不以言废人,与诸位依旧有友人之交;驳斥过蔡元培的"红学"理论,而心中依然称他是一代伟人;鲁迅晚年曾多有讥刺他的文字,但他从不还击,当有人毁坏鲁迅之名时,他却站出,平和地道出鲁迅的非凡之处。近代以来,文人多偏激狂躁之语,但殊少平和公正之心,此乃中国最不易建立的人生态度。自胡适出,我们才有了这类不凡之气的人。仅此一点,中国文人性格便多了一种与世界交流的活力。这对后人的影响,可说是极其深远的。

胡适一生,以治学为本,以立人为根,可说是个两袖清风的学人。他曾短期介入过政治,但并不谙熟官场。所以,读他的文字,是感受不到多少深味现实的哲学锐气。他的序跋,又不像美文家那样以艺术精神灌注文字,讲求的却一直是知识、方法,读起来像听一位长者的聊天。晚清以来,谈版本目录之学的人,多流于藏书家的雅兴,文字间疏散出的常是恬然之情。但到了胡适那里,其情趣来了大的转变,史实的求真、勘误才是他追求的目标。我从他整理古籍留下的题跋中,第一次领略到了考据过程的美,论证的美。思维着的灵魂是动人的,尤其是这种逆俗的思维,它照例亦可让人感受到其中的快慰。他论述唐代文人的生平,常推翻前人的定论,那种考证的严谨是令人信服的。他对"儒学"中牵强附会之风的校正,可谓锐气浩然,使我们终于知道以往的"儒学"中一些荒诞之所。他关于

《三国演义》、《水浒》、《儿女英雄传》等书的论述,言他人所未言,句句有本,篇篇有根,从实证出发,理出了中国文学史中的诸多头绪。治中国史学者,历代学人可谓多矣,但独少有胡适这类大气者。此无他,乃思维方式与哲学意识不同古人之故也。中国学人中,最少科学哲学根底者,所以,整理国故,倘不参之以西学精神,仅以乾嘉学派之法而治之,终不免小家子气。胡适给人的振奋,恐怕就在于此吧!

中国的古籍浩若烟海,可整理者真不知有多少。我们祖先留下的遗产确是丰富的,可真正能用现代人目光,进行思索、探赜的,还远远不够。胡适一生,把多半精力用于此处,且开一代风气之先,这很不简单。读一个人的序跋集,一是可见其学问状态,二是能察其人生境界。胡适的为文为人,都在这儿表现得十分出色。文如其人,在他那儿是并不差的。胡适以后的书话家们,虽在文体之美上超过于他,但在谈版本目录之学时,有他那种洞悉古迹、审察毫分的鉴赏目光者,还很少、很少。在这个意义上说,他的文字,有着非同小可的价值。

六

我一直觉得,到了 20 世纪 30 年代后期,胡适的学术生涯便真正终结了。虽然二战结束后他又开始了文化活动,但很难说比过去有什么质的突破。自 20 年代开始,他便不断摇摆在学术与政治之间。频繁的社会交往,与国民政府忽远忽近的关系,使他开始摆脱于纯学人的书斋生活,成为中国政治舞台与文化舞台上重要的人物。胡适的介入政治,自然不是官欲使然,他不过是试图把现代民主思想输送到政府中去。学理的普及化,倘仅靠教义,还远远不够,以政治的力量导以民主,则比一千个书生力量更大。他先是任北京大学校长,倡导"好政府主义",后出使美国,任驻美大使,晚年回台湾在"中央研究院"任院长,一生之中,出没于官与学之间,且声望愈隆,连蒋介石也不敢怠慢。这样的学人,在 20 世纪的中国舞台可谓少见得很。

1922 年 5 月,胡适主持了《努力周报》,这个"谈政治"的刊物,包蕴着他的政治理想。他试图以文人的良知去感化政客,在中国建立一个好人政治与好人政府。他曾说:"哲学是我的职业,文学是我的娱乐,政治只是我的一种忍不住的新努力。"由哲学而文学而政治,可以说涉及到了中国社会的广阔的领域,一介书生,欲在此处实现自己的价值理想,说他很近似于孔子,当不是过誉之词。胡适看到,在中国,虚无主义不行,无政府主义亦不行,中国欲强大起来,具有真正的民主,必须有一个好的政府。基于对美国政府的理解,他认为建立一个健全的、由素质高的职员组成的政府,是当务之急。他在《我们的政治主张》中指出:"中国所以败坏到这步田地,虽然有种种原因,但'好人自命清高'确是一个重要原因。'好人笼着手,恶人背着走。'因此,我们深信,今日政治改革的第一步在于好人须要有奋斗的精神。凡是社会上的优秀分子,应该为自由计,为社会国家计,出来和恶势力奋斗。"这是很真诚的誓言,但在那时带有一丝理想主义痕迹也是无疑。胡适的理想主义,乃立足于当下,非虚无缥缈之音。他的思路还是建立在对一些行为方式规范的基点上。但做到此点,谈何容易!"好政府"谈来谈去,丝毫未影响中国的政局,军阀的混战,众党的争斗,终使胡适变得尴尬起来。难怪汤尔和这样对他说:"从前我读了你们的批评,也未尝不觉得有点道理,及至我到了政府里面去看看,原来全不是那么一回事!你们说的话,几乎没有一句搔着痒处的。你们说的是一个世界,我们走的又另是一个世界,所以我劝你还是不谈政治了吧。"文人谈政治,不免理想化、书斋化,胡适一生在官场上处处碰壁,恐怕与不谙世俗有关。文武之道,在中国向难融合,官场,尤其是军阀混杂的官场,是不讲什么教义的。但胡适偏偏要以清白之身立于其间,以异样的声音显示其价值,这便是他可爱的一面。他是个做事的人,建立秩序是他一生的梦想。这一点,他不像鲁迅那样沉入到生存意义的拷问里,以心灵的内省来直面人生。胡适与鲁迅同样是看到了中国国民的心理弱点,鲁迅走的是改造国民性的批判之路,胡适却是走着一条建立新国民精神的途径。破坏是容易的,但建设并不那么简单。总觉得胡适是在架空中楼阁,基础不坚牢,颓倒是自然的了。而鲁迅却一直在深挖着祖坟,一直在黑暗中挺进,虽没有明析性与终结的理性,但那自省的深与目光的深,比胡适要多了一份形而上的力量。鲁迅是从不与政府合作的,这一点,决定了他与胡适截然不同的两种生活道路。同样是建设新文化,一个趋于显,一个近于隐,这两个互相对照的世界,可映照出现代中国人不同的精神路向吧。

胡适不遗余力地参与对政治的影响,正像他在考据学的贡献一样,是为了奠定现代人的一种思路。20世纪30年代末,他受蒋介石之邀,出任驻美国大使,可以说是他一生在政治生涯中最风光的事情。在抗战的年头,与美国人打交道,可谓是受命于危难之际。那些年月,为了中国的形象,他的努力是巨大的,他以现代学人的机智和通达,赢得了广泛的赞誉。他尽可能地将自己的价值观和人生哲学运用于外交场合上,这是历届大使中最少有的风采。一个学人,最后在二战舞台上扮演了重要的角色,是历史的使然。胡适的非凡才华,也在此得到了一定的外化。

但他不久就发现,自己为之努力的政府,并不能真正主宰中国。他对蒋介石寄托了那么大的希望(虽然他一直与蒋有着不断的摩擦),但政府的腐败、无能,无疑要崩溃于人民的起义之中。这时候他的心境是异常苍凉的。当四十年代末他离开大陆的时候,他的心在流血。此前他还做着教育兴国的梦,在辞去驻美大使职位后,还主持过一段北京大学的工作,他试图在教育、文化界寻找新的立足点,以此来影响中国的现代进程。但他发现,一切均毫无用处,"问题"派,终于被推翻,中国进入了新的历史时期。

这是他一生中精神受到的最大挫折。多年的参政与社会交往,使他不能从容地从事研究工作,他的《中国哲学史大纲》、《白话文学史》一直未能续写出来,一些重大的考据文章也搁浅在书桌里。从那时起,他差不多把精力分散到文化组织、领导等活动上,尽管仍有些零散的论文发表出来,但不系统性、不连续性,限制了他的思想在深度上的发展。晚年的胡适与其说是学者,不如说是位社会活动家。他竭力避开政治,但政治却一直在找他。他对国民党专制的批驳,对民主作风的倡导,使他实际上成了台湾民主的精神领袖。撇开治学不谈,仅在倡明民主与法制,以及世界主义的方面看,他的挣扎也足以使其英名不朽。

从新文化的启蒙运动开始,一直到晚年沉浮于官场与学海之间,胡适写下了中国现代史一页动人的篇章。这是一个开时代风气之先的人。一个躬身于中华民族事业的彬彬君子。胡适的作品是一个宝库,你千万不可把它简单地作为文学和政治来读,我以为它是现代文化史上一个不朽的人生哲学。在这个哲学里,透着20世纪中国文人的苦难史和微茫的希冀。

诗歌编

蝴　蝶[①]

两个黄蝴蝶，双双飞上天。
不知为什么，一个忽飞还。
剩下那一个，孤单怪可怜；
也无心上天，天上太孤单。

五年[②]八月二十三日

中　秋

九月十一夜，为旧历八月十五夜。

小星躲尽大星少，
果然今夜清光多！
夜半月从江上过，
一江江水变银河。

---

① 此诗选自作者留学日记。诗后有记："这首诗可算得一种有成效的试验。"又题《朋友》。
② 指民国五年。此为民国纪年法，下同。

虞美人·戏朱经农

朱经农来书云:"昨得家书,语短而意长;虽有白字,颇极缠绵之致。晨间复得一梦。于枕上成两词,录呈适之,以博一笑。"经农去国才四五月,其词已有"传笺寄语,莫说归期误"之句。于此可以窥见家书中之大意也。因作此戏之。

先生几日魂颠倒,
他的书来了!
虽然纸短却情长,
带上两三白字又何妨?
可怜一对痴儿女,
不惯分离苦;
别来还没几多时,
早已书来细问几时归!

五年九月十二日

江 上①

十一月一日大雾,追思夏间一景,因此成诗。

雨脚渡江来,
　　山头冲雾出。
雨过雾亦收,
　　江楼看落日。

一 念②

我笑你绕太阳的地球,一日夜只打得一个回旋;
我笑你绕地球的月亮,总不会永远团圆;
我笑你千千万万大大小小的星球,总跳不出自己的轨

---

① 此诗原题《写景》,发表于一九一七年二月《新青年》二卷六号。
② 这首诗原题《唯心论》,约作于一九一七年下半年,发表于一九一八年一月《新青年》四卷一号。

道线；

我笑你一秒钟行五十万里的无线电，总比不上我区区的心头一念！

我这心头一念：

才从竹竿巷，忽到竹竿尖①；

忽在赫贞江上，忽在凯约湖边；

我若真个害刻骨的相思，便一分钟绕遍地球三千万转！

鸽　子②

云淡天高，好一片晚秋天气！

有一群鸽子，在空中游戏。

看他们三三两两，

　　回环来往，

　　夷犹如意，——

忽地里，翻身映日，白羽衬青天，十分鲜丽！

---

① 竹竿巷，是我住的巷名。竹竿尖，是吾村后山名。——作者原注
② 此诗作于一九一七年十月，发表于一九一八年一月《新青年》四卷一号，收入《尝试集》。

老 鸦[①]

一

我大清早起,
站在人家屋角上哑哑的啼。
人家讨嫌我,说我不吉利:——
我不能呢呢喃喃讨人家的欢喜!

二

天寒风紧,无枝可栖。
我整日里飞去飞回,整日里又寒又饥。——
我不能带着鞘儿,翁翁央央的替人家飞;
不能叫人家系在竹竿头,赚一把小米!

[①] 此诗作于一九一七年十二月十一日,发表于一九一八年一月《新青年》四卷一号,收入《尝试集》。

三溪路上大雪里一个红叶

雪色满空山,抬头忽见你!
我不知何故,心里狠欢喜;
踏雪摘下来,夹在小书里;
还想做首诗,写我欢喜的道理。
不料此理狠难写,抽出笔来还搁起。

六年十二月二十二日

新婚杂诗①(五首)

一

十三年没见面的相思,于今完结。

---

① 此诗原载于一九一八年四月《新青年》四卷四号,收入《尝试集》二版,四版后只保留了第一节。

把一桩桩伤心旧事,从头细说。
你莫说你对不住我,
我也不说我对不住你,——
且牢牢记取这十二月三十夜的中天明月!

二

回首十四年前,
　　初春冷雨,
　　中村箫鼓,
　　有个人来看女婿。
匆匆别后,便轻将爱女相许。
只恨我十年作客,归来迟暮,
到如今,待双双登堂拜母,
只剩得荒草孤坟,斜阳凄楚!
最伤心,不堪重听,灯前人诉,阿母临终语!

三

　　与新妇同至江村,归途在杨桃岭上望江村,庙首诸村,及其北诸山。

重山叠嶂,
都似一重重奔涛东向!
山脚下几个村乡,
一百年来多少兴亡,不堪回想!——更不须回想!

想十万万年前,这多少山头,都不过是大海里一些儿微波暗浪!

四

吾订婚江氏,在甲辰年。戊申之秋,两家皆准备婚嫁,吾力阻之,始不果行。然此次所用嫁妆,犹多十年旧物。吾本不欲用爆竹,后以其为吾母十年前所备,不忍不用之。

记得那年,你家办了嫁妆,我家备了新房,只不曾捉到我这个新郎!
这十年来,换了几朝帝王,看了多少兴亡,
锈了你嫁奁中的刀剪,改了你多少嫁衣新样,
更老了你和我人儿一双!——
只有那十年陈的爆竹,越陈偏越响!

五

十几年的相思刚才完结,
没满月的夫妻又匆匆分别。
昨夜灯前絮语,全不管天上月圆月缺。
今宵别后,便觉得这窗前明月,格外清圆,格外亲切!
你该笑我,饱尝了作客情怀,别离滋味,还逃不了这个时节!

七年一月

老洛伯"Auld Robin Cray"[①]

序

著者为苏格兰女诗人 Anne Lindsay 夫人（1750—1825）。夫人少年时即以文学见称于哀丁堡。初嫁 Andrew Barnard，夫死，再嫁 James Band Burges。当代文人如 Burke 及 Sheridan 皆与为友。Scott 尤敬礼之。

此诗为夫人二十一岁时所作，匿名刊行。诗出之后，风行全国，终莫知著者为谁也。后五十二年，Scott 于所著小说中偶言及之，而夫人已老，后二年，死矣。

此诗向推为世界情诗之最哀者。全篇作村妇口气，语语率真，此当日之白话诗也。

一

羊儿在栏，牛儿在家，
静悄悄地黑夜，
我的好人儿早在我身边睡了，
我的心头冤苦，都进作泪如雨下。

[①] 此诗原载于一九一八年四月《新青年》四卷四号。

二

我的吉梅他爱我,要我嫁他。
他那时只有一块银元,别无什么;
他为了我渡海去做活,
要把银子变成金,好回来娶我。

三

他去了没半月,便跌坏了我的爹爹,病倒了我的妈妈;
剩了一头牛,又被人偷去了。
我的吉梅他只是不回家!
那时老洛伯便来缠着我,要我嫁他。

四

我爹爹不能做活,我妈她又不能纺纱,
我日夜里忙着,如何养得活这一家?
多亏得老洛伯时常帮衬我爹妈,
他说,"锦妮,你看他两口儿分上,嫁了我吧。"

五

我那时回绝了他,我只望吉梅回来讨我。
又谁知海里起了大风波,——

人都说我的吉梅他翻船死了!
只抛下我这苦命的人儿一个!

六

我爹爹再三劝我嫁;
我妈不说话,她只眼睁睁地望着我,
望得我心里好不难过!
我的心儿早已在那大海里,
我只得由他们嫁了我的身子!

七

我嫁了还没多少日子,
那天正孤孤凄凄地坐在大门里,
抬头忽看见吉梅的鬼!——
却原来真是他,他说,"锦妮,我如今回来讨你。"

八

我两人哭着说了许多言语,
我让他亲了一个嘴,便打发他走路。
我恨不得立刻死了,——只是如何死得下去!
天呵!我如何这般命苦!

九

我如今坐也坐不下,那有心肠纺纱?
我又不敢想着他:
想着他须是一桩罪过。
我只得努力做一个好家婆,
我家老洛伯他并不曾待差了我。

七年三月一夜译

四月二十五夜①

吹了灯儿,捲开窗幕,放进月光满地。
对着这般月色,教我要睡也如何睡!
我待要起来遮着窗儿,推出月光,又觉得有点对他月亮儿不起。

---

① 此诗作于一九一八年,发表于一九一八年七月《新青年》五卷一号,曾收入《尝试集》,四版后删去。

我终日里讲王充①,仲长统②,阿里士多德③,爱比苦拉斯④,……几乎全忘了我自己!

多谢你殷勤好月,提起我过来哀怨,过来情思。

我就千思万想,直到月落天明,也甘心愿意!

怕明朝,云密遮天,风狂打屋,何处能寻你!

关不住了!⑤

我说"我把心收起,
  像人家把门关了,
叫爱情生生的饿死,
  也许不再和我为难了。"

但是五月的湿风,

---

① 王充(27—约97),字仲任,会稽上虞(今绍兴)人,东汉哲学家。其代表作《论衡》是中国历史上一部不朽的无神论著作。
② 仲长统(179—220),字公理,山东郡高平(今山东微山县两城镇)人,东汉哲学家、政论家。
③ 阿里士多德(前384—前322),古希腊哲学家,柏拉图的学生。今译作亚里士多德。
④ 爱比苦拉斯(约前525—前456),古希腊悲剧诗人。代表作有《被缚的普罗米修斯》《阿伽门农》等。今译作埃斯库罗斯。
⑤ 此诗原载于一九一九年十一月《新青年》六卷三号,后收入《尝试集》。

时时从屋顶上吹来；
还有那街心的琴调
　　一阵阵的飞来。

一屋里都是太阳光，
　　这时候爱情有点醉了。
他说，"我是关不住的，
我要把你的心打碎了！"

八年二月二十六日译美国 Sara Teasdale 的 Over the Roofs

"应　该"

他也许爱我，——也许还爱我，——
但他总劝我莫再爱他。
他常常怪我；
这一天，他眼泪汪汪的望着我，
说道："你如何还想着我？
想着我，你又如何能对他？
你要是当真爱我，
你应该把爱我的心爱他，
你应该把待我的情待他。"

他的话句句都不错:——
上帝帮我!
我"应该"这样做!

　　　　　　　　　　八年三月二十日

　　我的朋友倪曼陀死后,于今五六年了。今年他的姊妹把他的诗文抄了一份寄来,要我替他编订。曼陀的诗本来是我喜欢读的。内中有"奈何歌"二十首,都是哀情诗,情节很凄惨,我从前竟不曾见过。昨夜细读几遍,觉得曼陀的真情有时被词藻遮住,不能明白流露。因此,我把这里面的第十五、十六两首的意思合起来,做成一首白话诗。曼陀少年早死,他的朋友都痛惜他。我当时听说他是吐血死的,现在读他的未刻诗词,才知道他是为了一种很为难的爱情境地死的。我这首诗也可以算是表章哀情的微意了。

　　　　　　　　　　八年三月二十日

"威 权"[①]

"威权"坐在山顶上,
指挥一班铁索锁着的奴隶替他开矿。
他说:"你们谁敢倔强?
我要把你们怎么样就怎么样!"

奴隶们做了一万年的工,
头颈上的铁索渐渐的磨断了。
他们说:"等到铁索断时,
我们要造反了!"

奴隶们同心合力,
一锄一锄的掘到山脚底。
山脚底挖空了,
"威权"倒撞下来,活活的跌死!

　　八年六月十一夜。是夜陈独秀在北京被捕;半夜后,某报馆电话来,说日本东京有大罢工举动。

---

① 此诗原载于一九一九年十一月《新青年》六卷六号,后收入《尝试集》。

乐　观[①]

《每周评论》于八月三十日被封禁,国内的报纸很多替我们抱不平的。我做这首诗谢谢他们。

一

"这棵大树狠可恶,
他碍着我的路!
来!
　快把他斫倒了,
把树根也掘去。——
　哈哈!好了!"

二

大树被斫做柴烧,
　树根不久也烂完了。
斫树的人狠得意,
　他觉得狠平安了。

----

① 此诗原载于一九一九年十一月《新青年》六卷六号,后收入《尝试集》。

三

但是那树还有许多种子,——
狠小的种子,裹在有刺的壳儿里,——
　　上面盖着枯叶,
　　叶上堆着白雪,
狠小的东西,谁也不注意。

四

雪消了,
枯叶被春风吹跑了。
　　那有刺的壳都裂开了,
　　每个上面长出两瓣嫩叶,
　　笑迷迷的好像是说:
　　　"我们又来了!"

五

过了许多年,
坝上田边,都是大树了。
　　辛苦的工人,在树下乘凉;
　　聪明的小鸟,在树上歌唱,——
　　那斫树的人到那里去了?

八年九月二十夜

一颗遭劫的星

北京《国民公报》响应新思潮最早,遭忌也最深。今年十一月被封,主笔孙几伊君被捕。十二月四日判决,孙君定监禁十四个月的罪。我为这事做这诗。

热极了!
更没有一点风!
那又轻又细的马缨花须
动也不动一动!

好容易一颗大星出来;
我们知道夜凉将到了:——
仍旧是热,仍旧没有风,
只是我们心里不烦躁了。

忽然一大块黑云
把那颗清凉光明的星围住;
那块云越积越大,
那颗星再也冲不出去!

乌云越积越大,
遮尽了一天的明霞;
一阵风来,
拳头大的雨点淋漓打下!

大雨过后,
满天的星都放光了。
那颗大星欢迎着他们,
大家齐说"世界更清凉了!"

八年十二月十七日

一　笑

十几年前,
一个人对我笑了一笑。
我当时不懂得什么,
只觉得他笑的很好。

那个人后来不知怎样了,
只是他那一笑还在:
我不但忘不了他,

还觉得他越久越可爱。
我借他做了许多情诗,
我替他想出种种境地:
有的人读了伤心,
有的人读了欢喜。

欢喜也罢,伤心也罢,
其实只是那一笑
我也许不会再见着那笑的人,
但我很感谢他笑的真好。

九·八·十二

湖　上①

　　九,八,二四,夜游后湖——即玄武湖,——主人王伯秋要我做诗,我竟做不出诗来,只好写一时所见,做了这首小诗。

水上一个萤火,
水里一个萤火,

---

① 此诗原载于一九二〇年十一月一日《新青年》八卷三号。

平排着,
轻轻地,
打我们的船边飞过。
他们俩儿越飞越近,
渐渐地并作了一个。

梦与诗①

都是平常经验,
都是平常影象,
偶然涌到梦中来,
变幻出多少新奇花样!

都是平常情感,
都是平常言语,
偶然碰着个诗人,
变幻出多少新奇诗句!

醉过才知酒浓,
爱过才知情重:——

---

① 此诗原载于一九二一年一月《新青年》八卷五号,收入《尝试集》四版。

你不能做我的诗,
正如我不能做你的梦。

[自跋]

这是我的"诗的经验主义"(Poeticempiricism)。简单一句话:做梦尚且要经验做底子,何况做诗? 现在人的大毛病就在爱做没有经验做底子的诗。北京一位新诗人说"棒子面一根一根的往嘴里送";上海一位诗学大家说"昨日蚕一眠,今日蚕二眠,明日蚕三眠,蚕眠人不眠!"吃面养蚕何尝不是世间最容易的事? 但没有这种经验的人,连吃面养蚕都不配说。——何况做诗。

九·一〇·一〇

十一月二十四夜①

老槐树的影子,
在月光的地上微晃;
枣树上还有几个干叶,

---

① 此诗原载于一九二一年一月《新青年》八卷五号。

时时做出一种没气力的声响。

西山的秋色几回招我,
不幸我被我的病拖住了。
现在他们说我快要好了,
那幽艳的秋天早已过去了。

九·十一·二五

双十节的鬼歌①

十年了,
他们又来纪念了。
他们借我们,
　出一张红报,
　做几篇文章;
　放一天例假,
　发表一批勋章:
这就是我们的纪念了!

---

① 本诗前言中记:"今天(十月四日)因上海几家报馆要我做双十节的文章,我没有工夫,故做了一首诗。"

要脸吗?
这难道是革命的纪念吗?
我们那时候,
　威权也不怕,
　生命也不顾;
　监狱作家乡,
　炸弹底下来去:
我们能受这种无耻的纪念吗?

别讨厌了!
可以换个法子纪念了。
大家合起来,
　赶掉这群狼,
　推翻这鸟政府;
　起一个新革命,
　造一个好政府:
那才是双十节的纪念了!

　　　　　　　　十·十·四

希 望①

我从山中来,
带得兰花草,
种在小园中,
希望开花好。

一日望三回,
望到花时过;
急坏种花人,
苞也无一个。

眼见秋天到,
移花供在家;
明年春风回,
祝汝满盆花!

十·十·四

---

① 此诗最初出现在胡适一九二一年的日记中,后收入《尝试集》四版。

晨星篇

(送叔永、莎菲到南京。)

我们去年那夜,
豁蒙楼上同坐;
月在钟山顶上,
照见我们三个。
我们吹了烛光,
放进月光满地;
我们说话不多,
只觉得许多诗意。

我们做了一首诗,
——一首没有字的诗,——
先写着黑暗的夜,
后写着晨光来迟;
在那欲去未去的夜色里,
我们写着几颗小晨星,
虽没有多大的光明,
也使那早行的人高兴。

钟山上的月色
和我们别了一年多了；
他这回照见你们，
定要笑我们这一年匆匆过了。
他念着我们的旧诗，
问道，"你们的晨星呢？
四百个长夜过去了，
你们造的光明呢？"

我的朋友们，
我们要暂时分别了；
"珍重珍重"的话，
我也不再说了。——
在这欲去未去的夜色里，
努力造几颗小晨星；
虽没有多大的光明，
也使那早行的人高兴！

十·十二·八

西　湖

十七年梦想的西湖,
不能医我的病,
反使我病的更利害了!

然而西湖毕竟可爱。
轻烟笼着,月光照着,
我的心也跟着湖光微荡了。

前天伊却未免太绚烂了!
我们只好在船篷阴处偷觑着。
不敢正眼看伊了。

最好是密云不雨的昨日,
近山都变成远山了,
山头的云雾慢腾腾地卷上去。

我没有气力去爬山,
只能天天在小船上荡来荡去,
静瞧那湖山诸峰从容地移前退后。

听了许多毁谤伊的话而来,
这回来了,只觉得伊更可爱,
因而不舍得匆匆就离别了。

十二年五月三日

秘魔崖月夜①

依旧是月圆时,
依旧是空山,静夜。
我独自踏月归来,
这凄凉如何能解!

翠微山上的一阵松涛,
惊破了空山的寂静。
山风吹乱了窗纸上的松痕,
吹不散我心头的人影。

十二年十月二十二日

---

① 一九三一年徐志摩死后,作者将这首诗改题为《依旧月明时》,作为对徐志摩的纪念。

也是微云

也是微云,
也是微云过后月光明。
只不见去年的游伴,
也没有当日的心情。

不愿勾起相思,
不敢出门看月。
偏偏月进窗来,
害我相思一夜。

十四年

散文编

文学改良刍议[1]

今之谈文学改良者众矣,记者末学不文,何足以言此?然年来颇于此事再四研思,辅以友朋辩论,其结果所得,颇不无讨论之价值。因综括所怀见解,列为八事,分别言之,以与当世之留意文学改良者一研究之。

吾以为今日而言文学改良,须从八事入手。八事者何?

一曰,须言之有物。

二曰,不摹仿古人。

三曰,须讲求文法。

四曰,不作无病之呻吟。

五曰,务去烂调套语。

六曰,不用典。

七曰,不讲对仗。

八曰,不避俗字俗语。

一曰须言之有物

吾国近世文学之大病,在于言之无物。今人徒知"言之无文,行

---

[1] 本文原载一九一七年一月《新青年》二卷五号。

之不远";而不知言之无物,又何用文为乎?吾所谓"物",非古人所谓"文以载道"之说也。吾所谓"物",约有二事:

一、情感 《诗序》曰:"情动于中而形诸言。言之不足,故嗟叹之。嗟叹之不足,故咏歌之。咏歌之不足,不知手之舞之,足之蹈之也。"此吾所谓情感也。情感者,文学之灵魂。文学而无情感,如人之无魂,木偶而已,行尸走肉而已。(今人所谓"美感"者,亦情感之一也。)

二、思想 吾所谓"思想",盖兼见地,识力,理想三者而言之。思想不必皆赖文学而传,而文学以有思想而益贵;思想亦以有文学的价值而益贵也:此庄周之文,渊明老杜之诗,稼轩之词,施耐庵之小说,所以夐绝千古也。思想之在文学,犹脑筋之在人身。人不能思想,则虽面目姣好,虽能笑啼感觉,亦何足取哉?文学亦犹是耳。

文学无此二物,便如无灵魂无脑筋之美人,虽有秾丽富厚之外观,抑亦末矣。近世文人沾沾于声调字句之间,既无高远之思想,又无真挚之情感,文学之衰微,此其大因矣。此文胜之害,所谓言之无物者是也。欲救此弊,宜以质救之。质者何?情与思二者而已。

二曰不摹仿古人

文学者,随时代而变迁者也。一时代有一时代之文学:周秦有周秦之文学,汉魏有汉魏之文学,唐宋元明有唐宋元明之文学。此非吾一人之私言,乃文明进化之公理也。即以文论,有《尚书》之文,有先秦诸子之文,有司马迁班固之文,有韩柳欧苏之文,有语录之文,有施耐庵曹雪芹之文:此文之进化也。试更以韵文言之:"击壤"之歌,"五子"之歌,一时期也;《三百篇》之诗,一时期也;屈原荀卿之骚赋,又一时期也;苏李以下,至于魏晋,又一时期也;江左之诗流为排比,至唐而律诗大成,此又一时期也;老杜香山之"写实"体诸诗(如杜之《石壕吏》、《羌村》,白之《新乐府》),又一时期也;诗至唐而极盛,自此以后,词曲代兴,唐五代及宋初之小令,此词之一时代也;苏柳(永)辛姜之词,又一时代也;至于元之杂剧传奇,则又一时代矣;凡此诸时代,各因时势风会而变,各有其特长,吾辈以历史进化之眼光观之,决不可谓古人之文学皆胜于今人也。左氏史公之文奇矣,然施耐庵之《水浒传》视《左传》《史记》何多让焉?《三都》《两京》之赋富矣,然以视唐诗,宋词,则糟粕耳。此可见文学因时进化,不能自止。唐人不当作商周之诗,宋人不当作相如,子云之赋,——即令作之,亦必不工。逆天背时,违进化之迹,故不能工也。

既明文学进化之理,然后可言吾所谓"不摹仿古人"之说。今日之中国,当造今日之文学,不必摹仿唐宋,亦不必摹仿周秦也。前见"国会开幕词",有云:"于铄国会,遵晦时休。"此在今日而欲为三代以上之文之一证也。更观今之"文学大家",文则下规姚曾,上师韩欧;更上则取法秦汉魏晋,以为六朝以下无文学可言,此皆百步与五十步之别而已,而皆为文学下乘。即令神似古人,亦不过为博物院中添几许"逼真赝鼎"而已,文学云乎哉?昨见陈伯严先生一诗云:

> 涛园钞杜句,半岁秃千毫。所得都成泪,相过问奏刀。
> 万灵噤不下,此老仰弥高。胸腹回滋味,徐看薄命骚。

此大足代表今日"第一流诗人"摹仿古人之心理也。其病根所在,在于以"半岁秃千毫"之工夫作古人的钞胥奴婢,故有"此老仰弥高"之叹。若能洒脱此种奴性,不作古人的诗,而惟作我自己的诗,则决不致如此失败矣。

吾每谓今日之文学，其足与世界"第一流"文学比较而无愧色者，独有白话小说（我佛山人，南亭亭长，洪都百炼生，三人而已）一项。此无他故，以此种小说皆不事摹仿古人（三人皆得力于《儒林外史》《水浒》《石头记》。然非摹仿之作也），而惟实写今日社会之情状，故能成真正文学。其他学这个，学那个之诗古文家，皆无文学之价值也。今之有志文学者，宜知所从事矣。

三曰须讲求文法

今之作文作诗者，每不讲求文法之结构。其例至繁，不便举之，尤以作骈文律诗者为尤甚。夫不讲文法，是谓"不通"。此理至明，无待详论。

四曰不作无病之呻吟

此殊未易言也。今之少年往往作悲观，其取别号曰"寒灰""无生""死灰"；其作为诗文，则对落日而思暮年，对秋风而思零落，春来则惟恐其速去，花发又惟惧其早谢；此亡国之哀音也。老年人为之犹不可，况少年乎？其流弊所至，遂养成一种暮气，不思奋发有为，服劳报国，但知发牢骚之音，感喟之文；作者将以促其寿年，读者将亦短其志气：此吾所谓无病之呻吟也。国之多患，吾岂不知之？然病国危时，岂痛哭流涕所能收效乎？吾惟愿今之文学家作费舒特（Fichte），作玛志尼（Mazzini），而不愿其为贾生，王粲，屈原，谢皋羽也。其不能为贾生，王粲，屈原，谢皋羽，而徒为妇人醇酒丧气失意之诗文者，尤卑卑不足道矣！

五曰务去烂调套语

今之学者,胸中记得几个文学的套语,便称诗人。其所为诗文处处是陈言烂调,"蹉跎""身世""寥落""飘零""虫沙""寒窗""斜阳""芳草""春闺""愁魂""归梦""鹃啼""孤影""雁字""玉楼""锦字""残更"……之类,累累不绝,最可憎厌。其流弊所至,遂令国中生出许多似是而非,貌似而实非之诗文。今试举吾友胡先骕先生一词以证之:

> 荧荧夜灯如豆,映幢幢孤影,凌乱无据。
> 翡翠衾寒,鸳鸯瓦冷,禁得秋宵几度?
> 幺弦漫语,早丁字帘前,繁霜飞舞。
> 袅袅余音,片时犹绕柱。

此词骤观之,觉字字句句皆词也,其实仅一大堆陈套语耳。"翡翠衾""鸳鸯瓦",用之白香山《长恨歌》则可,以其所言乃帝王之衾之瓦也。"丁字帘""幺弦",皆套语也。此词在美国所作,其夜灯决不"荧荧如豆",其居室尤无"柱"可绕也。至于"繁霜飞舞",则更不成话矣。谁曾见繁霜之"飞舞"耶?

吾所谓务去烂调套语者,别无他法,惟在人人以其耳目所亲见亲闻所亲身阅历之物,一一自己铸词以形容描写之;但求其不失真,但求能达其状物写意之目的,即是工夫。其用烂调套语者,皆懒惰不肯自己铸词状物者也。

六曰不用典

吾所主张八事之中,惟此一条最受朋友攻击,盖以此条最易误会也。吾友江亢虎来书曰:

> 所谓典者,亦有广狭二义。饾饤獭祭,古人早悬为厉禁;若并成语故事而屏之,则非惟文字之品格全失,即文字之作用亦亡。……文字最妙之意味,在用字简而涵义多。此断非用典不为功。不用典不特不可作诗,并不可写信,且不可演说。来函满纸"旧雨""虚怀""治头治脚""舍本逐末""洪水猛兽""发聋振聩""负弩先驱""心悦诚服""词坛""退避三舍""滔天""利器""铁证"……皆典也。试尽抉而去之,代以俚语俚字,将成何说话?其用字之繁简,犹其细焉。恐一易他词,虽加倍蓰而涵义仍终不能如是恰到好处,奈何?……

此论甚中肯要。今依江君之言,分典为广狭二义,分论之如下:

一、广义之典非吾所谓典也。广义之典约有五种:

甲、古人所设譬喻,其取譬之事物,含有普通意义,不以时代而失其效用者,今人亦可用之。如古人言"以子之矛,攻子之盾",今人虽不读书者,亦知用"自相矛盾"之喻,然不可谓为用典也。上文所举例中之"治头治脚""洪水猛兽""发聋振聩"……皆此类也。盖设譬取喻,贵能切当;若能切当,固无古今之别也。若"负弩先驱""退避三舍"之类,在今日已非通行之事物,在文人相与之间,或可用之,然终以不用为上。如言"退避",千里亦可,百里亦可,不必定用"三舍"之典也。

乙、成语　成语者,合字成辞,别为意义。其习见之句,通行已久,不妨用之。然今日若能另铸"成语",亦无不可也。"利器""虚怀""舍本逐末"……皆属此类。此非"典"也,乃日用之字耳。

丙、引史事　引史事与今所论议之事相比较,不可谓为用典也。如老杜诗云,"未闻殷周衰,中自诛褒妲",此非用典也。近人诗云,"所以曹孟德,犹以汉相终",此亦非用典也。

丁、引古人作比　此亦非用典也。杜诗云,"清新庾开府,俊逸鲍参军",此乃以古人比今人,非用典也。又云,"伯仲之间见伊吕,指挥若定失萧曹",此亦非用典也。

戊、引古人之语　此亦非用典也。吾尝有句云,"我闻古人言,艰难惟一死。"又云,"尝试成功自古无,放翁此语未必是"。此乃引语,非用典也。

以上五种为广义之典,其实非吾所谓典也。若此者可用可不用。

二、狭义之典,吾所主张不用者也。吾所谓用"典"者,谓文人词客不能自己铸词造句以写眼前之景,胸中之意,故借用或不全切,或全不切之故事陈言以代之,以图含混过去:是谓"用典"。上所述广义之典,除戊条外,皆为取譬方之辞。但以彼喻此,而非以彼代此也。狭义之用典,则全为以典代言,自己不能直言之,故用典以言之耳。此吾所谓用典与非用典之别也。狭义之典亦有工拙之别,其工者偶一用之,未为不可,其拙者则当痛绝之。

子、用典之工者　此江君所谓用字简而涵义多者也。客中无书不能多举其例,但杂举一二,以实吾言:

1. 东坡所藏"仇池石",王晋卿以诗借观,意在于夺。东坡不敢不借,先以诗寄之,有句云,"欲留嗟赵弱,宁许负秦曲。传观慎勿许,问道归应速。"此用蔺相如返璧之典,何其工切也!

2. 东坡又有"章质夫送酒六壶,书至而酒不达。"诗云,"岂意青州六从事,化为乌有一先生。"此虽工已近于纤巧矣。

3. 吾十年前尝有读《十字军英雄记》一诗云,"岂有酖人羊叔子?焉知微服赵主父?十字军真儿戏耳,独此两人可千古。"以两典包尽全书,当时颇沾沾自喜,其实此种诗,尽可不作也。

4. 江亢虎代华侨诔陈英士文有"未悬太白,先坏长城。世无钼麑,乃戕赵卿"四句,余极喜之。所用赵宣子一典,甚工切也。

5. 王国维咏史诗,有"虎狼在堂室,徙戎复何补?神州遂陆沉,百年委榛莽。寄语桓元子,莫罪王夷甫。"此亦可谓使事之工者矣。

上述诸例,皆以典代言,其妙处,终在不失设譬比方之原意;惟为文体所限,故譬喻变而为称代耳。用典之弊,在于使人失其所欲譬喻之原意。若反客为主,使读者迷于使事用典之繁,而转忘其所为设譬之事物,则为拙矣。古人虽作百韵长诗,其所用典不出一二事而已(《北征》与白香山《悟真寺诗》皆不用一典),今人作长律则非典不能下笔矣。尝见一诗八十四韵,而用典至百余事,宜其不能工也。

丑、用典之拙者　用典之拙者,大抵皆懒惰之人,不知造词,故以此为躲懒藏拙之计。惟其不能造词,故亦不能用典也。总计拙典亦有数类:

1. 比例泛而不切,可作几种解释,无确定之根据。今取王渔洋"秋柳"一章证之:

娟娟凉露欲为霜,万缕千条拂玉塘。
浦里青荷中妇镜,江干黄竹女儿箱。
空怜板渚隋堤水,不见琅玡大道王。

若过洛阳风景地,含情重问永丰坊。

此诗中所用诸典无不可作几样说法者。

2. 僻典使人不解。夫文学所以达意抒情也。若必求人人能读五车之书,然后能通其文,则此种文可不作矣。

3. 刻削古典成语,不合文法。"指兄弟以孔怀,称在位以曾是"(章太炎语),是其例也。今人言"为人作嫁"亦不通。

4. 用典而失其原意。如某君写山高与天接之状,而曰"西接杞天倾"是也。

5. 古事之实有所指,不可移用者,今往乱用作普通事实。如古人灞桥折柳,以送行者,本是一种特别土风。阳关渭城亦皆实有所指。今之懒人不能状别离之情,于是虽身在滇越,亦言灞桥;虽不解阳关渭城为何物,亦皆言"阳关三叠""渭城离歌"。又如张翰因秋风起而思故乡之莼羹鲈脍,今则虽非吴人,不知莼鲈为何味者,亦皆自称有"莼鲈之思"。此则不仅懒不可救,直是自欺欺人耳!

由此种种,皆文人之下下工夫,一受其毒,便不可救。此吾所以有"不用典"之说也。

七曰不讲对仗

排偶乃人类言语之一种特性,故虽古代文字,如老子孔子之文,亦间有骈句。如"道可道,非常道;名可名,非常名。无名天地之始,有名万物之母。故常无,欲以观其妙;常有,欲以观其徼。"此三排句也。"食无求饱,居无求安。""贫而无谄,富而无骄。""尔爱其羊,我爱其礼。"——此皆排句也。然此皆近于语言之自然,而无牵强刻削之迹;尤未有定其字之多寡,声之平仄,词之虚实者也。至于后世文学末流，言之无物，乃以文胜；文胜之极，而骈文律诗兴焉，而长律兴焉。骈文律诗之中非无佳作，然佳作终鲜。所以然者何？岂不以其束缚人之自由过甚之故耶？（长律之中，上下古今，无一首佳作可言也。）今日而言文学改良，当"先立乎其大者"，不当枉废有用之精力于微细纤巧之末：此吾所以有废骈废律之说也。即不能废此两者，亦但当视为文学末技而已，非讲求之急务也。

今人犹有鄙夷白话小说为文学小道者，不知施耐庵，曹雪芹，吴趼人，皆文学正宗，而骈文律诗乃真小道耳。吾知必有闻此言而却走者矣。

八曰不避俗字俗语

吾惟以施耐庵、曹雪芹、吴趼人为文学正宗，故有"不避俗字俗语"之论也（参看上文第二条下）。盖吾国言文之背驰久矣。自佛书之输入，译者以文言不足以达意，故以浅近之文译之，其体已近白话。其后佛氏讲义语录尤多用白话为之者，是为语录体之原始。及宋人讲学以白话为语录，此体遂成讲学正体（明人因之）。当是时，白话已久入韵文，观唐宋人白话之诗词可见也。及至元时，中国北部已在异族之下，三百余年矣（辽金元）。此三百年中，中国乃发生一种通俗行远之文学。文则有《水浒》《西游》《三国》……之类，戏曲则尤不可胜计（关汉卿诸人，人各著剧数十种之多。吾国文人著作之富，未有过于此时者也）。以今世眼光观之，则中国文学当以元代为最盛；可传世不朽之作，当以元代为最多：此可无疑也。当是时，中国之文学最近言文合一，白话几成文学的语言矣。使此趋势不受阻遏，则中国几有一"活文学出现"，而但丁、路得之伟业（欧洲古时，各国皆有俚语，而以拉丁文为文言，凡著作书籍皆用之，如吾国之以文言著书也。其后意大利有但丁（Dante）诸文豪,始以其国俚语著作。诸国踵兴,国语亦代起。路得（Luther）创新教始以德文译《旧约》《新约》,遂开德文学之先。英法诸国亦复如是。今世通用之英文《新旧约》乃一六一一年译本,距今才三百年耳。故今日欧洲诸国之文学,在当日皆为俚语。迨诸文豪兴,始以"活文学"代拉丁之死文学;有活文学而后有言文合一之国语也),几发生于神州。不意此趋势骤为明代所阻,政府既以八股取士,而当时文人如"何李七子"之徒,又争以复古为高,于是此千年难遇言文合一之机会,遂中道夭折矣。然以今世历史进化的眼光观之,则白话文学之为中国文学之正宗,又为将来文学必用之利器,可断言也(此"断言"乃自作者言之,赞成此说者今日未必甚多也)。以此之故,吾主张今日作文作诗,宜采用俗语俗字。与其用三千年前之死字(如"于铄国会,遵晦时休"之类),不如用二十世纪之活字;与其作不能行远不能普及之秦汉六朝文字,不如作家喻户晓之《水浒》《西游》文字也。

结　论

上述八事,乃吾年来研思此一大问题之结果。远在异国,既无读书之暇晷,又不得就国中先生长者质疑问难,其所主张容有矫枉过正之处。然此八事皆文学上根本问题,一一有研究之价值。故草成此论,以为海内外留心此问题者作一草案。谓之刍议,犹云未定草也,伏惟国人同志有以匡纠是正之。

历史的文学观念论[1]

居今日而言文学改良,当注重"历史的文学观念"。一言以蔽之,曰:一时代有一时代之文学。此时代与彼时代之间,虽皆有承前启后之关系,而决不容完全抄袭;其完全抄袭者,决不成为真文学。愚惟深信此理,故以为古人已造古人之文学,今人当造今人之文学。至于今日之文学与今后之文学究竟当为何物,则全系于吾辈之眼光识力与笔力,而非一二人所能逆料也。惟愚纵观古今文学变迁之趋势,以为白话之文学种子已伏于唐人之小诗短词。及宋而语录体大盛,诗词亦多有用白话者(放翁之七律七绝,多白话体。宋词用白话者更不可胜计。南宋学者往往用白话通信,又不但以白话作语录也)。元代之小说戏曲,则更不待论矣。此白话文学之趋势,虽为明代所截断,而实不曾截断。语录之体,明清之宋学家多沿用之。词曲如《牡丹亭》《桃花扇》,已不如《元人杂剧》之通俗矣。然昆曲卒至废绝,而今之俗剧(吾徽之"徽调"与今日"京调""高腔"皆是也)乃起而代之。今后之戏剧,或将全废唱本而归于说白,亦未可知。此亦由文言趋于白话之一例也。小说则明清之有名小说,皆白话也。近人之小说,其可以传后者,亦皆白话也(笔记短篇如《聊斋志异》之类不在此例)。故白话之文学,自宋以来,虽见屏于古文家,而

---

[1] 本文原载一九一七年五月《新青年》三卷三号。

终一线相承,至今不绝。

夫白话之文学,不足以取富贵,不足以邀声誉,不列于文学之"正宗",而卒不能废绝者,岂无故耶?岂不以此为吾国文学趋势,自然如此,故不可禁遏而日以昌大耶?愚以深信此理,故又以为今日之文学,当以白话文学为正宗。然此但是一个假设之前提,在文学史上,虽已有许多证据,如上所云,而今后之文学之果出于此与否,则犹有待于今后文学家之实地证明。若今后之文人不能为吾国造一可传世之白话文学,则吾辈今日之纷纷议论,皆属枉费精力,决无以服古文家之心也。

然则吾辈又何必攻古文家乎?曰,是亦有故。吾辈主张"历史的文学观念",而古文家则反对此观念也。吾辈以为今人当造今人之文学,而古文家则以为今人作文必法马班韩柳。其不法马班韩柳者,皆非文学之"正宗"也。吾辈之攻古文家,正以其不明文学之趋势而强欲作一千年二千年以上之文。此说不破,则白话之文学无有列为文学正宗之一日,而世之文人将犹鄙薄之以为小道邪径而不肯以全力经营造作之。如是,则吾国将永无以全副精神实地试验白话文学之日。夫不以全副精神造文学而望文学之发生,此犹不耕而求获不食而求饱也。亦终不可得矣。(施耐庵、曹雪芹诸人所以能有成者,正赖其有特别胆力,能以全力为之耳。)

吾辈既以"历史的"眼光论文,则亦不可不以历史的眼光论古文家。《记》曰:"生乎今之世,反古之道,灾必及乎身。"(朱熹曰:反,复也。)此言复古者之谬,虽孔圣人亦不赞成也。古文家之罪正坐"生乎今之世,反古之道"。古文家盛称马班,不知马班之文已非古文。使马班皆作《盘庚》《大诰》"清庙生民"之文,则马班决不能千古矣。古文家又盛称韩柳,不知韩柳在当时皆为文学革命之人。彼以六朝骈俪之文为当废,故改而趋于较合文法,较近自然之文体。其时白话之文未兴，故韩柳之文在当日皆为"新文学"。韩柳皆未尝自称"古文"，古文乃后人称之之辞耳。此如七言歌行，本非"古体"，六朝人作之者数人而已。至唐而大盛，李杜之歌行，皆可谓创作。后之妄人，乃谓之曰"五古""七古"，不知五言作于汉代，七言尤不得为古，其起与律诗同时（律诗起于六朝。谢灵运江淹之诗皆为骈偶之体矣，则虽谓律诗先于七古，可也）。若《周颂》《商颂》，则真"古诗"耳。故李杜作"今诗"，而后人谓之"古诗"；韩柳作"今文"，而后人谓之"古文"。不知韩柳但择当时文体中之最近于文言之自然者而作之耳。故韩柳之为韩柳，未可厚非也。

及白话之文体既兴，语录用于讲坛，而小说传于穷巷。当此之时，"今文"之趋势已成，而明七子之徒乃必欲反之于汉魏以上，则罪不容辞矣。归方刘姚之志与七子同，特不敢远攀周秦，但欲近规韩柳欧曾而已，此其异也。吾故谓古文家亦未可一概抹煞。分别言之，则马班自作汉人之文，韩柳自作唐代之文。其作文之时，言文之分尚不成一问题，正如欧洲中古之学者，人人以拉丁文著书，而不知其所用为"死文字"也。宋代之文人，北宋如欧苏皆常以白话入词，而作散文则必用文言；南宋如陆放翁常以白话作律诗，而其文集皆用文言，朱晦庵以白话著书写信，而作"规矩文字"则皆用文言，此皆过渡时代之不得已，如十六七世纪欧洲学者著书往往并用己国俚语与拉丁两种文字（狄卡儿之《方法论》用法文，其《精思录》则用拉丁文。倍根之《杂论》有英文拉丁文两种。倍根自信其拉丁文书胜于其英文书，然今人罕有读其拉丁文《杂论》者矣），不得概以古文家冤之也。惟元以后之古文家，则居心在于复古，居心在于过抑通俗文学而以汉魏唐宋代之。此种人乃可谓真正"古文家"！吾辈所攻击者亦仅限于此一种"生乎今之世，反古之道"之真正"古文家"耳！

归国杂感[①]

我在美国动身的时候,有许多朋友对我道:"密斯忒胡,你和中国别了七个足年了,这七年之中,中国已经革了三次的命,朝代也换了几个了。真个是一日千里的进步。你回去时,恐怕要不认得那七年前的老大帝国了。"我笑着对他们说道:"列位不用替我担忧。我们中国正恐怕进步太快,我们留学生回去要不认得他了,所以他走上几步,又退回几步。他正在那里回头等我们回去认旧相识呢。"

这话并不是戏言,乃是真话。我每每劝人回国时莫存大希望:希望越大,失望越大。所以我自己回国时,并不曾怀什么大希望。果然船到了横滨,便听得张勋复辟的消息。如今在中国已住了四个月了,所见所闻,果然不出我所料。七年没见面的中国还是七年前的老相识!到上海的时候,有一天,有一位朋友拉我到大舞台去看戏。我走进去坐了两点钟,出来的时候,对我的朋友说道:"这个大舞台真正是中国的一个绝妙的缩本模型。你看这大舞台三个字岂不很新?外面的房屋岂不是洋房?里面的座位和戏台上的布景装潢又岂不是西洋新式?但是做戏的人都不过是赵如泉,沈韵秋,万盏灯,何家声,何金寿这些人。没有一个不是二十年前的旧古董!我十三岁到上海的时候,他们已成了老角色了。如今又隔了十三年

[①] 本文原载一九一八年六月《新青年》四卷六号。

了,却还是他们在台上撑场面。这十三年造出来的新角色都到哪里去了呢?你再看那台上做的《举鼎观画》。那祖先堂上的布景,岂不很完备?只是那小薛蛟拿了那老头儿的书信,就此跨马加鞭,却忘记了台上布的景是一座祖先堂!又看那出《四进士》。台上布景,明明有了门了,那宋士杰却还要做手势去关那没有的门!上公堂时,还要跨那没有的门槛!你看这二十年前的旧古董,在二十世纪的大舞台上做戏;装上了二十世纪的新布景,却偏要做那二十年前的旧手脚!这不是一副绝妙的中国现势图吗?"

我在上海住了十二天,在内地住了一个月,在北京住了两个月,在路上走了二十天,看了两件大进步的事:第一件是"三炮台"的纸烟,居然行到我们徽州去了;第二件是"扑克"牌居然比麻雀牌还要时髦了。"三炮台"纸烟还不算希奇,只有那"扑克"牌何以会这样风行呢?有许多老先生向来学ABCD是很不行的,如今打起"扑克"来,也会说"恩德""累死""接客倭彭"了!这些怪不好记的名词,何以会这样容易上口呢?他们学这些名词这样容易,何以学正经的ABCD又那样蠢呢?我想这里面很有可以研究的道理。新思想行不到徽州,恐怕是因为新思想没有"三炮台"那样中吃罢?ABCD不容易教,恐怕是因为教的人不得其法罢?

我第一次走过四马路,就看见了三部教"扑克"的书。我心想"扑克"的书已有这许多了,那别种有用的书,自然更不少了,所以我就花了一天的工夫,专去调查上海的出版界。我是学哲学的,自然先寻哲学的书。不料这几年来,中国竟可以算得没有出过一部哲学书。找来找去,找到一部《中国哲学史》,内中王阳明占了四大页,《洪范》倒占了八页!还说了些"孔子既受天之命""与天地合德"的话。又看见一部《韩非子精华》,删去了《五蠹》和《显学》两篇,竟成了一部"韩非子糟粕"了。文学书内,只有一部王国维的《宋元戏曲史》是很好的。又看见一家书目上有翻译的萧士比亚剧本，找来一看，原来把会话体的戏剧，都改作了《聊斋志异》体的叙事古文！又看见一部《妇女文学史》，内中苏蕙的回文诗足足占了六十页！又看见《饮冰室丛著》内有《墨学微》一书，我是喜欢看看墨家的书的人，自然心中很高兴。不料抽出来一看，原来是任公先生十四年前的旧作，不曾改了一个字！此外只有一部《中国外交史》，可算是一部好书，如今居然到了三版了。这件事还可以使人乐观。此外那些新出版的小说，看来看去，实在找不出一部可看的小说。有人对我说，如今最风行的是一部《新华春梦记》，这也可想见中国小说界的程度了。

总而言之，上海的出版界，——中国的出版界——这七年来简直没有两三部以上可看的书！不但高等学问的书一部都没有，就是要找一部轮船上火车上消遣的书，也找不出！（后来我寻来寻去，只寻得一部吴稚晖先生的《上下古今谈》，带到芜湖路上去看。）我看了这个怪现状，真可以放声大哭。如今的中国人，肚子饿了，还有些施粥的厂把粥给他们吃。只是那些脑子叫饿的人可真没有东西吃了。难道可以把些《九尾龟》，《十尾龟》来充饥吗？

中文书籍既是如此，我又去调查现在市上最通行的英文书籍。看来看去，都是些什么萧士比亚的《威匿思商》，《麦克白传》，阿狄生的《文报选录》，戈司密的《威克斐牧师》，欧文的《见闻杂记》，……大概都是些十七世纪十八世纪的书。内中有几部十九世纪的书，也不过是欧文，迭更司，司各脱，麦考来几个人的书，都是和现在欧美的新思潮毫无关系的。怪不得我后来问起一位有名的英文教习，竟连 Bernard Shaw 的名字也不曾听见过，不要说 Tchekoff 和 Andreyev 了。我想这都是现在一班教会学堂出身的英文教习的罪过。这些英文教习，只会用他们先生教过的课本。他们的先生又只会用他们先生的先生教过的课本。所以现在中国学堂所用的英文书籍,大概都是教会先生的太老师或太太老师们教过的课本!怪不得和现在的思想潮流绝无关系了。

有人说,思想是一件事,文学又是一件事,学英文的人何必要读与现代新思潮有关系的书呢?这话似乎有理,其实不然。我们中国人学英文,和英国美国的小孩子学英文,是两样的。我们学西洋文字,不单是要认得几个洋字,会说几句洋话,我们的目的在于输入西洋的学术思想。所以我以为中国学校教授西洋文字,应该用一种"一箭射双雕"的方法,把"思想"和"文字"同时并教。例如教散文,与其用欧文的《见闻杂记》,或阿狄生的《文报选录》,不如用赫胥黎的《进化杂论》。又如教戏曲,与其教萧士比亚的《威匿思商》,不如用 Bernard Shaw 的 Androcles and the Lion,或是 Galsworthy 的 Strife 或 Justice。又如教长篇的文字,与其教麦考来的《约翰生行述》,不如教弥尔的《群己权界论》。……我写到这里,忽然想起日本东京丸善书店的英文书目。那书目上,凡是英美两国一年前出版的新书,大概都有。我把这书目和商务书馆与伊文思书馆的书目一比较,我几乎要羞死了。

我回中国所见的怪现状,最普通的是"时间不值钱"。中国人吃了饭没有事做,不是打麻雀,便是打"扑克"。有的人走上茶馆,泡了一碗茶,便是一天了。有的人拿一只鸟儿到处逛逛,也是一天了。更可笑的是朋友去看朋友,一坐下便生了根了,再也不肯走。有事商议,或是有话谈论,倒也罢了。其实并没有可议的事,可说的话。我有一天在一位朋友处有事,忽然来了两位客,是□□馆的人员。我的朋友走出去会客,我因为事没有完,便在他房里等他。我以为这两位客一定是来商议这□□馆中什么要事的。不料我听得他们开口道:"□□先生,今回是打津浦火车来的,还是坐轮船来的?"我的朋友说是坐轮船来的。这两位客接着便说轮船怎样不便，怎样迟缓。又从轮船上谈到铁路上，从铁路上又谈到现在中交两银行的钞洋跌价。因此又谈到梁任公的财政本领，又谈到梁士诒的行踪去迹；……谈了一点多钟，没有谈上一句要紧的话。后来我等的没法了，只好叫听差去请我的朋友。那两位客还不知趣，不肯就走。我不得已，只好跑了，让我的朋友去领教他们的"二梁优劣论"罢！

美国有一位大贤名弗兰克令（Benjamin Franklin）的，曾说道："时间乃是造成生命的东西。"时间不值钱，生命自然也不值钱了。上海那些拣茶叶的女工，一天拣到黑，至多不过得二百个钱，少的不过得五六十钱！茶叶店的伙计，一天做十六七点钟的工，一个月平均只拿得两三块钱！还有那些工厂的工人，更不用说了。还有那些更下等，更苦痛的工作，更不用说了。人力那样不值钱，所以卫生也不讲究，医药也不讲究。我在北京上海看那些小店铺里和穷人家里的种种不卫生，真是一种黑暗世界。至于道路的不洁净，瘟疫的流行，更不消说了。最可怪的是无论阿猫阿狗都可挂牌医病，医死了人，也没有人怨恨，也没有人干涉。人命的不值钱，真可算得到了极端了。

现今的人都说教育可以救种种的弊病。但是依我看来，中国的教育，不但不能救亡，简直可以亡国。我有十几年没到内地去了，这回回去，自然去看看那些学堂，学堂的课程表，看来何尝不完备？体操也有，图画也有，英文也有，那些国文，修身之类，更不用说了。但是学堂的弊病，却正在这课程完备上。例如我们家乡的小学堂，经费自然不充足了，却也要每年花六十块钱去请一个中学堂学生兼教英文唱歌。又花二十块钱买一架风琴。我心想，这六十块一年的英文教习，能教什么英文？教的英文，在我们山里的小地方，又有什么用处？至于那音乐一科，更无道理了。请问那种学堂的音乐，还是可以增进"美感"呢?还是可以增进音乐知识呢?若果然要教音乐,为什么不去村乡里找一个会吹笛子的唱昆腔的人来教?为什么一定要用那实在不中听的二十块钱的风琴呢?那些穷人的子弟学了音乐回家,能买得起一架风琴来练习他所学的音乐知识吗?我真是莫名其妙了。所以我在内地常说:"列位办学堂,尽不必问教育部规程是什么,须先问这块地方上最需要的是什么。譬如我们这里最需要的是农家常识,蚕桑常识,商业常识,卫生常识,列位却把修身教科书去教他们做圣贤!又把二十块钱的风琴去教他们学音乐!又请一位六十块钱一年的教习教他们的英文!列位且自己想想看,这样的教育,造得出怎么样的人才?所以我奉劝列位办学堂,切莫注重课程的完备,须要注意课程的实用,尽不必去巴结视学员,且去巴结那些小百姓。视学员说这个学堂好,是没有用的,须要小百姓都肯把他们的子弟送来上学,那才是教育有成效了。"

  以上说的是小学堂。至于那些中学校的成绩,更可怕了。我遇见一位省立法政学堂的本科学生,谈了一会,他忽然问道:"听说东文是和英文差不多的,这话可真吗?"我已经大诧异了。后来他听我说日本人总有些岛国的习气,忽然问道:"原来日本也在海岛上吗?"……这个固然是一个极端的例。但是如今中学堂毕业的人才,高又高不得,低又低不得,竟成了一种无能的游民。这都由于学校里所教的功课,和社会上的需要毫无关涉。所以学校只管多,教育只管兴,社会上的工人,伙计,账房,警察,兵士,农夫,……还只是用没有受过教育的人。社会所需要的是做事的人才,学堂所造成的是不会做事又不肯做事的人才,这种教育不是亡国的教育吗?

  我说我的"归国杂感",提起笔来,便写了三四千字。说的都是些很可以悲观的话。但是我却并不是悲观的人。我以为这二十年来中国并不是完全没有进步,不过惰性太大,向前三步又退回两步,所以到如今还是这个样子。我这回回家寻出了一部叶德辉的《翼教丛编》,读了一遍,才知道这二十年的中国实在已经有了许多大进步。不到二十年前,那些老先生们,如叶德辉、王益吾之流,出了死力去驳康有为,所以这书叫做《翼教丛编》。我们今日也痛骂康有为。但二十年前的中国,骂康有为太新;二十年后的中国,却骂康有为太旧。如今康有为没有皇帝可保了,很可以做一部"翼教续编"来骂陈独秀了。这两部"翼教"的书的不同之处,便是中国二十年来的进步了。

民国七年一月

论短篇小说[①]

这一篇乃是三月十五日在北京大学国文研究所小说科讲演的材料。原稿由研究员傅斯年君记出,载于《北京大学日刊》。今就傅君所记,略为更易,作为此文。

一、什么叫做"短篇小说"?

中国今日的文人大概不懂"短篇小说"是什么东西。现在的报纸杂志里面,凡是笔记杂纂,不成长篇的小说,都可叫做"短篇小说"。所以现在那些"某生,某处人,幼负异才,……一日,游某园,遇一女郎,睨之,天人也,……"一派的烂调小说,居然都称为"短篇小说"!其实这是大错的。西方的"短篇小说"(英文叫做 short story),在文学上有一定的范围,有特别的性质,不是单靠篇幅不长便可称为"短篇小说"的。

我如今且下一个"短篇小说"的界说:

短篇小说是用最经济的文学手段,描写事实中最精彩的一段或一方面,而能使人充分满意的文章。

[①] 本文原载一九一八年五月《新青年》四卷五号。

这条界说中,有两个条件最宜特别注意。今且把这两个条件分说如下:

一、"事实中最精彩的一段或一方面" 譬如把大树的树身锯断,懂植物学的人看了树身的"横截面",数了树的"年轮",便可知道这树的年纪。一人的生活,一国的历史,一个社会的变迁,都有一个"纵剖面"和无数"横截面"。纵面看去,须从头看到尾,才可看见全部。横面截开一段,若截在要紧的所在,便可把这个"横截面"代表这个人,或这一国,或这一个社会。这一种可以代表全部的部分,便是我所谓"最精彩"的部分。又譬如西洋照相术未发明之前,有一种"侧面剪影"(Silhouette),用纸剪下人的侧面,便可知道是某人。(此种剪像曾风行一时。今虽有照相术,尚有人为之。)这种可以代表全形的一面,便是我所谓"最精彩"的方面。若不是"最精彩"的所在,决不能用一段代表全体,决不能用一面代表全形。

二、"最经济的文学手段" 形容"经济"两个字,最好是借用宋玉的话:"增之一分则太长,减之一分则太短;着粉则太白,施朱则太赤。"须要不可增减,不可涂饰,处处恰到好处,方可当"经济"二字。因此,凡可以拉长演作章回小说的短篇,不是真正"短篇小说";凡叙事不能畅尽,写情不能饱满的短篇,也不是真正"短篇小说"。

能合我所下的界说的,便是理想上完全的"短篇小说"。世间所称"短篇小说",虽未能处处都与这界说相合,但是那些可传世不朽的"短篇小说",决没有不具上文所说两个条件的。

如今且举几个例。西历一八七〇年,法兰西和普鲁士开战,后来法国大败,巴黎被攻破,出了极大的赔款,还割了两省地,才能讲和。这一次战争,在历史上,就叫做普法之战,是一件极大的事。若是历史家记载这事,必定要上溯两国开衅的远因,中记战争的详情,下寻战与和的影响:这样记去,可满几十本大册子。这种大事到了

"短篇小说家"的手里,便用最经济的手腕去写这件大事的最精彩的一段或一面。我且不举别人,单举 Daudet① 和 Maupassant② 两个人为例。Daudet 所做普法之战的小说,有许多种。我曾译出一种叫做《最后一课》(La derniere classe)(初译名《割地》,登上海《大共和日报》,后改用今名,登《留美学生季报》第三期)。全篇用法国割给普国两省中一省的一个小学生的口气,写割地之后,普国政府下令,不许再教法文法语。所写的乃是一个小学教师教法文的"最后一课"。一切割地的惨状,都从这个小学生眼中看出,口中写出。还有一种,叫做《柏林之围》(Le siege de Berlin)(曾载《甲寅》第四号),写的是法皇拿破仑第三出兵攻普鲁士时,有一个曾在拿破仑第一麾下的老兵官,以为这一次法兵一定要大胜了,所以特地搬到巴黎,住在凯旋门边,准备着看法兵"凯旋"的大典。后来这老兵官病了,他的孙女儿天天假造法兵得胜的新闻去哄他。那时普国的兵已打破巴黎。普兵进城之日,他老人家听见军乐声,还以为是法兵打破了柏林奏凯班师呢!这是借一个法国极强时代的老兵来反照当日法国大败的大耻,两两相形,真可动人。

Maupassant 所做普法之战的小说也有多种。我曾译他的《二渔夫》(Deuxamis),写巴黎被围的情形,却都从两个酒鬼身上着想。还有许多篇,如《Mde. Fifi》③之类(皆未译出),或写一个妓女被普国兵士掳去的情形,或写法国内地村乡里面的光棍,乘着国乱,设立"军政分府",作威作福的怪状……都可使人因此推想那时法国兵败以后的种种状态。这都是我所说的"用最经济的手腕,描写事实中最精彩的片段,而能使人充分满意"的短篇小说。

---

① 今译作都德。
② 今译作莫泊桑。
③ 指莫泊桑的小说《菲菲小姐》。

二、中国短篇小说的略史

"短篇小说"的定义既已说明了,如今且略述中国短篇小说的小史。

中国最早的短篇小说,自然要数先秦诸子的寓言了。《庄子》,《列子》,《韩非子》,《吕览》诸书所载的"寓言",往往有用心结构可当"短篇小说"之称的。今举二例。第一例见于《列子·汤问》篇:

> 太形、王屋二山,方七百里,高万仞,本在冀州之南,河阳之北。
>
> 北山愚公者,年且九十,面山而居,惩山北之塞出入之迂也,聚室而谋曰,"吾与汝毕力平险,指通豫南,达于汉阴,可乎?"杂然相许。
>
> 其妻献疑曰,"以君之力,曾不能损魁父之丘。如太形王屋何?且焉置土石?"杂曰,"投诸渤海之尾,隐土之北!"
>
> 遂率子孙荷担者三夫,叩石垦壤,箕畚运于渤海之尾。邻人京城氏之孀妻,有遗男,始龀,跳往助之。寒暑易节,始一返焉。
>
> 河曲智叟笑而止之曰,"甚矣,汝之不慧!以残年余力,曾不能毁山之一毛,其如土石何?"
>
> 北山愚公长息曰,"汝心之固,固不可彻,曾不若孀妻弱子!虽我之死,有子存焉。子又生孙,孙又生子,子又有子,子又有孙。子子孙孙,无穷匮也,而山不加增。何苦而不平!"
>
> 河曲智叟亡以应。
>
> "操蛇之神"闻之,惧其不已也,告之于帝。帝感其诚,

命夸娥氏二子负二山,一厝朔东,一厝雍南。自此,冀之南,汉之阴,无陇断焉。

这篇大有小说风味。第一,因为他要说"至诚可动天也",却平空假造一段太形、王屋两山的历史。第二,这段历史之中,处处用人名,地名,用直接会话,写细事小物,即写天神也用"操蛇之神","夸娥氏二子"等私名,所以看来好像真有此事。这两层都是小说家的家数。现在的人一开口便是"某生""某甲",真是不曾懂得做小说的 ABC。

第二例见于《庄子·无鬼》篇:

庄子送葬,过惠子之墓,顾谓从者曰:

郢人垩漫其鼻端,若蝇翼,使匠石斫之。匠石运斤成风,听而斫之,尽垩而鼻不伤。郢人立不失容。

宋元君闻之,召匠石曰,"尝试为寡人为之!"

匠石曰,"臣则尝能斫之。虽然,臣之质死久矣!"

自夫子(谓惠子)之死也,吾无以为质矣! 吾无与言之矣!

这一篇写"知己之感",从古至今,无人能及。看他写"垩漫其鼻端,若蝇翼",写"匠石运斤成风",都好像真有此事,所以有文学的价值。看他寥寥七十个字,写尽无限感慨,是何等"经济的"手腕!

自汉到唐这几百年中,出了许多"杂记"体的书,却都不配称做"短篇小说"。最下流的如《神仙传》和《搜神记》之类,不用说了。最高的如《世说新语》,其中所记,有许多很有"短篇小说"的意味,却没有"短篇小说"的体裁。如下举的例:

一、桓公(温)北征,经金城,见前为琅玡时种柳,皆已十围,慨然曰,"木犹如此,人何以堪!"攀枝执条,泫然流泪。

二、王子猷(徽之)居山阴,夜大雪,眠觉开室,命酌酒,四望皎然。因起彷徨,咏左思《招隐诗》,忽忆戴安道。时戴在剡,即便夜乘小船就之。经宿方至,造门不前而返。人问其故。王曰,"吾本乘兴而来,兴尽而返,何必见戴!"

此等记载,都是拣取人生极精彩的一小段,用来代表那人的性情品格,所以我说《世说》很有"短篇小说"的意味。只是《世说》所记都是事实,或是传闻的事实,虽有剪裁,却无结构,故不能称做"短篇小说"。

比较说来,这个时代的散文短篇小说还该数到陶潜的《桃花源记》。这篇文字,命意也好,布局也好,可以算得一篇用心结构的"短篇小说"。此外,便须到韵文中去找短篇小说了。韵文中《孔雀东南飞》一篇是很好的短篇小说,记事言情,事事都到。但是比较起来,还不如《木兰辞》更为"经济"。

《木兰辞》记木兰的战功,只用"将军百战死,壮士十年归"十个字;记木兰归家的那一天,却用了一百多字。十个字记十年的故事,不为少。一百多字记一天的事,不为多。这便是文学的"经济"。但是比较起来,《木兰辞》还不如古诗《上山采蘼芜》更为神妙。那诗道:

上山采蘼芜,下山逢故夫。
长跪问故夫:"新人复何如?"
"新人虽言好,未若故人姝。
颜色类相似,手爪不相如。
新人从门入,故人从阁去。

>新人工织缣,故人工织素。
>织缣日一匹,织素五丈余。
>将缣来比素,新人不如故。"

这首诗有许多妙处。第一,他用八十个字,写出那家夫妇三口的情形,使人可怜被逐的"故人",又使人痛恨那没有心肝,想靠着老婆发财的"故夫"。第二,他写那人弃妻娶妻的事,却不用从头说起:不用说"某某,某处人,娶妻某氏,甚贤;已而别有所爱,遂弃前妻而娶新欢……"他只从这三个人的历史中挑出那日从山上采野菜回来遇着故夫的几分钟,是何等"经济的手腕"!是何等"精彩的片段"!第三,他只用"上山采蘼芜,下山逢故夫"十个字,便可写出这妇人是一个弃妇,被弃之后,非常贫苦,只得挑野菜度日。这是何等神妙手段!懂得这首诗的好处,方才可谈"短篇小说"的好处。

到了唐朝,韵文散文中都有很妙的短篇小说。韵文中,杜甫的《石壕吏》是绝妙的例。那诗道:

>暮投石壕村,有吏夜捉人,老翁逾墙走,老妇出门看。吏呼一何怒!妇啼一何苦!听妇前致词:"三男邺城戍。一男附书至,二男新战死。生者且偷生,死者长已矣!室中更无人,惟有乳下孙,有孙母未去,出入无完裙。老妪力虽衰,请从吏夜归,急应河阳役,犹得备晨炊。"夜久语声绝,如闻泣幽咽……天明登前途,独与老翁别!

这首诗写天宝之乱,只写一个过路投宿的客人夜里偷听得的事,不插一句议论,能使人觉得那时代征兵之制的大害,百姓的痛苦,丁壮死亡的多,差役捉人的横行:——都在眼前。捉人捉到生了孙儿的祖老太太,别的更可想而知了。

白居易的《新乐府》五十首中,尽有很好的短篇小说。最妙的是《新丰折臂翁》一首。看他写"是时翁年二十四,兵部牒中有名字,夜深不敢使人知,偷将大石捶折臂",使人不得不发生"苛政猛于虎"的思想。白居易的《琵琶行》也算得一篇很好的短篇小说。白居易的短处,只因为他有点迂腐气,所以处处要把做诗的"本意"来做结尾;即如《新丰折臂翁》篇末加上"君不见开元宰相宋开府"一段,便没有趣味了。又如《长恨歌》一篇,本用道士见杨贵妃,带来信物一件事作主体。白居易虽做了这诗,心中却不信道士见杨妃的神话;所以他不但说杨妃所在的仙山"在虚无缥缈中";还要先说杨妃死时"金钿委地无人收,翠翘金雀玉搔头",竟直说后来"天上"带来的"钿合金钗"是马嵬坡拾起的了! 自己不信,所以说来便不能叫人深信。人说赵子昂画马,先要伏地作种种马相。做小说的人,也要如此,也要用全副精神替书中人物设身处地,体贴入微。做"短篇小说"的人,格外应该如此。为什么呢? 因为"短篇小说"要把所挑出的"最精彩的一段"作主体,才可有全神贯注的妙处。若带点迂气,处处把"本意"点破,便是把书中事实作一种假设的附属品,便没有趣味了。

唐朝的散文短篇小说很多,好的却实在不多。我看来看去,只有张说的《虬髯客传》可算得上品的"短篇小说"。《虬髯客传》的本旨只是要说"真人之兴,非英雄所冀"。他却平空造出虬髯客一段故事,插入李靖,红拂一段情史,写到正热闹处,忽然写"太原公子裼裘而来",遂使那位野心豪杰绝心于事国,另去海外开辟新国。这种立意布局,都是小说家的上等工夫。这是第一层长处。这篇是"历史小说"。凡做"历史小说",不可全用历史上的事实,却又不可违背历史上的事实。全用历史的事实,便成了《演义》体,如《三国演义》和《东周列国志》,没有真正"小说"的价值。(《三国》所以稍有小说价值者,全靠其能于历史事实之外,加入许多小说材料耳。)若违背了历史的事实,如《说岳传》使岳飞的儿子挂帅印打平金国,虽可使一班愚人快意,却又不成"历史的"小说了。最好是能于历史事实之外,造成一些"似历史又非历史"的事实,写到结果却又不违背历史的事实。如法国大仲马的《侠隐记》(商务出版。译者君朔,不知是何人①。我以为近年译西洋小说当以君朔所译诸书为第一。君朔所用白话,全非抄袭旧小说的白话,乃是一种特创的白话,最能传达原书的神气。其价值高出林纾百倍。可惜世人不会赏识),写英国暴君查尔第一世为克林威尔所囚时,有几个侠士出了死力百计想把他救出来,每次都到将成功时忽又失败;写来极热闹动人,令人急煞,却终不能救免查尔第一世断头之刑,故不违背历史的事实。又如《水浒传》所记宋江等三十六人是正史所有的事实。《水浒传》所写宋江在浔阳江上吟反诗,写武松打虎杀嫂,写鲁智深大闹和尚寺……等事,处处热闹煞,却终不违历史的事实(《荡寇志》便违背历史的事实了)。《虬髯客传》的长处正在他写了许多动人的人物事实,把"历史的"人物(如李靖,刘文静,唐太宗之类)和"非历史的"人物(如虬髯客,红拂)穿插夹混,叫人看了竟像那时真有这些人物事实。但写到后来,虬髯客飘然去了,依旧是唐太宗得了天下,一毫不违背历史的事实。这是"历史小说"的方法,便是《虬髯客传》的第二层长处。此外还有一层好处。唐以前的小说,无论散文韵文,都只能叙事,不能用全副气力描写人物。《虬髯客传》写虬髯客极有神气,自不用说了。就是写红拂,李靖等"配角",也都有自性的神情风度。这种"写生"手段,便是这篇的第三层长处。有这三层长处,所以我敢断定这篇《虬髯客传》是唐代第一篇"短篇小说"。宋朝是

---

① 君朔是伍光建的笔名。

"章回小说"发生的时代。如《宣和遗事》和《五代史平话》等书,都是后世"章回小说"的始祖。《宣和遗事》中记杨志卖刀杀人,晁盖等八人路劫生辰纲,宋江杀阎婆惜诸段,便是施耐庵《水浒传》的稿本。从《宣和遗事》变成《水浒传》,是中国文学史上一大进步。但宋朝是"杂记小说"极盛的时代,故《宣和遗事》等书,总脱不了"杂记体"的性质,都是上段不接下段,没有结构布局的。宋朝的"杂记小说"颇多好的,但都不配称做"短篇小说"。"短篇小说"是有结构局势的;是用全副精神气力贯注到一段最精彩的事实上的。"杂记小说"是东记一段,西记一段,如一盘散沙,如一篇零用账,全无局势结构的。这个区别,不可忘记。

明清两朝的"短篇小说",可分白话与文言两种。白话的"短篇小说"可用《今古奇观》作代表。《今古奇观》是明末的书,大概不全是一人的手笔。(如《杜十娘》一篇,用文言极多,远不如《卖油郎》,似出两人手笔。)书中共有四十篇小说,大要可分两派:一是演述旧作的,一是自己创作的。如《吴保安弃家赎友》一篇,全是演唐人的《吴保安传》,不过添了一些琐屑节目罢了。但是这些加添的琐屑节目,便是文学的进步。《水浒》所以比《史记》更好,只在多了许多琐屑细节。《水浒》所以比《宣和遗事》更好,也只在多了许多琐屑细节。从唐人的吴保安,变成《今古奇观》的吴保安;从唐人的李汧公,变成《今古奇观》的李汧公;从汉人的伯牙、子期,变成《今古奇观》的伯牙、子期——这都是文学由略而详,由粗枝大叶而琐屑细节的进步。此外那些明人自己创造的小说,如《卖油郎》,如《洞庭红》,如《乔太守》,如《念亲恩孝女藏儿》,都可称很好的"短篇小说"。依我看来,《今古奇观》的四十篇之中,布局以《乔太守》为最工,写生以《卖油郎》为最工。《乔太守》一篇,用一个李都管做全篇的线索,是有意安排的结构。《卖油郎》一篇写秦重,花魁娘子,九妈,四妈,各到好处。《今古奇观》中虽有很平常的小说,(如《三孝廉》,《吴保安》,《羊角哀》诸篇。)比起唐人的散文小说,已大有进步了。唐人的小说,最好的莫如《虬髯客传》。但《虬髯客传》写的是英雄豪杰,容易见长。《今古奇观》中大多数的小说,写的都是些琐细的人情世故,不容易写得好。唐人的小说大都属于理想主义。(如《虬髯客传》,《红线》,《聂隐娘》诸篇。)《今古奇观》中如《卖油郎》,《徐老仆》,《乔太守》,《孝女藏儿》,便近于写实主义了。至于由文言的唐人小说,变成白话的《今古奇观》,写物写情,都更能曲折详尽,那更是一大进步了。

只可惜白话的短篇小说,发达不久,便中止了。中止的原因,约有两层。第一,因为白话的"章回小说"发达了,做小说的人往往把许多短篇略加组织,合成长篇。如《儒林外史》和《品花宝鉴》名为长篇的"章回小说",其实都是许多短篇凑拢来的。这种杂凑的长篇小说的结果,反阻碍了白话短篇小说的发达了。第二,是因为明末清初的文人,很做了一些中上的文言短篇小说。如《虞初新志》,《虞初续志》,《聊斋志异》等书里面,很有几篇可读的小说。比较看来,还该把《聊斋志异》来代表这两朝的文言小说。《聊斋》里面,如《续黄粱》,《胡四相公》,《青梅》,《促织》,《细柳》……诸篇,都可称为"短篇小说"。《聊斋》的小说,平心而论,实在高出唐人的小说。蒲松龄虽喜说鬼狐,但他写鬼狐却都是人情世故,于理想主义之中,却带几分写实的性质。这实在是他的长处。只可惜文言不是能写人情世故的利器,到了后来,那些学《聊斋》的小说,更不值得提起了。

三、结论

最近世界文学的趋势,都是由长趋短,由繁多趋简要。——

"简"与"略"不同,故这句话与上文说"由略而详"的进步,并无冲突。——诗的一方面,所重的在于"写情短诗"(Lyrical Poetry)(或译"抒情诗"),像 Homer,Milton,Dante① 那些几十万字的长篇,几乎没有人做了;就有人做(十九世纪尚多此种),也很少人读了。戏剧一方面,萧士比亚的戏,有时竟长到五出二十幕(此所指乃 Hamlet② 也),后来变到五出五幕;又渐渐变成三出三幕;如今最注重的是"独幕戏"了。小说一方面,自十九世纪中段以来,最通行的是"短篇小说"。长篇小说如 Tolstoy③ 的《战争与和平》,竟是绝无而仅有的了。所以我们简直可以说,"写情短诗","独幕剧","短篇小说"三项,代表世界文学最近的趋向。这种趋向的原因,不止一种。一、世界的生活竞争一天忙似一天,时间越宝贵了,文学也不能不讲究"经济";若不经济,只配给那些吃了饭没事做的老爷太太们看,不配给那些在社会上做事的人看了。二、文学自身的进步,与文学的"经济"有密切关系。斯宾塞说,论文章的方法,千言万语,只是"经济"一件事。文学越进步,自然越讲求"经济"的方法。有此两种原因,所以世界的文学都趋向这三种"最经济的"体裁,今日中国的文学,最不讲"经济"。那些古文学家和那"聊斋滥调"的小说家,只会记"某时到某地,遇某人,作某事"的死账,毫不懂状物写情是全靠琐屑节目的。那些长篇小说家又只会做那无穷无极《九尾龟》一类的小说,连体裁布局都不知道,不要说文学的经济了。若要救这两种大错,不可不提倡那最经济的体裁——不可不提倡真正的"短篇小说"。

---

① 今译作荷马,弥尔顿,但丁。
② 今译作哈姆雷(莱)特。
③ 今译作托尔斯泰。

建设的文学革命论[①]
国语的文学——文学的国语

一

我的《文学改良刍议》发表以来,已有一年多了。这十几个月之中,这个问题居然引起了许多很有价值的讨论,居然受了许多很可使人乐观的响应。我想我们提倡文学革命的人,固然不能不从破坏一方面下手。但是我们仔细看来,现在的旧派文学实在不值得一驳。什么桐城派的古文哪,文选派的文学哪,江西派的诗哪,梦窗派的词哪,聊斋志异派的小说哪,——都没有破坏的价值。他们所以还能存在国中,正因为现在还没有一种真有价值,真有生气,真可算作文学的新文学起来代他们的位置。有了这种"真文学"和"活文学",那些"假文学"和"死文学",自然会消灭了。所以我望我们提倡文学革命的人,对于那些腐败文学,个个都该存一个"彼可取而代也"的心理,个个都该从建设一方面用力,要在三五十年内替中国创造出一派新中国的活文学。

我现在做这篇文章的宗旨,在于贡献我对于建设新文学的意

---

① 本文原载一九一八年四月十五日《新青年》四卷四号。

见。我且先把我从前所主张破坏的八事引来做参考的资料：

一、不做"言之无物"的文字。

二、不做"无病呻吟"的文字。

三、不用典。

四、不用套语烂调。

五、不重对偶——文须废骈，诗须废律。

六、不做不合文法的文字。

七、不摹仿古人。

八、不避俗话俗字。

这是我的"八不主义"，是单从消极的、破坏的一方面着想的。

自从去年归国以后，我在各处演说文学革命，便把这"八不主义"都改作了肯定的口气，又总括作四条，如下：

一、要有话说，方才说话。这是"不做'言之无物'的文字"一条的变相。

二、有什么话，说什么话；话怎么说，就怎么说。这是二、三、四、五、六诸条的变相。

三、要说我自己的话，别说别人的话。这是"不摹仿古人"一条的变相。

四、是什么时代的人，说什么时代的话。这是"不避俗话俗字"的变相。

这是一半消极，一半积极的主张。一笔表过，且说正文。

二

我的"建设新文学论"的唯一宗旨只有十个大字："国语的文学，文学的国语。"我们所提倡的文学革命，只是要替中国创造一种国语的文学。有了国语的文学,方才可有文学的国语。有了文学的国语,我们的国语才可算得真正国语。国语没有文学,便没有生命,便没有价值,便不能发立,便不能发达。这是我一篇文字的大旨。

我曾仔细研究:中国这二千年何以没有真有价值真有生命的"文言的文学"?我自己回答道:"这都因为这二千年的文人所做的文学都是死的,都是用已经死了的语言文字做的。死文字决不能产出活文学。所以中国这二千年只有些死文学,只有些没有价值的死文学。"

我们为什么爱读《木兰辞》和《孔雀东南飞》呢?因为这两首诗是用白话做的。为什么爱读陶渊明的诗和李后主的词呢?因为他们的诗词是用白话做的。为什么爱杜甫的《石壕吏》《兵车行》诸诗呢?因为他们都是用白话做的。为什么不爱韩愈的《南山》呢?因为他用的是死字死话。……简单说来,自从《三百篇》到于今,中国的文学凡是有一些价值有一些儿生命的,都是白话的,或是近于白话的。其余的都是没有生气的古董,都是博物院中的陈列品!

再看近世的文学:何以《水浒传》《西游记》《儒林外史》《红楼梦》,可以称为"活文学"呢?因为他们都是用一种活文字做的。若是施耐庵、吴承恩、吴敬梓、曹雪芹,都用了文言做书,他们的小说一定不会有这样生命,一定不会有这样价值。

读者不要误会:我并不曾说凡是用白话做的书都是有价值有生命的。我说的是:用死了的文言决不能做出有生命有价值的文学来。这一千多年的文学,凡是有真正文学价值的,没有一种不带有白话的性质,没有一种不靠这个"白话性质"的帮助。换言之:白话能产出有价值的文学,也能产出没有价值的文学;可以产出《儒林外史》,也可以产出《肉蒲团》。但是那已死的文言只能产出没有价值没有生命的文学,决不能产出有价值有生命的文学;只能做几篇《拟韩退之〈原道〉》或《拟陆士衡〈拟古〉》,决不能做出一部《儒林外史》。若有人不信这话,可先读明朝古文大家宋濂的《王冕传》,再读《儒林外史》第一回的《王冕传》,便可知道死文学和活文学的分别了。

为什么死文字不能产生活文学呢?这都由于文学的性质。一切语言文字的作用在于达意表情;达意达得妙,表情表得好,便是文学。那些用死文言的人,有了意思,却须把这意思翻成几千年前的典故;有了感情,却须把这感情译为几千年前的文言。明明是客子思家,他们须说"王粲登楼","仲宣作赋";明明是送别,他们却须说"《阳关》三叠","一曲《渭城》";明明是贺陈宝琛七十岁生日,他们却须说是贺伊尹、周公、傅说。更可笑的:明明是乡下老太婆说话,他们却要叫他打起唐宋八家的古文腔儿;明明是极下流的妓女说话,他们却要他打起胡天游、洪亮吉的骈文调子……请问这样做文章如何能达意表情呢?既不能达意,既不能表情,哪里还有文学呢?即如那《儒林外史》里的王冕,是一个有感情,有血气,能生动,能谈笑的活人。这都因为做书的人能用活言语活文字来描写他的生活神情。那宋濂集子里的王冕,便成了一个没有生气,不能动人的死人。为什么呢?因为宋濂用了二千年前的死文字来写二千年后的活人;所以不能不把这个活人变作二千年前的木偶,才可合那古文家法。古文家法是合了,那王冕也真"作古"了!

因此我说,"死文言决不能产出活文学"。中国若想有活文学,必须用白话,必须用国语,必须做国语的文学。

三

上节所说,是从文学一方面着想,若要活文学,必须用国语。如今且说从国语一方面着想,国语的文学有何等重要。

有些人说:"若要用国语做文学,总须先有国语。如今没有标准的国语,如何能有国语的文学呢?"我说这话似乎有理,其实不然。国语不是单靠几位言语学的专门家就能造得成的;也不是单靠几本国语教科书和几部国语字典就能造成的。若要造国语,先须造国语的文学。有了国语的文学,自然有国语。这话初听了似乎不通。但是列位仔细想想便可明白了。天下的人谁肯从国语教科书和国语字典里面学习国语? 所以国语教科书和国语字典,虽是很要紧,决不是造国语的利器。真正有功效有势力的国语教科书,便是国语的文学;便是国语的小说,诗文,戏本。国语的小说,诗文,戏本通行之日,便是中国国语成立之时。试问我们今日居然能拿起笔来做几篇白话文章,居然能写得出好几百个白话的字,可是从什么白话教科书上学来的吗? 可不是从《水浒传》,《西游记》,《红楼梦》,《儒林外史》……等书学来的吗? 这些白话文学的势力,比什么字典教科书都还大几百倍。字典说"这"字该读"鱼彦反",我们偏读他做"者个"的者字。字典说"么"字是"细小",我们偏把他用作"什么"、"那么"的么字。字典说"没"字是"沉也","尽也",我们偏用他做"无有"的无字解。字典说"的"字有许多意义,我们偏把他用来代文言的"之"字,"者"字,"所"字和"徐徐尔,纵纵尔"的"尔"字。……总而言之,我们今日所用的"标准白话",都是这几部白话的文学定下来的。我们今日要想重新规定一种"标准国语",还须先造无数国语的《水浒传》,《西游记》,《儒林外史》,《红楼梦》。

所以我以为我们提倡新文学的人,尽可不必问今日中国有无标准国语。我们尽可努力去做白话的文学。我们可尽量采用《水浒传》,《西游记》,《儒林外史》,《红楼梦》的白话;有不合今日的用的,便不用他;有不够用的,便用今日的白话来补助;有不得不用文言的,便用文言来补助。这样做去,决不愁语言文字不够用,也决不用愁没有标准白话。中国将来的新文学用的白话,就是将来中国的标准国语。造中国将来白话文学的人,就是制定标准国语的人。

我这种议论并不是"向壁虚造"的。我这几年来研究欧洲各国国语的历史,没有一种国语不是这样造成的。没有一种国语是教育部的老爷们造成的。没有一种是言语学专门家造成的。没有一种不是文学家造成的。我且举几条例为证:

一、意大利。五百年前,欧洲各国但有方言,没有"国语"。欧洲最早的国语是意大利文。那时欧洲各国的人多用拉丁文著书通信。到了十四世纪的初年,意大利的大文学家但丁(Dante)极力主张用意大利话来代拉丁文。他说拉丁文是已死了的文字,不如他本国俗话的优美。所以他自己的杰作《喜剧》,全用脱斯堪尼(Tuscany)(意大利北部的一邦)的俗话。这部《喜剧》,风行一世,人都称他做"神圣喜剧"。那"神圣喜剧"的白话后来便成了意大利的标准国语。后来的文学家包卡嘉(Boccacio,1313—1375)和洛伦查(Lorenzo de Medici)诸人也都用白话作文学。所以不到一百年,意大利的国语便完全成立了。

二、英国。英伦虽只是一个小岛国,却有无数方言。现在通行全世界的"英文"在五百年前还只是伦敦附近一带的方言,叫做"中部土话"。当十四世纪时,各处的方言都有些人用来做书。后来到了十四世纪的末年,出了两位大文学家,一个是赵叟(Chaucer,1340—1400),一个是威克列夫(Wycliff,1320—1384)。赵叟做了许多诗歌、散文,都用这"中部土话"。威克列夫把耶教的《旧约》《新约》也都译成"中部土话"。有了这两个人的文学,便把这"中部土话"变成英国的标准国语。后来到了十五世纪,印刷术输进英国,所印的书多用这"中部土话",国语的标准更确定了。到十六十七两世纪,萧士比亚和"伊里沙白时代"的无数文学大家,都用国语创造文学。从此以后,这一部分的"中部土话",不但成了英国的标准国语,几乎竟成了全地球的世界语了!

此外,法国德国及其他各国的国语,大都是这样发生的,大都是靠着文学的力量才能变成标准的国语的。我也不去一一的细说了。

意大利国语成立的历史,最可供我们中国人的研究。为什么呢？因为欧洲西部北部的新国,如英吉利,法兰西,德意志,他们的方言和拉丁文相差太远了,所以他们渐渐的用国语著作文学,还不算希奇。只有意大利是当年罗马帝国的京畿近地,在拉丁文的故乡；各处的方言又和拉丁文最近。在意大利提倡用白话代拉丁文,真正和在中国提倡用白话代汉文,有同样的艰难。所以英法德各国语,一经文学发达以后,便不知不觉的成为国语了。在意大利却不然。当时反对的人很多,所以那时的新文学家,一方面努力创造国语的文学,一方面还要做文章鼓吹何以当废古文,何以不可不用白话。有了这种有意的主张(最有力的是但丁〔Dante〕和阿儿白狄〔Albeni〕两个人),又有了那些有价值的文学,才可造出意大利的"文学的国语"。

我常问我自己道："自从施耐庵以来,很有了些极风行的白话文学,何以中国至今还不曾有一种标准的国语呢？"我想来想去,只有一个答案。这一千年来,中国固然有了一些有价值的白话文学,但是没有一个人出来明目张胆的主张用白话为中国的"文学的国语"。有时陆放翁高兴了,便做一首白话诗；有时柳耆卿高兴了,便做一首白话词；有时朱晦庵高兴了,便写几封白话信,做几条白话札记；有时施耐庵,吴敬梓高兴了,便做一两部白话的小说。这都是不知不觉的自然出产品,并非是有意的主张。因为没有"有意的主张",所以做白话的只管做白话,做古文的只管做古文,做八股的只管做八股。因为没有"有意的主张",所以白话文学从不曾和那些"死文学"争那"文学正宗"的位置。白话文学不成为文学正宗,故白话不曾成为标准国语。

我们今日提倡国语的文学,是有意的主张,要使国语成为"文学的国语"。有了文学的国语,方有标准的国语。

四

上文所说,"国语的文学,文学的国语",乃是我们的根本主张。如今且说要实行做到这个根本主张,应该怎样进行。

我以为创造新文学的进行次序,约有三步:一、工具,二、方法,三、创造。前两步是预备,第三步才是实行创造新文学。

一、工具　古人说得好:"工欲善其事,必先利其器",写字的要笔好,杀猪的要刀快。我们要创造新文学,也须先预备下创造新文学的"工具"。我们的工具就是白话。我们有志造国语文学的人,应该赶紧筹备这个万不可少的工具。预备的方法,约有两种:

甲、多读模范的白话文学　例如《水浒传》,《西游记》,《儒林外史》,《红楼梦》;宋儒语录;白话信札;元人戏曲;明清传奇的说白;唐宋的白话诗词,也该选读。

乙、用白话作各种文学　我们有志造新文学的人,都该发誓不用文言作文:无论通信,做诗,译书,做笔记,做报馆文章,编学堂讲义,替死人作墓志,替活人上条陈……都该用白话来做。我们从小到如今,都是用文言作文,养成了一种文言的习惯,所以虽是活人,只会作死人的文字。若不下一些狠劲,若不用点苦工夫,决不能使用白话圆转如意。若单在《新青年》里面做白话文字,此外还依旧做文言的文字,那真是"一日暴之,十日寒之"的政策,决不能磨练成白话的文学家。

不但我们提倡白话文学的人应该如此做去,就是那些反对白话文学的人,我也奉劝他们用白话来做文字。为什么呢?因为他们若不能做白话文字,便不配反对白话文学。譬如那些不认得中国字的中国人,若主张废汉文,我一定骂他们不配开口。若是我的朋友钱玄同要主张废汉文,我决不敢说他不配开口了。那些不会做白话文字的人来反对白话文学,便和那些不懂汉文的人要废汉文,是一样的荒谬。所以我劝他们多做些白话文字,多做些白话诗歌,试试白话是否有文学的价值。如果试了几年,还觉得白话不如文言,那时再来攻击我们,也还不迟。

还有一层。有些人说,"做白话很不容易,不如做文言的省力。"这是因为中毒太深之过。受病深了,更宜赶紧医治。否则真不可救了。其实做白话并不难。我有一个侄儿,今年才十五岁,一向在徽州不曾出过门,今年他用白话写信来,居然写得极好。我们徽州话和官话差得很远,我的侄儿不过看了一些白话小说,便会做白话文学了。这可见做白话并不是难事,不过人性懒惰的居多数,舍不得抛"高文典册"的死文字罢了。

二、方法 我以为中国近来文学所以这样腐败,大半虽由于没有适用的"工具",但是单有"工具",没有方法,也还不能造新文学。做木匠的人,单有锯凿钻刨,没有规矩师法,决不能造成木器。文学也是如此。若单靠白话便可造新文学,难道把郑孝胥、陈三立的诗翻成了白话,就可算得新文学了吗?难道那些用白话做的《新华春梦记》,《九尾龟》,也可算作新文学吗?我以为现在国内新起的一班"文人",受病最深的所在,只在没有高明的文学方法。我且举小说一门为例。现在的小说(单指中国人自己著的),看来看去,只有两派。一派最下流的,是那些学《聊斋志异》的札记小说。篇篇都是

"某生,某处人,生有异禀,下笔千言,……一日于某地遇一女郎,……好事多磨,……遂为情死;"或是"某地某生,游某地,眷某妓,情好綦笃,遂订白头之约,……而大妇妒甚,不能相容,女抑郁以死,……生抚尸一恸几绝;"……此类文字,只可抹桌子,固不值一驳。还有那第二派是那些学《儒林外史》或是学《官场现形记》的白话小说。上等的如《广陵潮》,下等的如《九尾龟》。这一派小说,只学了《儒林外史》的坏处,却不曾学得他的好处。《儒林外史》的坏处在于体裁结构太不紧严,全篇是杂凑起来的。例如娄府一群人自成一段;杜府两公子自成一段;马二先生又成一段;虞博士又成一段;萧云仙,郭孝子,又各自成一段。分出来,可成无数札记小说;接下去,可长至无穷无极。《官场现形记》便是这样。如今的章回小说,大都犯这个没有结构,没有布局的懒病。却不知道《儒林外史》所以能有文学价值者,全靠一副写人物的画工本领。我十年不曾读这书了,但是我闭了眼睛,还觉得书中的人物,如严贡生,如马二先生,如杜少卿,如权勿用……个个都是活的人物。正如读《水浒》的人,过了二三十年,还不会忘记鲁智深,李逵,武松,石秀……一班人。请问列位读过《广陵潮》和《九尾龟》的人,过了两三个月,心目中除了一个"文武全才"的章秋谷之外,还记得几个活灵活现的书中人物?——所以我说,现在的"新小说",全是不懂得文学方法的:既不知布局,又不知结构,又不知描写人物,只做成了许多又长又臭的文字;只配与报纸的第二张充篇幅,却不配在新文学上占一个位置。——小说在中国近年,比较的说来,要算文学中最发达的一门了。小说尚且如此,别种文学如诗歌戏曲,更不用说了。

如今且说什么叫做"文学的方法"呢?这个问题不容易回答,况且又不是这篇文章的本题,我且约略说几句。

大凡文学的方法可分三类:

（一）集收材料的方法　中国的"文学"，大病在于缺少材料。那些古文家，除了墓志，寿序，家传之外，几乎没有一毫材料。因此，他们不得不做那些极无聊的"汉高帝斩丁公论"，"汉文帝唐太宗优劣论"。至于近人的诗词，更没有什么材料可说了。近人的小说材料，只有三种：一种是官场，一种是妓女，一种是不官而官，非妓而妓的中等社会（留学生，女学生之可作小说材料者，亦附此类），除此以外，别无材料。最下流的，竟至登告白征求这种材料。做小说竟须登告白征求材料，便是宣告文学家破产的铁证。我以为将来的文学家收集材料的方法，约如下：

甲、推广材料的区域　官场妓院与龌龊社会三个区域，决不够采用。即如今日的贫民社会，如工厂之男女工人，人力车夫，内地农家，各处大负贩及小店铺，一切痛苦情形，都不曾在文学上占一位置。并且今日新旧文明相接触。一切家庭惨变，婚姻苦痛，女子之位置，教育之不适宜……种种问题，都可供文学的材料。

乙、注意实地的观察和个人的经验　现今文人的材料大都是关了门虚造出来的，或是间接又间接的得来的，因此我们读这种小说，总觉得浮泛敷衍，不痛不痒的，没有一毫精彩。真正文学家的材料大概都有"实地的观察和个人自己的经验"做个根底。不能作实地的观察，便不能做文学家；全没有个人的经验，也不能做文学家。

丙、要用周密的理想作观察经验的补助　实地的观察和个人的经验，固是极重要，但是也不能全靠这两件。例如施耐庵若单靠观察和经验，决不能做出一部《水浒传》。个人所经验的，所观察的，究竟有限。所以必须有活泼精细的理想（Imagination），把观察经验的材料，一一的体会出来，一一的整理如式，一一的组织完全：从已知的推想到未知的，从经验过的推想到不曾经验过的，从可观察的推想到不可观察的。这才是文学家的本领。

（二）结构的方法　有了材料，第二步须要讲究结构。结构是个总名词，内中所包甚广，简单说来，可分剪裁和布局两步：

甲、剪裁　有了材料，先要剪裁。譬如做衣服，先要看哪块料可做袍子，哪块料可做背心。估计定了，方可下剪。文学家的材料也要如此办理。先须看这些材料该用做小诗呢？还是做长歌呢？该用做章回小说呢？还是做短篇小说呢？该用做小说呢？还是做戏本呢？筹划定了，方才可以剪下那些可用的材料，去掉那些不中用的材料；方才可以决定做什么体裁的文字。

乙、布局　体裁定了，再可讲布局。有剪裁，方可决定"做什么"；有布局，方可决定"怎样做"。材料剪定了，须要筹算怎样做去始能把这材料用得最得当又最有效力。例如唐朝天宝时代的兵祸，百姓的痛苦，都是材料。这些材料，到了杜甫的手里，便成了诗料。如今且举他的"石壕吏"一篇，作布局的例。这首诗只写一个过路的客人一晚上在一个人家内偷听得的事情；只用一百二十个字，却不但把那一家祖孙三代的历史都写出来，并且把那时代兵祸之惨，壮丁死亡之多，差役之横行，小民之苦痛，都写得逼真活现，使人读了生无限的感慨。这是上品的布局工夫。又如古诗"上山采蘼芜，下山逢故夫"一篇，写一家夫妇的惨剧，却不从"某人娶妻甚贤，后别有所欢，遂出妻再娶"说起，只挑出那前妻山上下来遇着故夫的时候下笔，却也能把那一家的家庭情形写得充分满意。这也是上品的布局工夫。——近来的文人全不讲求布局：只顾凑足多少字可卖几块钱；全不问材料用的得当不得当，动人不动人。他们今日做上回的文章，还不知道下一回的材料在何处！这样的文人怎样造得出有价值的新文学呢！

（三）描写的方法　局已布定了，方才可讲描写的方法。描写的方法，千头万绪，大要不出四条：

1. 写人。
2. 写境。
3. 写事。
4. 写情。

写人要举动,口气,身份,才性……都要有个性的区别:件件都是林黛玉,决不是薛宝钗;件件都是武松,决不是李逵。写境要一喧,一静,一石,一山,一云,一鸟……也都要有个性的区别:《老残游记》的大明湖,决不是西湖,也决不是洞庭湖;《红楼梦》里的家庭,决不是《金瓶梅》里的家庭。写事要线索分明,头绪清楚,近情近理,亦正亦奇。写情要真,要精,要细腻婉转,要淋漓尽致。——有时须用境写人,用情写人,用事写人;有时须用人写境,用事写境,用情写境;……这里面的千变万化,一言难尽。

如今且回到本文。我上文说的:创造新文学的第一步是工具,第二步是方法。方法的大致,我刚才说了。如今且问,怎样预备方才可得着一些高明的文学方法?我仔细想来,只有一条法子:就是赶紧多多的翻译西洋的文学名著做我们的模范。我这个主张,有两层理由:

第一,中国文学的方法实在不完备,不够作我们的模范。即以体裁而论,散文只有短篇,没有布置周密,论理精严,首尾不懈的长篇;韵文只有抒情诗,绝少记事诗,长篇诗更不曾有过;戏本更在幼稚时代,但略能纪事掉文,全不懂结构;小说好的,只不过三四部,这三四部之中,还有许多疵病;至于最精彩的"短篇小说","独幕戏",更没有了。若从材料一方面看来,中国文学更没有做模范的价值。才子佳人,封王挂帅的小说;风花雪月,涂脂抹粉的诗;不能说理,不能言情的"古文";学这个,学那个的一切文学,这些文字,简直无一毫材料可说。至于布局一方面,除了几首实在好的诗之外,几乎没有一篇东西当得"布局"两个字!——所以我说,从文学方法一方面看去,中国的文学实在不够给我们作模范。

第二,西洋的文学方法,比我们的文学,实在完备得多,高明得多,不可不取例。即以散文而论,我们的古文家至多比得上英国的倍根(Bacon)和法国的孟太恩(Montaigne),至于像柏拉图(Plato)的"主客体",赫胥黎(Huxley)等的科学文字,包士威尔(Boswell)和莫烈(Morley)等的长篇传记,弥儿(Mill),弗林克令(Franklin),吉朋(Gibbon)等的"自传",太恩(Taine)和白克儿(Buckle)等的史论……都是中国从不曾梦见过的体裁。更以戏剧而论,二千五百年前的希腊戏曲,一切结构的工夫,描写的工夫,高出元曲何止十倍。近代的萧士比亚(Shakespeare)和莫逆尔(Moliere),更不用说了。最近六十年来,欧洲的散文戏本,千变万化,远胜古代,体裁也更发达了,最重要的,如"问题戏",专研究社会的种种重要问题;"象征戏"(Symbolic Drama),专以美术的手段作的"意在言外"的戏本;"心理戏",专描写种种复杂的心境,作极精密的解剖;"讽刺戏",用嬉笑怒骂的文章,达愤世救世的苦心;——我写到这里,忽然想起今天梅兰芳正在唱新编的《天女散花》,上海的人还正在等着看新排的《多尔衮》呢!我也不往下数了。——更以小说而论,那材料之精确,体裁之完备,命意之高超,描写之工切,心理解剖之细密,社会问题讨论之透切,……真是美不胜收。至于近百年新创的"短篇小说",真如芥子里面藏着大千世界;真如百炼的精金,曲折委婉,无所不可;真可说是开千古未有的创局,掘百世不竭的宝藏。——以上所说,大旨只在约略表示西洋文学方法的完备,因为西洋文学真有许多可给我们作模范的好处,所以我说:我们如果真要研究文学的方法,不可不赶紧翻译西洋的文学名著,做我们的模范。

现在中国所译的西洋文学书,大概都不得其法,所以收效甚少。我且拟几条翻译西洋文学名著的办法如下:

(一)只译名家著作,不译第二流以下的著作　我以为国内真懂得西洋文学的学者应该开一会议,公共选定若干种不可不译的第一流文学名著:约数如一百种长篇小说,五百篇短篇小说,三百种戏剧,五十家散文,为第一部"西洋文学丛书",期五年译完,再选第二部。译成之稿,由这几位学者审查,并一一为作长序及著者略传,然后付印;其第二流以下,如哈葛得之流,一概不选。诗歌一类,不易翻译,只可从缓。

(二)全用白话韵文之戏曲,也都译为白话散文　用古文译书,必失原文的好处。如林琴南的"其女珠,其母下之",早成笑柄,且不必论。前天看见一部侦探小说《圆室案》中,写一位侦探"勃然大怒,拂袖而起"。不知道这位侦探穿的是不是康桥大学的广袖制服!——这样译书,不如不译。又如林琴南把萧士比亚的戏曲,译成了记叙体的古文!这真是萧士比亚的大罪人,罪在《圆室案》译者之上!

三、创造　上面所说工具与方法两项,都只是创造新文学的预备。工具用得纯熟自然了,方法也懂了,方才可以创造中国的新文学。至于创造新文学是怎样一回事,我可不配开口了。我以为现在的中国,还没有做到实行预备创造新文学的地步,尽可不必空谈创造的方法和创造的手段,我们现在且先去努力做那第一第二两步预备的工夫罢!

易卜生主义[①]

一

易卜生最后所作的《我们死人再生时》(When We Dead Awaken)一本戏里面有一段话,很可表出易卜生所作文学的根本方法。这本戏的主人翁是一个美术家,费了全副精神,雕成一副像,名为《复活日》。这位美术家自己说他这副雕像的历史道:

> 我那时年纪还轻,不懂得世事。我以为这"复活日"应该是一个极精致,极美的少女像,不带着一毫人世的经验,平空地醒来,自然光明庄严,没有什么过恶可除。……但是我后来那几年,懂得些世事了,才知道这"复活日"不是这样简单的,原来是很复杂的。……我眼里所见的人情世故,都到我理想中来,我不能不把这些现状包括进去。我只好把这像的座子放大了,放宽了。
>
> 我在那座子上雕了一片曲折爆裂的地面。从那地的裂缝里,钻出来无数模糊不分明,人身兽面的男男女女。

[①] 本文原载一九一八年六月《新青年》四卷六号。

这都是我在世间亲自见过的男男女女。(二幕)

这是"易卜生主义"的根本方法。那不带一毫人世罪恶的少女像,是指那盲目的理想派文学。那无数模糊不分明,人身兽面的男男女女,是指写实派的文学。易卜生早年和晚年的著作虽不能全说是写实主义,但我们看他极盛时期的著作,尽可以说,易卜生的文学,易卜生的人生观,只是一个写实主义。一八八二年,他有一封信给一个朋友,信中说道:

> 我做书的目的,要使读者人人心中都觉得他所读的全是实事。(《尺牍》第一五九)

人生的大病根在于不肯睁开眼睛来看世间的真实现状。明明是男盗女娼的社会,我们偏说是圣贤礼义之邦;明明是赃官污吏的政治,我们偏要歌功颂德;明明是不可救药的大病,我们偏说一点病都没有! 却不知道:若要病好,须先认有病;若要政治好,须先认现今的政治实在不好;若要改良社会,须先知道现今的社会实在是男盗女娼的社会! 易卜生的长处,只在他肯说老实话,只在他能把社会种种腐败龌龊的实在情形写出来叫大家仔细看。他并不是爱说社会的坏处,他只是不得不说。一八八〇年,他对一个朋友说:

> 我无论作什么诗,编什么戏,我的目的只要我自己精神上的舒服清净。因为我们对于社会的罪恶,都脱不了干系的。(《尺牍》第一四八)

因为我们对于社会的罪恶都脱不了干系,故不得不说老实话。

二

我们且看易卜生写近世的社会，说的是一些什么样的老实话。第一，先说家庭。

易卜生所写的家庭，是极不堪的。家庭里面，有四种大恶德：一是自私自利；二是倚赖性，奴隶性；三是假道德，装腔做戏；四是懦怯没有胆子。做丈夫的便是自私自利的代表。他要快乐，要安逸，还要体面，所以他要娶一个妻子。正如《娜拉》戏中的郝尔茂，他觉得同他妻子有爱情是很好玩的。他叫他妻子做"小宝贝""小鸟儿""小松鼠儿""我的最亲爱的"等等肉麻名字。他给他妻子一点钱去买糖吃买粉搽买好衣服穿。他要他妻子穿得好看，打扮得标致。做妻子的完全是一个奴隶。他丈夫喜欢什么：他也该喜欢什么，他自己是不许有什么选择的。他的责任在于使丈夫喜欢。他自己不用有思想：他丈夫会替他思想。他自己不过是他丈夫的玩意儿，很像叫化子的猴子专替他变把戏引人开心的（所以《娜拉》又名《玩物之家》）。丈夫要妻子守节，妻子却不能要丈夫守节，正如《群鬼》（Ghosts）戏里的阿尔文夫人受不过丈夫的气，跑到一个朋友家去；那位朋友是个牧师，很教训了他一顿，说他不守妇道。但是阿尔文夫人的丈夫专在外面偷妇人，甚至淫乱他妻子的婢女；人家都毫不介意，那位牧师朋友也觉得这是男人常有的事，不足为奇！妻子对丈夫，什么都可以牺牲；丈夫对妻子，是不犯着牺牲什么的，《娜拉》戏内的娜拉因为要救他丈夫的生命，所以冒他父亲的名字，签了借据去借钱。后来事体闹穿了，他丈夫不但不肯替娜拉分担冒名的干系，还要痛骂他带累他自己的名誉。后来和平了结了，没有危险了，他丈夫又装出大度的样子，说不追究他的错处了。他得意扬扬的说

道："一个男人赦了他妻子的过犯是很畅快的事！"（《娜拉》三幕）

这种极不堪的情形，何以居然忍耐得住呢？第一，因为人都要顾面子，不得不装腔做戏，做假道德遮着面孔。第二，因为大多数的人都是没有胆子的懦夫。因为要顾面子，故不肯闹翻；因为没有胆子，故不敢闹翻。那《娜拉》戏里的娜拉忽然看破家庭是一座做猴子戏的戏台，他自己是台上的猴子。他有胆子，又不肯再装假面子，所以告别了掌班的，跳下了戏台，去干他自己的生活。那《群鬼》戏里的阿尔文夫人没有娜拉的胆子，又要顾面子，所以被他的牧师朋友一劝，就劝回头了，还是回家去尽他的"天职"，守他的"妇道"。他丈夫仍旧做那种淫荡的行为。阿尔文夫人只好牺牲自己的人格，尽力把他羁縻在家。后来生下一个儿子，他母亲恐怕他在家学了他父亲的坏榜样，所以到了七岁便把他送到巴黎去。他一面要哄他丈夫在家，一面要在外边替他丈夫修名誉，一面要骗他儿子说他父亲是怎样一个正人君子。这种情形，过了十九个足年，他丈夫才死。死后，他妻子还要替他装面子，花了许多钱，造了一所孤儿院，作他亡夫的遗爱。孤儿院造成了，他把儿子唤回来参预孤儿院落成的庆典。谁知他儿子从胎里就得了他父亲的花柳病的遗毒，变成一种脑腐症，到家没几天，那孤儿院也被火烧了，他儿子的遗传病发作，脑子坏了，就成了疯人了。这是没有胆子，又要顾面子的结局。这就是腐败家庭的下场！

三

其次，且看易卜生的社会的三种大势力。那三种大势力：一是法律，二是宗教，三是道德。

第一，法律　法律的效能在于除暴去恶，禁民为非。但是法律有好处也有坏处。好处在于法律是无有偏私的;犯了什么法,就该得什么罪。坏处也在于此。法律是死板的条文,不通人情世故;不知道一样的罪名却有几等几样的居心,有几等几样的境遇情形;同犯一罪的人却有几等几样的知识程度。法律只说某人犯了某法的某某篇某某章某某节,该得某某罪,全不管犯罪的人的知识不同,境遇不同,居心不同。《娜拉》戏里有两件冒名签字的事:一件是一个律师做的,一件是一个不懂法的妇人做的。那律师犯这罪全由于自私自利,那妇人犯这罪全因为他要救他丈夫的性命。但是法律全不问这些区别。请看这两个"罪人"讨论这个问题:

(律师)郝夫人,你好像不知道你犯了什么罪,我老实对你说,我犯的那桩使我一生声名扫地的事,和你所做的事恰恰相同,一毫也不多,一毫也不少。

(娜拉)你!难道你居然也敢冒险去救你妻子的命吗?

(律师)法律不管人的居心如何。

(娜拉)如此说来,这种法律是笨极了。

(律师)不问他笨不笨,你总要受他的裁判。

(娜拉)我不相信。难道法律不许做女儿的想个法子免得他临死的父亲烦恼吗?难道法律不许做妻子的救他丈夫的命吗?我不大懂得法律,但是我想总该有这种法律承认这些事的。你是一个律师,你难道不知道有这样的法律吗?柯先生,你真是一个不中用的律师了。(《娜拉》一幕)

最可怜的是世上真没有这种入情入理的法律!

第二,宗教　易卜生眼里的宗教久已失了那种可以感化人的能

力;久已变成毫无生气的仪节信条,只配口头念得烂熟,却不配使人奋发鼓舞了。《娜拉》戏里说:

(郝尔茂)你难道没有宗教吗?
(娜　拉)我不很懂得究竟宗教是什么东西。我只知道我进教时那位牧师告诉我的一些话。他对我说宗教是这个,是那个,是这样,是那样。(三幕)

如今人的宗教,都是如此,你问他信什么教,他就把他的牧师或是他的先生告诉他的话背给你听。他会背耶稣的祈祷文,他会念阿弥陀佛,他会背一部《圣谕广训》。这就是宗教了!

宗教的本意,是为人而作的,正如耶稣说的,"礼拜是为人造的,不是人为礼拜造的"。不料后世的宗教处处与人类的天性相反,处处反乎人情。如《群鬼》戏中的牧师,逼着阿尔文夫人回家去受那荡子丈夫的待遇,去受那十九年极不堪的惨痛。那牧师说,宗教不许人求快乐;求快乐便是受了恶魔的魔力了。他说,宗教不许做妻子的批评他丈夫的行为。他说,宗教教人无论如何总要守妇道,总须尽责任。那牧师口口声声所说是"是"的,阿尔文夫人心中总觉得都是"不是"的。后来阿尔文夫人仔细去研究那牧师的宗教,忽然大悟。原来那些教条都是假的,都是"机器造的"!(《群鬼》二幕)

但是这种机器造的宗教何以居然能这样兴旺呢?原来现在的宗教虽没有精神上的价值,却极有物质上的用场。宗教是可以利用的,是可以使人发财得意的。那《群鬼》戏里的木匠,本是一个极下流的酒鬼,卖妻卖女都肯干的。但是他见了那位道学的牧师,立刻就装出宗教家的样子,说宗教家的话,做宗教家的唱歌祈祷,把这位蠢牧师哄得滴溜溜的转(二幕)。那《罗斯马庄》(Rosmersholm)戏里面的主人翁罗斯马本是一个牧师,后来他的思想改变了,遂不信教了。他那时想加入本地的自由党,不料党中的领袖却不许罗斯马宣告他脱离教会的事。为什么呢?因为他们党里很少信教的人,故想借罗斯马的名誉来号召那些信教的人家。可见宗教的兴旺,并不是因为宗教真有兴旺的价值,不过是因为宗教有可以利用的好处罢了。

第三,道德　法律,宗教既没有裁制社会的本领,我们且看"道德"可有这种本事。据易卜生看来,社会上所谓"道德"不过是许多陈腐的旧习惯。合于社会习惯的,便是道德;不合于社会习惯的,便是不道德。正如我们中国的老辈人看见少年男女实行自由结婚,便说是"不道德",为什么呢?因为这事不合于"父母之命,媒妁之言"的社会习惯。但是这班老辈人自己讨许多小老婆,却以为是很平常的事,没有什么不道德。为什么呢?因为习惯如此。又如中国人死了父母,发出讣书,人人都说"泣血稽颡""苫块昏迷"。其实他们何尝泣血?又何尝"寝苫枕块"?这种自欺欺人的事,人人都以为是"道德",人人都不以为羞耻,为什么呢?因为社会的习惯如此,所以不道德的也觉得道德了。

这种不道德的道德,在社会上,造出一种诈伪不自然的伪君子。面子上都是仁义道德,骨子里都是男盗女娼。易卜生最恨这种人。他有一本戏,叫做《社会的栋梁》(Pillars of Society)。戏中的主人名叫褒匿,是一个极坏的伪君子;他犯了一桩奸情,却让他兄弟受这恶名,还要诬赖他兄弟偷了钱跑脱了。不但如此,他还雇了一只烂脱底的船送他兄弟出海,指望把他兄弟和一船的人都沉死在海底,可以灭口。

这样一个大奸,面子上却做得十分道德,社会上都尊敬他,称他做"全市第一个公民""公民的模范""社会的栋梁"!他谋害他兄弟的那一天，本城的公民，聚了几千人，排起队来，打着旗，奏着军乐，上他的门来表示社会的敬意，高声喊道，"褒匿万岁！社会的栋梁褒匿万岁！"

这就是道德！

四

其次，我们且看易卜生写个人与社会的关系。

易卜生的戏剧中，有一条极显而易见的学说，是说社会与个人互相损害；社会最爱专制，往往用强力摧折个人的个性，压制个人自由独立的精神；等到个人的个性都消灭了，等到自由独立的精神都完了，社会自身也没有生气了，也不会进步了。社会里有许多陈腐的习惯，老朽的思想，极不堪的迷信，个人生在社会中，不能不受这些势力的影响。有时有一两个独立的少年，不甘心受这种陈腐规矩的束缚，于是东冲西突想与社会作对。上文所说的褒匿，当少年时，也曾想和社会反抗。但是社会的权力很大，网罗很密；个人的能力有限，如何是社会的敌手？社会对个人道："你们顺我者生，逆我者死；顺我者有赏，逆我者有罚。"那些和社会反对的少年，一个一个的都受家庭的责备，遭朋友的怨恨，受社会的侮辱驱逐。再看那些奉承社会意旨的人，一个一个的都升官发财，安富尊荣了。当此境地，不是顶天立地的好汉，决不能坚持到底。所以像褒匿那般人，做了几时的维新志士，不久也渐渐的受社会同化，仍旧回到旧社会去做"社会栋梁"了。社会如同一个大火炉，什么金银铜铁锡，进了炉子，都要熔化。易卜生有一本戏叫做《雁》(The Wild Duck)，写一个人捉到一只雁，把他养在楼上半阁里，每天给他一桶水，让他在水里打滚游戏。那雁本是一个海阔天空逍遥自得的飞鸟，如今在半阁里关久了,也会生活,也会长得胖胖的,后来竟完全忘记了他从前那种海阔天空来去自由的乐处了!个人在社会里,就同这雁在人家半阁上一般,起初未必满意,久而久之,也就惯了,也渐渐的把黑暗世界当作安乐窝了。

社会对于那班服从社会命令,维持陈旧迷信,传播腐败思想的人,一个一个的都有重赏。有的发财了,有的升官了,有的享大名誉了。这些人有了钱,有了势,有了名誉,就像老虎长了翅膀,更可横行无忌了,更可借着"公益"的名义去骗人钱财,害人生命,做种种无法无天的行为。易卜生的《社会的栋梁》和《博克曼》(John Gabriel Borkman)两本戏的主人翁都是这种人物。他们钱赚得够了,然后掏出几个小钱来:开一个学堂,造一所孤儿院,立一个公共游戏场,"捐二十磅金去买面包给贫人吃"(用《社会的栋梁》二幕中语)。于是社会格外恭维他们,打着旗子,奏着军乐,上他们家来,大喊"社会的栋梁万岁!"

那些不懂事又不安本分的理想家,处处和社会的风俗习惯反对,是该受重罚的。执行这种重罚的机关,便是"舆论",便是大多数的"公论"。世间有一种最通行的迷信,叫做"服从多数的迷信"。人都以为多数人的公论总是不错的。易卜生绝对的不承认这种迷信。他说"多数党总在错的一边,少数党总在不错的一边"(《国民公敌》五幕)。一切维新革命,都是少数人发起的,都是大多数人所极力反对的。大多数人总是守旧麻木不仁的;只有极少数人,有时只有一个人,不满意于社会的现状,要想维新,要想革命。这种理想家是社会所最忌的。大多数人都骂他是"捣乱分子",都恨他"扰乱治安",都说他"大逆不道";所以他们用大多数的专制威权去压制那"捣乱"的理想志士,不许他开口,不许他行动自由;把他关在监牢里,把他赶出境去,把他杀了,把他钉在十字架上活活的钉死,把他捆在柴草上活活的烧死。过了几十年几百年，那少数人的主张渐渐的变成多数人的主张了，于是社会的多数人又把他们从前杀死钉死烧死的那些"捣乱分子"一个一个的重新推崇起来，替他们修墓，替他们作传，替他们立庙，替他们铸铜像。却不知道从前那种"新"思想，到了这时候，又早已成了"陈腐的"迷信！当他们替从前那些特立独行的人修墓铸铜像的时候，社会里早已发生了几个新派少数人，又要受他们杀死钉死烧死的刑罚了！所以说"多数党总是错的，少数党总是不错的"。

易卜生有一本戏叫做《国民公敌》，里面写的就是这个道理。这本戏的主人翁斯铎曼医生从前发现本地的水可以造成几处卫生浴池。本地的人听了他的话，觉得有利可图，便集了资本造了几处卫生浴池。后来四方人闻了这浴池之名，纷纷来这里避暑养病。来的人多了，本地的商业市面便渐渐发达兴旺。斯铎曼医生便做了浴池的官医。后来洗浴的人之中，忽然发生一种流行病症；经这位医生仔细考察，知道这病症是从浴池的水里来的，他便装了一瓶水寄与大学的化学师请他化验。化验出来，才知道浴池的水管安的太低了，上流的污秽，停积在浴池里，发生一种传染病的微生物，极有害于公众卫生。斯铎曼医生得了这种科学证据，便做了一篇切切实实的报告书，请浴池的董事会把浴池的水管重行改造，以免妨碍卫生。不料改造浴池须要花费许多钱，又要把浴池闭歇一两年；浴池一闭歇，本地的商务便要受多许损失。所以本地的人全体用死力反对斯铎曼医生的提议。他们宁可听那些来避暑养病的人受毒病死，却不情愿受这种金钱的损失，所以他们用大多数的专制威权压制这位说老实话的医生，不许他开口。他做了报告，本地的报馆都不肯登载。他要自己印刷，印刷局也不肯替他印。他要开会演说，全城的人都不把空屋借他做会场。后来好容易找到了一所会场，开了一个公民会议,会场上的人不但不听他的老实话,还把他赶下台去,由全体一致表决,宣告斯铎曼医生从此是国民的公敌。他逃出会场,把裤子都撕破了,还被众人赶到他家,用石头掷他,把窗户都打碎了。到了明天,本地政府革了他的官医;本地商民发了传单不许人请他看病;他的房东请他赶快搬出屋去;他的女儿在学堂教书,也被校长辞退了。这就是"特立独行"的好结果!这就是大多数惩罚少数"捣乱分子"的辣手段!

五

其次,我们且说易卜生的政治主义。易卜生的戏剧不大讨论政治问题,所以我们须要用他的《尺牍》(Letters, ed. by his son, Sigurd Ibsen, English Trans. 1905) 做参考的材料。

易卜生起初完全是一个主张无政府主义的人。当普法之战(一八七〇至一八七一年)时,他的无政府主义最为激烈。一八七一年,他有信与一个朋友道:

> ……个人绝无做国民的需要。不但如此,国家简直是个人的大害。请看普鲁士的国力,不是牺牲了个人的个性去买来的吗?国民都成了酒馆里跑堂的了,自然个个是好兵了。再看犹太民族:岂不是最高贵的人类吗?无论受了何种野蛮的待遇,那犹太民族还能保存本来的面目。这都因为他们没国家的原故。国家总得毁去。这种毁除国家的革命,我也情愿加入。毁去国家观念,单靠个人的情愿和精神上的团结做人类社会的基本,——若能做到这步田地,这可算得有价值的自由起点。那些团体的变迁,换来

换去,都不过是弄把戏,——都不过是全无道理的胡闹。(《尺牍》第七九)

易卜生的纯粹无政府主义,后来渐渐的改变了。他亲自看见巴黎"市民政府"（Commune）的完全失败（一八七一）,便把他主张无政府主义的热心减了许多（《尺牍》第八一）。到了一八八四年,他写信给他的朋友说,他在本国若有机会,定要把国中无权的人民联合成一个大政党,主张极力推广选举权,提高妇女的地位,改良国家教育,要使脱除一切中古陋习（《尺牍》第一七八）。这就不是无政府的口气了。但是他自己到底不曾加入政党。他以为加入政党是很下流的事（《尺牍》第一五八）。他最恨那班政客,他以为"那班政客所力争的,全是表面上的权利,全是胡闹。最要紧的是人心的大革命"。（《尺牍》第七七）

易卜生从来不主张狭义的国家主义,从来不是狭义的爱国者。一八八八年,他写信给一个朋友说道：

> 知识思想略为发达的人,对于旧式的国家观念,总不满意。我们不能以为有了我们所属的政治团体便足够了。据我看来,国家观念不久就要消灭了,将来定有人种观念起来代他。即以我个人而论,我已经过这种变化。我起初觉得我是那威国人,后来变成斯堪丁纳维亚人（那威与瑞典总名斯堪丁纳维亚）,我现在已成了条顿人了。（《尺牍》第二〇六）

这是一八八八年的话。我想易卜生晚年临死的时候（一九〇六）,一定已进到世界主义的地步了。

六

我开篇便说过易卜生的人生观只是一个写实主义。易卜生把家庭社会的实在情形都写了出来,叫人看了动心,叫人看了觉得我们的家庭社会原来是如此黑暗腐败,叫人看了觉得家庭社会真正不得不维新革命:——这就是"易卜生主义"。表面上看去,像是破坏的,其实完全是建设的。譬如医生诊了病,开了一个脉案,把病状详细写出,这难道是消极的破坏的手续吗?但是易卜生虽开了许多脉案,却不肯轻易开药方。他知道人类社会是极复杂的组织,有种种绝不相同的境地,有种种绝不相同的情形。社会的病,种类纷繁,决不是什么"包医百病"的药方所能治得好的。因此他只好开了脉案,说出病情,让病人各人自己去寻医病的药方。

虽然如此,但是易卜生生平却也有一种完全积极的主张。他主张个人须要充分发达自己的天才性,须要充分发展自己的个性。他有一封信给他的朋友白兰戴说道:

> 我所最期望于你的是一种真实纯粹的为我主义。要使你有时觉得天下只有关于我的事最要紧,其余的都算不得什么。……你要想有益于社会,最好的法子莫如把你自己这块材料铸造成器。……有的时候我真觉得全世界都像海上撞沉了船,最要紧的还是救出自己。(《尺牍》第八四)

最可笑的是有些人明知世界"陆沉",却要跟着"陆沉",跟着堕落,不肯"救出自己"!却不知道社会是个人组成的,多救出一个人便是多备下一个再造新社会的分子。所以孟轲说"穷则独善其身",这便是易卜生所说"救出自己"的意思。这种"为我主义",其实是最有价值的利人主义。所以易卜生说,"你要想有益于社会,最妙的法子莫如把你自己这块材料铸造成器。"《娜拉》戏里,写娜拉抛了丈夫儿女飘然而去,也只为要"救出自己"。那戏中说:

(郝尔茂)……你就是这样抛弃你的最神圣的责任吗?
(娜　拉)你以为我的最神圣的责任是什么?
(郝尔茂)还等我说吗? 可不是你对于你的丈夫和你的儿女的责任吗?
(娜　拉)我还有别的责任同这些一样的神圣。
(郝尔茂)没有的,你且说,那些责任是什么?
(娜　拉)是我对于我自己的责任。
(郝尔茂)最要紧的,你是一个妻子,又是一个母亲。
(娜　拉)这种话我现在不相信了。我相信第一我是一个人正同你一样。——无论如何,我务必努力做一个人。(三幕)

一八八二年,易卜生有信给朋友道:

这样生活,须各人自己充分发展:——这是人类功业顶高的一层;这是我们大家都应该做的事。(《尺牍》第一六四)

社会最大的罪恶莫过于摧折个人的个性,不使他自由发展。那本《雁》戏所写的只是一件摧残个人才性的惨剧。那戏写一个人少年时本极有高尚的志气,后来被一个恶人害得破家荡产,不能度日;那恶人又把他自己通奸有孕的下等女子配给他做妻子,从此家累日重一日,他的志气便日低一日。到了后来,他堕落深了,竟变成了一个懒人懦夫,天天受那下贱妇人和两个无赖的恭维,他洋洋得意的觉得这种生活很可以终身了。所以那本戏借一个雁做比喻:那雁在半阁上关得久了,他从前那种高飞远举的志气全消灭了,居然把人家的半阁做他的极乐国了!

发展个人的个性,须要有两个条件。第一,须使个人有自由意志。第二,须使个人担干系,负责任。《娜拉》戏中写郝尔茂的最大错处只在他把娜拉当作"玩意儿"看待,既不许他有自由意志,又不许他担负家庭的责任,所以娜拉竟没有发展他自己个性的机会。所以娜拉一旦觉悟时,恨极他的丈夫,决意弃家远去,也正为这个原故。易卜生又有一本戏,叫做《海上夫人》(The Lady from the Sea),里面写一个女子哀梨妲少年时嫁给人家做后母,他丈夫和前妻的两个女儿看他年纪轻,不让他管家务,只叫他过安闲日子。哀梨妲在家觉得做这种不自由的妻子,不负责任的后母,是极没趣的事。因此他天天想跟人到海外去过那海阔天空的生活。他丈夫越不许他自由,他偏越想自由。后来他丈夫知道留他不住,只得许他自由出去。他丈夫说道:

(丈　夫)……我现在立刻和你毁约,现在你可以有完全自由拣定你自己的路子。……现在你可以自己决定,你有完全的自由,你自己担干系。
(哀梨妲)完全自由!还要自己担干系!还担干系咧!有这么一来,样样事都不同了。

哀梨妲有了自由又自己负责任了，忽然大变了，也不想那海上的生活了，决意不跟人走了（《海上夫人》第五幕）。这是为什么呢？因为世间只有奴隶的生活是不能自由选择的，是不用担干系的。个人若没有自由权，又不负责任，便和做奴隶一样，所以无论怎样好玩，无论怎样高兴，到底没有真正乐趣，到底不能发展个人的人格。所以哀梨妲说，有了完全自由，还要自己担干系，有这么一来，样样事都不同了。

家庭是如此，社会国家也是如此。自治的社会，共和的国家，只是要个人有自由选择之权，还要个人对于自己所行所为都负责任。若不如此，决不能造出自己独立的人格。社会国家没有自由独立的人格，如同酒里少了酒曲，面包里少了酵，人身上少了脑筋；那种社会国家决没有改良进步的希望。

所以易卜生的一生目的只是要社会极力容忍，极力鼓励斯铎曼医生一流的人物（斯铎曼事见上文四节）；要想社会上生出无数永不知足，永不满意，敢说老实话攻击社会腐败情形的"国民公敌"；要想社会上有许多人都能像斯铎曼医生那样宣言道："世上最强有力的人就是那个最孤立的人！"

社会国家是时刻变迁的，所以不能指定那一种方法是救世的良药：十年前用补药，十年后或者须用泄药了；十年前用凉药，十年后或者须用热药了。况且各地的社会国家都不相同，适用于日本的药，未必完全适用于中国；适用于德国的药，未必适用于美国。只有康有为那种"圣人"，还想用他们的"戊戌政策"来救戊午的中国；只有辜鸿铭那班怪物，还想用二千年前的"尊王大义"来施行于二十世纪的中国。易卜生是聪明人，他知道世上没有"包医百病"的仙方，也没有"施诸四海而皆准，推之百世而不悖"的真理。因此他对于社会的种种罪恶污秽，只开脉案，只说病状，却不肯下药。但他虽不肯下药,却到处告诉我们一个保卫社会健康的卫生良法。他仿佛说道:"人的身体全靠血里面有无量数的白血轮时时刻刻与人身的病菌开战,把一切病菌扑灭干净,方才可使身体健全,精神充足。社会国家的健康也全靠社会中有许多永不知足,永不满意,时刻与罪恶分子龌龊分子宣战的白血轮,方才有改良进步的希望。我们若要保卫社会的健康,须要使社会里时时刻刻有斯铎曼医生一般的白血轮分子。但使社会常有这种白血轮精神,社会决没有不改良进步的道理。"一八八三年,易卜生写信给朋友道:

> 十年之后,社会的多数人大概也会到了斯铎曼医生开公民大会时的见地了。但是这十年之中,斯铎曼自己也刻刻向前进;所以到了十年之后,他的见地仍旧比社会的多数人还高十年。即以我个人而论,我觉得时时刻刻总有进境。我从前每作一本戏时的主张,如今都已渐渐变成了很多数人的主张。但是等到他们赶到那里时,我久已不在那里了。我又到别处去了。我希望我总是向前去了。(《尺牍》第一七二)

民国七年五月十六日作于北京
民国十年四月二十六日改稿

贞操问题[①]

一

周作人先生所译的日本与谢野晶子的《贞操论》(《新青年》四卷五号),我读了很有感触。这个问题,在世界上受了几千年无意识的迷信,到近几十年中,方才有些西洋学者正式讨论这问题的真意义。文学家如易卜生的《群鬼》和 Thomas Hardy 的《苔史》(Tess),都带着讨论这个问题。如今家庭专制最厉害的日本居然也有这样大胆的议论!这是东方文明史上一件极可贺的事。

当周先生翻译这篇文字的时候,北京一家很有价值的报纸登出一篇恰相反的文章。这篇文章是海宁朱尔迈的《会葬唐烈妇记》(七月二十三四日北京《中华新报》)。上半篇写唐烈妇之死如下:

> 唐烈妇之死,所阅灰水,钱卤,投河,雉经者五,前后绝食者三;又益之以砒霜,则其亲试乎杀人之方者凡九。自除夕上溯其夫亡之夕,凡九十有八日。夫以九死之惨毒,又历九十八日之长,非所称百挫千折有进而无退者乎?……

[①] 本文原载一九一八年七月十五日《新青年》五卷一号。

下文又借出一件"俞氏女守节"的事来替唐烈妇作陪衬：

> 女年十九,受海盐张氏聘,未于归,夫夭,女即绝食七日;家人劝之力,始进糜曰,"吾即生,必至张氏,宁服丧三年,然后归报地下"。

最妙的是朱尔迈的论断：

> 嗟乎,俞氏女盖闻烈妇之风而兴起者乎？……俞氏女果能死于绝食七日之内,岂不甚幸？乃为家人阻之,俞氏女亦以三年为己任,余正恐三年之间,凡一千八十日有奇,非如烈妇之九十八日也。且绝食之后,其家人防之者百端,……虽有死之志,而无死之间,可奈何？烈妇倘能阴相之以成其节,风化所关,猗欤盛矣！

这种议论简直是全无心肝的贞操论。俞氏女还不曾出嫁,不过因为信了那种荒谬的贞操迷信,想做那"青史上留名的事",所以绝食寻死,想做烈女。这位朱先生要维持风化,所以忍心巴望那位烈妇的英灵来帮助俞氏女赶快死了,"岂不甚幸"！这种议论可算得贞操迷信的极端代表。《儒林外史》里面的王玉辉看他女儿殉夫死了,不但不哀痛,反仰天大笑道："死得好！死得好！"（五十二回）王玉辉的女儿殉已嫁之夫,尚在情理之中。王玉辉自己"生这女儿为伦纪生色",他看他女儿死了反觉高兴,已不在情理之中了。至于这位朱先生巴望别人家的女儿替他未婚夫做烈女,说出那种"猗欤盛哉"的全无心肝的话,可不是贞操迷信的极端代表吗？

贞操问题之中，第一无道理的，便是这个替未婚夫守节和殉烈的风俗。在文明国里，男女用自由意志，由高尚的恋爱，订了婚约，有时男的或女的不幸死了，剩下的那一个因为生时爱情太深，故情愿不再婚嫁。这是合情理的事。若在婚姻不自由之国，男女订婚以后，女的还不知男的面长面短，有何情爱可言？不料竟有一种陋儒，用"青史上留名的事"来鼓励无知女儿做烈女，"为伦纪生色""风化所关，猗欤盛矣！"我以为我们今日若要作具体的贞操论，第一步就该反对这种忍心害理的烈女论，要渐渐养成一种舆论，不但永不把这种行为看作"猗欤盛矣"可旌表褒扬的事，还要公认这是不合人情，不合天理的罪恶；还要公认劝人做烈女，罪等于故意杀人。

这不过是贞操问题的一方面。这个问题的真相，已经与谢野晶子说得很明白了。他提出几个疑问，内中有一条是："贞操是否单是女子必要的道德，还是男女都必要的呢？"这个疑问，在中国更为重要。中国的男子要他们的妻子替他们守贞守节，他们自己却公然嫖妓，公然纳妾，公然"吊膀子"。再嫁的妇人在社会上几乎没有社交的资格；再婚的男子，多妻的男子，却一毫不损失他们的身分，这不是最不平等的事吗？怪不得古人要请"周婆制礼"来补救"周公制礼"的不平等了。

我不是说，因为男子嫖妓，女子便该偷汉；也不是说，因为老爷有姨太太，太太便该有姨老爷。我说的是，男子嫖妓，与妇人偷汉，犯的是同等的罪恶；老爷纳妾，与太太偷人，犯的也是同等的罪恶。

为什么呢？因为贞操不是个人的事，乃是人对人的事；不是一方面的事，乃是双方面的事。女子尊重男子的爱情，心思专一，不肯再爱别人，这就是贞操。贞操是一个"人"对别一个"人"的一种态度。因为如此，男子对于女子，也该有同等的态度，若男子不能照样还敬，他就是不配受这种贞操的待遇。这并不是外国进口的妖言，

这乃是孔丘说的"己所不欲,勿施于人"。孔丘说:

> 君子之道四,丘未能一焉:所求乎子以事父,未能也;所求乎臣以事君,未能也;所求乎弟以事兄,未能也;所求乎朋友,先施之,未能也。

孔丘五伦之中,只说了四伦,未免有点欠缺。他理该加上一句道:

> 所求乎吾妇,先施之,未能也。

这才是大公无私的圣人之道!

二

我这篇文字刚才做完,又在上海报上看见陈烈女殉夫的事。今先记此事大略如下:

> 陈烈女名宛珍,绍兴县人,三世居上海。年十七,字王远甫之子菁士。菁士于本年三月二十三日病死,年十八岁。陈女闻死耗,即沐浴更衣,潜自仰药。其家人觉察,仓皇施救,已无及。女乃泫然曰:"儿志早决。生虽未获见夫,殁或相从地下……"言讫,遂死,死时距其未婚夫之死仅三时而已。(此据上海绍兴同乡会所出征文启)

过了两天,又见上海县知事呈江苏省长请予褒扬的呈文,中说:

呈为陈烈女行实可风，造册具书证明，请予按例褒扬事。……(事实略)……兹据呈称……并开具事实，附送褒扬费银六元前来。……知事复查无异。除先给予"贞烈可风"匾额，以资旌表外，谨援褒扬条例……之规定，造具清册，并附证明书，连同褒扬费，一并备文呈送，仰祈鉴核，俯赐咨行内务部将陈烈女按例褒扬，实为德便。

我读了这篇呈文，方才知道我们中华民国居然还有什么褒扬条例。于是我把那些条例寻来一看，只见第一条九种可褒扬的行谊的第二款便是"妇女节烈贞操可以风世者"；第七款是"著述书籍，制造器用，于学术技艺或发明或改良之功者"；第九款是"年逾百岁者"！一个人偶然活到了一百岁，居然也可以与学术技艺上的著作发明享受同等的褒扬！这已是不伦不类可笑得很了。再看那条例施行细则解释第一条第二款的"妇女节烈贞操可以风行世者"如下：

第二条：褒扬条例第一条第二款所称之"节"妇，其守节年限自三十岁以前守节至五十岁以后者。但年未五十而身故，其守节已及六年者同。

第三条：同条款所称之"烈"妇"烈"女，凡遇强暴不从致死，或羞忿自尽，及夫亡殉节者，属之。

第四条：同条款所称之"贞"女，守贞年限与节妇同。其在夫家守贞身故，及未符年例而身故者，亦属之。

以上各条乃是中国贞操问题的中心点。第二条褒扬"自三十岁以前守节至五十岁以后"的节妇，是中国法律明明认三十岁以下的寡妇不该再嫁；再嫁为不道德。第三条褒扬"夫亡殉节"的烈妇烈女，是中国法律明明鼓励妇人自杀以殉夫；明明鼓励未嫁女子自杀以殉未嫁之夫。第四条褒扬未嫁女子替未婚亡夫守贞二十年以上，是中国法律明明说未嫁而丧夫的女子不该再嫁人；再嫁便是不道德。

这是中国法律对于贞操问题的规定。

依我个人的意思看来，这三种规定都没有成立的理由。

第一，寡妇再嫁问题　这全是一个个人问题。妇人若是对他已死的丈夫真有割不断的情义，他自己不忍再嫁；或是已有了孩子，不肯再嫁；或是年纪已大，不能再嫁；或是家道殷实，不愁衣食，不必再嫁，——妇人处于这种境地，自然守节不嫁。还有一些妇人，对他丈夫，或有怨心，或无恩意，年纪又轻，不肯抛弃人生正当的家庭快乐；或是没有儿女，家又贫苦，不能度日；——妇人处于这种境遇没有守节的理由，为个人计，为社会计，为人道计，都该劝他改嫁。贞操乃是夫妇相待的一种态度。夫妇之间爱情深了，恩谊厚了，无论谁生谁死，无论生时死后，都不忍把这爱情移于别人，这便是贞操。夫妻之间若没有爱情恩意，即没有贞操可说。若不问夫妇之间有无可以永久不变的爱情，若不问做丈夫的配不配受他妻子的贞操，只晓得主张做妻子的总该替他丈夫守节，这是一偏的贞操论，这是不合人情公理的伦理。再者，贞操的道德，"照各人境遇体质的不同，有时能守，有时不能守；在甲能守，在乙不能守"。（用与谢野晶子的话）若不问个人的境遇体质，只晓得说"忠臣不事二君，烈女不更二夫"；只晓得说"饿死事极小，失节事极大"（用程子语）；这是忍心害理，男子专制的贞操论。——以上所说，大旨只要指出寡妇应否再嫁全是个人问题，有个人恩情上，体质上，家计上种种不同的理由，不可偏于一方面主张不近情理的守节。因为如此，故我极端反对国家用法律的规定来褒扬守节不嫁的寡妇。褒扬守节的寡妇,即是说寡妇再嫁为不道德,即是主张一偏的贞操论。法律既不能断定寡妇再嫁为不道德,即不该褒扬不嫁的寡妇。

第二,烈妇殉夫问题 寡妇守节最正当的理由是夫妇间的爱情。妇人殉夫最正当的理由也是夫妇间的爱情。爱情深了,生离尚且不能堪,何况死别?再加以宗教的迷信,以为死后可以夫妇团圆。因此有许多妇人,夫死之后,情愿杀身从夫于地下。这个不属于贞操问题。但我以为无论如何,这也是个人恩爱问题,应由个人自由意志去决定。无论如何,法律总不该正式褒扬妇人自杀殉夫的举动。一来呢,殉夫既由于个人的恩爱,何须用法律来褒扬鼓励?二来呢,殉夫若由于死后团圆的迷信,更不该有法律的褒扬了。三来呢,若用法律来褒扬殉夫的烈妇,有一些好名的妇人,便要借此博一个"青史留名";是法律的褒扬反发生一种沽名钓誉,作伪不诚的行为了!

第三,贞女烈女问题 未嫁而夫死的女子,守贞不嫁的,是"贞女";杀身殉夫的,是"烈女"。我上文说过,夫妇之间若没有恩爱,即没有贞操可说。依此看来,那未嫁的女子,对于他丈夫有何恩爱?既无恩爱,更有何贞操可守?我说到这里,有个朋友驳我道,"这话别人说了还可,胡适之可不该说这话。为什么呢?你自己曾做过一首诗,诗里有一段道:

> 我不认得他,他不认得我,我却常念他,这是为什么?
> 岂不因我们,分定常相亲?由分生情意,所以非路人。
> 海外土生子,生不识故里,终有故乡情,其理亦如此。

依你这诗的理论看来,岂不是已订婚而未嫁娶的男女因为名分已定,也会有一种情意。既有了情意,自然发生贞操问题。你于今又说未婚嫁的男女没有恩爱,故也没有贞操可说,可不是自相矛盾吗?"

我听了这番驳论,几乎开口不得。想了一想,我才回答道:我那首诗所说名分上发生的情意,自然是有的;若没有那种名分上的情意,中国的旧式婚姻决不能存在。如旧日女子听人说他未婚夫的事,即面红害羞,即留神注意,可见他对他未婚夫实有这种名分上所发生的情谊。但这种情谊完全属于理想的。这种理想的情谊往往因实际上的反证,遂完全消灭。如女子悬想一个可爱的丈夫,及到嫁时,只见一个极下流不堪的男子,他如何能坚持那从前理想中的情谊呢?我承认名分可以发生一种情谊,我并且希望一切名分都能发生相当的情谊。但这种理想的情谊,依我看来实在不够发生终身不嫁的贞操,更不够发生杀身殉夫的节烈。即使我更让一步,承认中国有些女子,例如吴趼人《恨海》里那个浪子的聘妻,深中了圣贤经传的毒,由名分上真能生出极浓挚的情谊,无论他未婚夫如何淫荡,人格如何堕落,依旧贞一不变。试问我们在这个文明时代,是否应该赞成提倡这种盲从的贞操?这种盲从的贞操,只值得一句"其愚不可及也"的评论,却不值得法律的褒扬。法律既许未嫁的女子夫死再嫁,便不该褒扬处女守贞。至于法律褒扬无辜女子自杀以殉不曾见面的丈夫,那更是男子专制时代的风俗,不该存在于现今的世界。

总而言之,我对于中国人的贞操问题,有三层意见。

第一,这个问题,从前的人都看作"天经地义",一味盲从,全不研究"贞操"两字究竟有何意义。我们生在今日,无论提倡何种道德,总该想想那种道德的真意义是什么。《墨子》说得好:

> 子墨子问于儒者曰,"何故为乐?"曰,"乐以为乐也。"子墨子曰,"子未我应也。今我问曰,'何故为室?'曰,'冬避寒焉,夏避暑焉,室以为男女之别也。'则子告我为室之故矣。今我问曰,'何故为乐?'曰,'乐以为乐也'。是犹曰,'何故为室?'曰,'室以为室也。"(《公孟》篇)

今试问人"贞操是什么?"或"为什么你褒扬贞操?"他一定回答道,"贞操就是贞操。我因为这是贞操,故褒扬他。"这种"室以为室也"的论理,便是今日道德思想宣告破产的证据。故我做这篇文字的第一个主意只是要大家知道"贞操"这个问题并不是"天经地义",是可以彻底研究,可以反复讨论的。

第二,我以为贞操是男女相待的一种态度,乃是双方交互的道德,不是偏于女子一方面的。由这个前提,便生出几条引伸的意见:一、男子对于女子,丈夫对于妻子,也应有贞操的态度;二、男子做不贞操的行为,如嫖妓娶妾之类,社会上应该用对待不贞妇女的态度对待他;三、妇女对于无贞操的丈夫,没有守贞操的责任;四、社会法律既不认嫖妓纳妾为不道德,便不该褒扬女子的"节烈贞操"。

第三,我绝对的反对褒扬贞操的法律。我的理由是:

一,贞操既是个人男女双方对待的一种态度,诚意的贞操是完全自动的道德,不容有外部的干涉,不须有法律的提倡。

二,若用法律的褒扬为提倡贞操的方法,势必至造成许多沽名钓誉,不诚实,无意识的贞操举动。

三,在现代社会,许多贞操问题,如寡妇再嫁,处女守贞,等等问题的是非得失,却都还有讨论余地,法律不当以武断的态度制定褒贬的规条。

四,法律既不奖励男子的贞操,又不惩男子的不贞操,便不该单独提倡女子的贞操。

　　五，以近世人道主义的眼光看来，褒扬烈妇烈女杀身殉夫，都是野蛮残忍的法律，这种法律，在今日没有存在的地位。

民国七年七月

不 朽[①]
——我的宗教

不朽有种种说法,但是总括看来,只有两种说法是真有区别的。一种是把"不朽"解作灵魂不灭的意思。一种就是《春秋左传》上说的"三不朽"。

一、神不灭论　宗教家往往说灵魂不灭,死后须受末日的裁判:做好事的享受天国天堂的快乐,做恶事的要受地狱的苦痛。这种说法,几千年来不但受了无数愚夫愚妇的迷信,居然还受了许多学者的信仰。但是古今来也有许多学者对于灵魂是否可离形体而存在的问题,不能不发生疑问。最重要的如南北朝人范缜的《神灭论》说:"形者神之质,神者形之用……神之于质,犹利之于刀;形之于用,犹刀之于利。……舍利无刀,舍刀无利。未闻刀没而利存,岂容形亡而神在?"宋朝的司马光也说:"形既朽灭,神亦飘散,虽有剉烧舂磨,亦无所施。"但是司马光说的"形既朽灭,神亦飘散",还不免把形与神看作两件事,不如范缜说的更透切。范缜说人的神灵即是形体的作用,形体便是神灵的形质。正如刀子是形质,刀子的利钝是作用;有刀子方才有利钝,没有刀子便没有利钝。人有形体方才有作用;这个作用,我们叫做"灵魂"。若没有形体,便没有作用了,便

[①] 本文原载于一九一九年二月《新青年》六卷二号。

没有灵魂了。范缜这篇《神灭论》出来的时候,惹起了无数人的反对,梁武帝叫了七十几个名士作论驳他,都没有什么真有价值的议论。其中只有沈约的《难〈神灭论〉》说:"利若遍施四方,则利体无处复立;利之为用正存一边毫毛处耳。神之与形,举体若合,又安得同乎？若以此譬为尽耶,则不尽;若谓本不尽耶,则不可以为譬也。"这一段是说刀是无机体,人是有机体,故不能彼此相比。这话固然有理,但终不能推翻"神者形之用"的议论。近世唯物派的学者也说人的灵魂并不是什么无形体,独立存在的物事,不过是神经作用的总名;灵魂的种种作用都即是脑部各部分的机能作用;若有某部被损伤,某种作用即时废止;人年幼时,脑部不曾完全发达,神灵作用也不能完全,老年人脑部渐渐衰耗,神灵作用也渐渐衰耗。这种议论的大旨,与范缜所说"神者形之用"正相同。但是有许多人总舍不得把灵魂打消了,所以咬住说灵魂另是一种神秘玄妙的物事,并不是神经的作用。这个"神秘玄妙"的物事究竟是什么,他们也说不出来,只觉得总应该有这么一件物事。既是"神秘玄妙",自然不能用科学试验来证明他,也不能用科学试验来驳倒他。既然如此,我们只好用实验主义(Pragmatism)的方法,看这种学说的实际效果如何,以为评判的标准。依此标准看来,信神不灭论的固然也有好人,信神灭论的也未必全是坏人。即如司马光,范缜,赫胥黎一类的人,说不信灵魂不灭的话,何尝没有高尚的道德？更进一层说,有些人因为迷信天堂,天国,地狱,末日裁判,方才修德行善,这种修行全是自私自利的,也算不得真正道德。总而言之,灵魂不灭的问题,于人生行为上实在没有什么重大影响;既没有实际的影响,简直可说是不成问题了。

二、三不朽说 《左传》说的三种不朽是:一、立德的不朽,二、立功的不朽,三、立言的不朽。"德"便是个人人格的价值,像墨翟、耶稣一类的人,一生刻意孤行,精诚勇猛,使当时的人敬爱信仰,使千百年后的人想念崇拜。这便是立德的不朽。"功"便是事业,像哥仑布发现美洲,像华盛顿造成美洲共和国,替当时的人开一新天地,替历史开一新纪元,替天下后世的人种下无量幸福的种子。这便是立功的不朽。"言"便是语言著作,像那《诗经》三百篇的许多无名诗人,又像陶潜、杜甫、萧士比亚、易卜生一类的文学家,又像柏拉图、卢骚、弥儿一类的哲学家,又像牛敦、达尔文一类的科学家,或是做了几首好诗使千百年后的人欢喜感叹;或是做了几本好戏使当时的人鼓舞感动,使后世的人发愤兴起;或是创出一种新哲学,或是发明了一种新学说,或在当时发生思想的革命,或在后世影响无穷。这便是立言的不朽。总而言之,这种不朽说,不问人死后灵魂能不能存在,只问他的人格,他的事业,他的著作有没有永远存在的价值。即如基督教徒说耶稣是上帝的儿子,他的神灵永远存在,我们正不用驳这种无凭据的神话,只说耶稣的人格,事业,和教训都可以不朽,又何必说那些无谓的神话? 又如孔教会的人每到了孔丘的生日,一定要举行祭孔的典礼,还有些人学那"朝山进香"的法子,要赶到曲阜孔林去对孔丘的神灵表示敬意!其实孔丘的不朽全在他的人格与教训,不在他那"在天之灵"。大总统多行两次丁祭,孔教会多走两次"朝山进香",就可以使孔丘格外不朽了吗? 更进一步说,像那《三百篇》里的诗人,也没有姓名,也没有事实,但是他们都可说是立言的不朽。为什么呢? 因为不朽全靠一个人的真价值,并不靠姓名事实的流传,也不靠灵魂的存在。试看古今来的多少大发明家,那发明火的,发明养蚕的,发明缫丝的,发明织布的,发明水车的,发明舂米的水碓的,发明规矩的,发明秤的,……虽然姓名不传,事实湮没,但他们的功业永远存在,他们也就都不朽了。这种不朽比那个人的小小灵魂的存在,可不是更可宝贵,更可羡慕吗? 况且那灵魂的有无还在不可知之中,这三种不朽——德,功,言,——可是实在的。这三种不朽可不是比那灵魂的不灭更靠得住吗?

以上两种不朽论,依我个人看来,不消说得,那"三不朽说"是比那"神不灭说"好得多了。但是那"三不朽说"还有三层缺点,不可不知。第一,照平常的解说看来,那些真能不朽的人只不过那极少数有道德,有功业,有著述的人。还有那无量平常人难道就没有不朽的希望吗?世界上能有几个墨翟、耶稣,几个哥仑布、华盛顿,几个杜甫、陶潜,几个牛敦、达尔文呢?这岂不成了一种"寡头"的不朽论吗?第二,这种不朽论单从积极一方面着想,但没有消极的裁制。那种灵魂的不朽论既说有天国的快乐,又说有地狱的苦楚,是积极消极两方面都顾着的。如今单说立德可以不朽,不立德又怎样呢?立功可以不朽,有罪恶又怎样呢?第三,这种不朽论所说的"德,功,言"三件,范围都很含糊。究竟怎样的人格方才可算是"德"呢?怎样的事业方才可算是"功"呢?怎样的著作方才可算是"言"呢?我且举一个例。哥仑布发现美洲固然可算得立了不朽之功,但是他船上的水手火头又怎样呢?他那只船的造船工人又怎样呢?他船上用的罗盘器械的制造工人又怎样呢?他所读的书的著作者又怎样呢?……举这一条例,已可见"三不朽"的界限含糊不清了。

因为要补足这三层缺点,所以我想提出第三种不朽论来请大家讨论。我一时想不起别的好名字,姑且称他做"社会的不朽论"。

三、社会的不朽论　社会的生命,无论是看纵剖面,是看横截面,都像一种有机的组织。从纵剖面看来,社会的历史是不断的;前人影响后人,后人又影响更后人;没有我们的祖宗和那无数的古人,又哪里有今日的我和你?没有今日的我和你,又哪里有将来的后人?没有那无量数的个人,便没有历史,但是没有历史,那无数的个人也决不是那个样子的个人。总而言之,个人造成历史,历史造成个人;从横截面看来,社会的生活是交互影响的:个人造成社会,社会造成个人。社会的生活全靠个人分工合作的生活,但个人的生活,无论如何不同,都脱不了社会的影响;若没有那样这样的社会,决不会有这样那样的我和你;若没有无数的我和你,社会也决不是这个样子。来勃尼慈(Leibnitz)说得好:

> 这个世界乃是一片大充实(Plenum,为真空 Vacuum 之对),其中一切物质都是接连着的。一个大充实里面有一点变动,全部的物质都要受影响,影响的程度与物体距离的远近成正比例。世界也是如此。每一个人不但直接受他身边亲近的人的影响。并且间接又间接的受距离很远的人的影响,所以世间的交互影响,无论距离远近,都受得着的。所以世界上的人,每人受着全世界一切动作的影响。如果他有周知万物的智慧,他可以在每人的身上看出世间一切施为,无论过去未来都可看得出,在这一个现在里面便有无穷时间空间的影子。(见 Monadology 第六十一节)

从这个交互影响的社会观和世界观上面,便生出我所说的"社会的不朽论"来。我这"社会的不朽论"的大旨是:

> 我这个"小我"不是独立存在的,是和无量数小我有直接或间接的交互关系的;是和社会的全体和世界的全体都有互为影响的关系的;是和社会世界的过去和未来都有因果关系的。种种从前的因,种种现在无数"小我"和无数他种势力所造成的因,都成了我这个"小我"的一部分。我这

个"小我",加上了种种从前的因,又加上了种种现在的因,传递下去,又要造成无数将来的"小我"。这种种过去的"小我",和种种现在的"小我",和种种将来无穷的"小我",一代传一代,一点加一滴;一线相传,连绵不断;一水奔流,滔滔不绝:——这便是一个"大我"。"小我"是会消灭的,"大我"是永远不灭的。"小我"是有死的,"大我"是永远不死,永远不朽的。"小我"虽然会死,但是每一个"小我"的一切作为,一切功德罪恶,一切语言行事,无论大小,无论是非,无论善恶,——都永远留存在那个"大我"之中。那个"大我",便是古往今来一切"小我"的纪功碑,彰善祠,罪状判决书,孝子慈孙百世不能改的恶谥法。这个"大我"是永远不朽的,故一切"小我"的事业,人格,一举一动,一言一笑,一个念头,一场功劳,一桩罪过,也都永远不朽。这便是社会的不朽,"大我"的不朽。

那边"一座低低的土墙,遮着一个弹三弦的人",那三弦的声浪,在空间起了无数波澜;那被冲动的空气质点,直接间接冲动无数旁的空气质点;这种波澜,由近而远,至于无穷空间;由现在而将来,由此刹那以至于无量刹那,至于无穷时间:——这已是不灭不朽了。那时间,那"低低的土墙"外边来了一位诗人,听见那三弦的声音,忽然起了一个念头;由这一个念头,就成了一首好诗;这首好诗传诵了许多;人人读了这诗,各起种种念头;由这种种念头,更发生无量数的念头,更发生无数的动作,以至于无穷。然而那"低低的土墙"里面那个弹三弦的人又如何知道他所发生的影响呢?

一个生肺病的人在路上偶然吐了一口痰。那口痰被太阳晒干了,化为微尘,被风吹起空中,东西飘散,渐吹渐远,至于无穷时间,至于无穷空间。偶然一部分的病菌被体弱的人呼吸进去,便发生肺病,由他一身传染一家,更由一家传染无数人家。如此辗转传染,至于无穷空间,至于无穷时间。然而那先前吐痰的人的骨头早已腐烂了,他又如何知道他所种的恶果呢?

一千五六百年前有一个人叫范缜说了几句话道:"神之于形,犹利之于刀;未闻刀没而利存,岂容形亡而神在?"这几句话在当时受了无数人的攻击。到了宋朝有个司马光把这几句话记在他的《资治通鉴》里。一千五六百年之后,有一个十一岁的小孩子,——就是我,——看《通鉴》到这几句话,心里受了一大感动,后来便影响了他半生的思想行事。然而那说话的范缜早已死了一千五百年了!

二千六七百年前,在印度地方有一个穷人病死了,没人收尸,尸首暴露在路上,已腐烂了。那边来了一辆车,车上坐着一个王太子,看见了这个腐烂发臭的死人,心中起了一念;由这一念,辗转发生无数念。后来那位王太子把王位也抛了,富贵也抛了,父母妻子也抛了,独自去寻思一个解脱生老病死的方法。后来这位王子便成了一个教主,创了一种哲学的宗教,感化了无数人。他的影响势力至今还在;将来即使他的宗教全灭了,他的影响势力终久还存在,以至于无穷。这可是那腐烂发臭的路毙所曾梦想到的吗?

以上不过是略举几件事,说明上文说的"社会的不朽","大我的不朽"。这种不朽论,总而言之,只是说个人的一切功德罪恶,一切言语行事,无论大小好坏,一一都留下一些影响在那个"大我"之中,一一都与这永远不朽的"大我"一同永远不朽。

上文我批评那"三不朽论"的三层缺点:一、只限于极少数的人,二、没有消极的裁制,三、所说"功,德,言"的范围太含糊了。如今所说"社会的不朽",其实只是把那"三不朽论"的范围更推广了。既然不论事业功德的大小,一切都可不朽,那第一第三两层短处都没有了。冠绝古今的道德功业固可以不朽,那极平常的"庸言庸行",油盐柴米的琐屑,愚夫愚妇的细事,一言一笑的微细,也都永远不朽。那发现美洲的哥伦布固可以不朽,那些和他同行的水手火头,造船的工人,造罗盘器械的工人,供给他粮食衣服银钱的人,他所读的书的著作家,生他的父母,生他父母的父母祖宗,以及生育训练那些工人商人的父母祖宗,以及他以前和同时的社会,……都永远不朽。社会是有机的组织,那英雄伟人可以不朽,那挑水的,烧饭的,甚至于浴堂里替你擦背的;甚至于每天替你家掏粪倒马桶的,也都永远不朽。至于那第二层缺点,也可免去。如今说立德不朽,行恶也不朽;立功不朽,犯罪也不朽;"流芳百世"不朽,"遗臭万年"也不朽;功德盖世固是不朽的善因,吐一口痰也有不朽的恶果。我的朋友李守常先生说得好:"稍一失脚,必致遗留层层罪恶种子于未来无量的人,——即未来无量的我,——永不能消除,永不能忏悔。"这就是消极的裁制了。

中国儒家的宗教提出一个父母的观念,和一个祖先的观念,来做人生一切行为的裁制力。所以说,"一出言而不敢忘父母,一举足而不敢忘父母"。父母死后,又用丧礼祭礼等等见神见鬼的方法,时刻提醒这种人生行为的裁制力。所以又说,"斋明盛服,以承祭祀,洋洋乎如在其上,如在其左右"。又说,"斋三日,则见其所为斋者;祭之日,入室,僾然必有见乎其位;周还出户,肃然必有闻乎其容声;出户而听,忾然必有闻乎其叹息之声"。这都是"神道设教",见神见鬼的手段。这种宗教的手段在今日是不中用了。还有那种"默示"的宗教,神权的宗教,崇拜偶像的宗教,在我们心里也不能发生效力,不能裁制我们一生的行为。以我个人看来,这种"社会的不朽"观念很可以做我的宗教了。我的宗教的教旨是:

我这个现在的"小我",对于那永远不朽的"大我"的无穷过去,须负重大的责任;对于那永远不朽的"大我"的无穷未来,也须负重大的责任。我须要时时想着,我应该如何努力利用现在的"小我",方才可以不辜负了那"大我"的无穷过去,方才可以不遗害那"大我"的无穷未来?

[跋]这篇文章的主意是民国七年年底当我的母亲丧事里想到的。那时只写成一部分,到八年二月十九日方才写定付印。后来俞颂华先生在报纸上指出我论社会是有机体一段很有语病,我觉得他的批评很有理,故九年二月间我用英文发表这篇文章时,我就把那一段完全改过了。十年五月,又改定中文原稿,并记作文与修改的缘起于此。

多研究些问题,少谈些"主义"!①

本报(《每周评论》)第二十八号里,我曾说过:

> 现在舆论界大危险,就是偏向纸上的学说,不去实地考察中国今日的社会需要究竟是什么东西。那些提倡尊孔祀天的人,固然是不懂得现时社会的需要。那些迷信军国民主义或无政府主义的人,就可算是懂得现时社会的需要么?
>
> 要知道舆论家的第一天职,就是细心考察社会的实在情形。一切学理,一切"主义",都是这种考察的工具。有了学理作参考材料,便可使我们容易懂得所考察的情形,容易明白某种情形有什么意义,应该用什么救济的方法。

我这种议论,有许多人一定不愿意听。但是前几天北京《公言报》《新民国报》《新民报》(皆安福部的报),和日本文的《新支那报》,都极力恭维安福部首领王揖唐主张民生主义的演说,并且恭维

---

① 本文原载一九一九年七月二十日《每周评论》第三十一号。此文发表后,研究系的蓝公武在《国民公报》上发表《问题与主义》一文与之商榷,李大钊也致信胡适谈了自己的看法。由此引发了一场"问题与主义"的大争论。后面的《三论问题与主义》《四论问题与主义》都是继此而发。

安福部设立"民生主义的研究会"的办法。有许多人自然嘲笑这种假充时髦的行为。但是我看了这种消息,发生一种感想。这种感想是:"安福部也来高谈民生主义了,这不够给我们这班新舆论家一个教训吗?"什么教训呢?这可分三层说:

> 第一,空谈好听的"主义",是极容易的事,是阿猫阿狗都能做的事,是鹦鹉和留声机器都能做的事。
> 第二,空谈外来进口的"主义",是没有什么用处的。一切主义都是某时某地的有心人,对于那时那地的社会需要的救济方法。我们不去实地研究我们现在的社会需要,单会高谈某某主义,好比医生单记得许多汤头歌诀,不去研究病人的症候,如何能有用呢?
> 第三,偏向纸上的"主义",是很危险的。这种口头禅很容易被无耻政客利用来做种种害人的事。欧洲政客和资本家利用国家主义的流毒,都是人所共知的。现在中国的政客,又要利用某种某种主义来欺人了。罗兰夫人说,"自由自由,天下多少罪恶,都是借你的名做出的!"一切好听的主义,都有这种危险。

这三条合起来看,可以看出"主义"的性质。凡"主义"都是应时势而起的。某种社会,到了某时代,受了某种的影响,呈现某种不满意的现状。于是有一些有心人,观察这种现象,想出某种救济的法子。这是"主义"的原起。主义初起时,大都是一种救时的具体主张。后来这种主张传播出去,传播的人要图简便,便用一两个字来代表这种具体的主张,所以叫他做"某某主义"。主张成了主义,便由具体的计划,变成一个抽象的名词。"主义"的弱点和危险,就在这里。因为世间没有一个抽象名词能把某人某派的具体主张都包括在里面。比如"社会主义"一个名词,马克思的社会主义,和王揖唐的社会主义不同;你的社会主义,和我的社会主义不同:决不是这一个抽象名词所能包括。你谈你的社会主义,我谈我的社会主义,王揖唐又谈他的社会主义,同用一个名词,中间也许隔开七八个世纪,也许隔开两三万里路,然而你和我和王揖唐都可自称社会主义,都可用这一个抽象名词来骗人。这不是"主义"的大缺点和大危险吗?

我再举现在人人嘴里挂着的"过激主义"做一个例:现在中国有几个人知道这一个名词做何意义?但是大家都痛恨痛骂"过激主义",内务部下令严防"过激主义",曹锟也行文严禁"过激主义",卢永祥也出示查禁"过激主义"。前两个月,北京有几个老官僚在酒席上叹气,说,"不好了,过激派到了中国了。"前两天有一个小官僚,看见我写的一把扇子,大诧异道:"这不是过激党胡适吗?"哈哈,这就是"主义"的用处!

我因为深觉得高谈主义的危险,所以我现在奉劝新舆论界的同志道:"请你们多提出一些问题,少谈一些纸上的主义。"

更进一步说:"请你们多多研究这个问题如何解决,那个问题如何解决,不要高谈这种主义如何新奇,那种主义如何奥妙。"

现在中国应该赶紧解决的问题,真多得很。从人力车夫的生计问题,到大总统的权限问题;从卖淫问题到卖官卖国问题;从解散安福部问题到加入国际联盟问题;从女子解放问题到男子解放问题;……哪一个不是火烧眉毛紧急问题?

我们不去研究人力车夫的生计,却去高谈社会主义;不去研究女子如何解放,家庭制度如何救正,却去高谈公妻主义和自由恋爱;不去研究安福部如何解散,不去研究南北问题如何解决,却去高谈无政府主义;我们还要得意扬扬夸口道,"我们所谈的是根本解决"。老实说罢,这是自欺欺人的梦话,这是中国思想界破产的铁证,这是中国社会改良的死刑宣告!

为什么谈主义的人那么多,为什么研究问题的人那么少呢?这都由于一个懒字。懒的定义是避难就易。研究问题是极困难的事,高谈主义是极容易的事。比如研究安福部如何解散,研究南北和议如何解决,这都是要费工夫,挖心血,收集材料,征求意见,考察情形,还要冒险吃苦,方才可以得一种解决的意见。又没有成例可援,又没有黄梨洲,柏拉图的话可引,又没有《大英百科全书》可查,全凭研究考察的工夫:这岂不是难事吗?高谈"无政府主义"便不同了。买一两本实社《自由录》,看一两本西文无政府主义的小册子,再翻一翻《大英百科全书》,便可以高谈无忌了:这岂不是极容易的事吗?

高谈主义,不研究问题的人,只是畏难求易,只是懒。

凡是有价值的思想,都是从这个那个具体的问题下手的。先研究了问题的种种方面的种种的事实,看看究竟病在何处,这是思想的第一步工夫。然后根据于一生经验学问,提出种种解决的方法,提出种种医病的丹方,这是思想的第二步工夫。然后用一生的经验学问,加上想象的能力,推想每一种假定的解决法,该有什么样的效果,推想这种效果是否真能解决眼前这个困难问题。推想的结果,拣定一种假定的解决,认为我的主张,这是思想的第三步工夫。凡是有价值的主张,都是先经过这三步工夫来的。不如此,不算舆论家,只可算是钞书手。

读者不要误会我的意思。我并不是劝人不研究一切学说和一切"主义"。学理是我们研究问题的一种工具。没有学理做工具,就如同王阳明对着竹子痴坐,妄想"格物",那是做不到的事。种种学说和主义,我们都应该研究。有了许多学理做材料,见了具体的问题,方才能寻出一个解决的方法。但是我希望中国的舆论家,把一切"主义"摆在脑背后,做参考资料,不要挂在嘴上做招牌,不要叫一知半解的人拾了这些半生不熟的主义,去做口头禅。

"主义"的大危险,就是能使人心满意足,自以为寻着包医百病的"根本解决",从此用不着费心力去研究这个那个具体问题的解决法了。

民国八年七月

三论问题与主义[1]

我那篇《多研究些问题,少谈些"主义"!》,承蓝知非,李守常两先生做长篇的文章,同我讨论,把我的一点意思,发挥的更透澈明了,还有许多匡正的地方,我很感激他们两位。

蓝君和李君的意思,有很相同的一点:他们都说主义是一个"共同趋向的理想"(李君的话),是"多数人共同行动的标准,或是对于某种问题的进行趋向或态度"(蓝君的话)。这种界说,和我原文所说的话,并没有冲突。我说,"主义初起时,大都是一种救时的具体主张。后来这种主张,传播出去,传播的人,要图简便,便用一两个字来代表这种具体的主张,所以叫他做某某主义。主张成了主义,便由具体的计划,变成一个抽象的名词。"我所说的是主义的历史,他们所说的是主义的现在的作用。试看一切主义的历史,从老子的无为主义,到现在的布尔札维主义,哪一个主义起初不是一种"救时的具体主张"?

蓝李两君的误会,由于他们错解我所用的"具体"两个字。凡是可以指为这个或那个的,凡是关于个体的及特别的事物的,都是具体的。譬如俄国新宪法,主张把私人所有的土地,森林,矿产,水力,银行,收归国有;把制造和运输等事,归工人自己管理;无论何人,必

---

[1] 本文原载一九一九年八月二十四日《每周评论》第三十六号。

须工作；一切遗产制度，完全废止；一切秘密的国际条约，完全无效……这都是个体的政策，这都是这个那个政治或社会问题的解决法。——这都是"具体的主张"。现在世界各国，有一班"把耳朵当眼睛"的妄人，耳朵里听见一个"布尔札维主义"的名词，或只是记得一个"过激主义"的名词，全不懂得一个抽象名词所代表的是什么具体的主张，便大起恐慌，便出告示捉拿"过激党"，便硬把"过激党"三个字套在某人某人的头上。这种妄人，脑筋里的主义，便是我所攻击的"抽象名词"的主义。我所说的"主义的危险"，便是指这种危险。

蓝君的第二个大误会，是把我所用的"抽象"两个字解错了。我所攻击的"抽象的主义"，乃是指那些空空荡荡，没有具体的内容的全称名词。如现在官场所用的"过激主义"，便是一例；如现在许多盲目文人心里的"文学革命"大恐慌，便是二例。蓝君误会我的意思，把"抽象"两个字，解作"理想"，这便是大错了。理想不是抽象的，是想象的。譬如一个科学家，遇着一个困难的问题，他脑子里推想出几种解决方法，又把每种假设的解决所涵的结果，一一想象出来，这都是理想的。但这些理想的内容，都是一个个具体的想象，并不是抽象的。我那篇原文自始至终，不但不会反对理想，并且极力恭维理想。我说：

> 凡是有价值的思想，都是从这个那个具体的问题下手的。先研究了问题的种种方面的种种的事实，看看究竟病在何处，这是思想的第一步工夫。然后根据于一生经验学问，提出种种解决的方法，提出种种医病的丹方，这是思想的第二步工夫。然后用一生的经验学问，加上想象的能力，推想每一种假定的解决法，该有什么样的效果，推想这

种效果是否真能解决眼前这个困难问题。推想的结果,拣定一种假定的解决,认为我的主张,这是思想的第三步工夫。凡是有价值的主张,都是先经过这三步工夫来的。不如此,不算舆论家,只可算是钞书手。

这不是极力恭维理想的作用吗?

但是我所说的理想的作用,乃是这一种根据于具体事实和学问的创造的想象力,并不是那些抄袭现成的抽象的口头禅的主义。我所攻击的,也是这种不根据事实的,不从研究问题下手的抄袭成文的主义。

蓝李两君所辩护的主义,其实乃是些抽象名词所代表的种种具体的主张(这个分别,请两君及一切读者,不要忘记了)。如此所说的主义,我并不曾轻视。我屡次说过,"一切学理,一切主义,都只是我们研究问题的工具。"我又屡次说过,"有了学理做参考的材料,便可使我们容易懂得所考察的情形,看什么意义,应该用什么救济方法。"我这种议论,和李君所说的"应该使社会上多数人,先有一个共同趋向的理想主义,作他们实验自己生活上满意不满意的态度",并没有什么冲突的地方。和蓝君所说的"我们要提出一种具体的方法来解决问题,必定先要鼓吹这问题的意义,以及理论上的根据,引起一般人的反省",也没有什么冲突的地方。因为蓝李两君这两段话,所含的意思,都是要用主义学理作解决问题的工具,和参考材料,所以同我的意见相合。如果蓝李两君认定学理的用处,不过是能供给"这问题"的意义,以及理论上的根据,——如果两君认定这观点,我决没有话可以驳回了。

但是蓝君把"抽象"和理想混作一事,故把我所反对的和我所恭维的,也混作一事。如他说"问题愈广,理想的分子亦愈多;问题愈狭,现实的色彩亦愈甚"。这是我所承认的。但是此处所谓"理想的分子",乃是上文我所说的"推想","假设","想象",几步工夫,并不是说问题的本身是"抽象的"。凡是能成问题的问题,都是具体的,都只是这个问题或那个问题。决没有空空荡荡,不能指定这个那个的问题,而可以成为问题的。

蓝君说,"问题的范围愈大,那抽象性亦愈加"。这里他把"抽象性"三字,代替上文的"理想的分子"五字,便容易使人误解了。试看他所举的例,如法国大革命所标的自由平等,如中国辛亥革命所标示的排满,都不是问题本身,都是具体问题的解决。为甚么要排满呢?因为满清末年的种种具体的腐败情形,种种具体的民生痛苦,和政治黑暗,刺激一般有思想的志士,成了具体的问题,所以他们提出排满的目标,作为解决当时的问题的计划。这问题是具体的,这解决也是具体的。法国革命以前的情形,社会不平等,人民不自由,痛苦的刺激,引起一般学者的研究。一般学者的答案说:人类本生来自由平等的,一切不平等不自由,都只是不自然的政治社会的结果。故法国大革命所标示的自由平等,乃是对于法国当日情形的具体解决。法国大革命所要解决的问题,都是具体的。大革命所提出的自由平等,在我们眼里,自然很抽象了,在当日都是具体的主张,因为这些抽象名词,在当日所代表的政策,如废王室,废贵族制度,行民主政体,人人互称"同胞"……哪一件不是具体的主张?

所以我要说:蓝君说的"问题的范围愈大,那抽象性亦愈增加",是错了。他应该说,"问题的范围愈大,我们研究这种问题时所需要的思想作用格外繁难,格外复杂,思想的方法,应该格外小心,格外精密。"更进一步:他应该说,"问题的范围愈大,里面的具体小问题愈多。我们研究时,决不可单靠几个好听的抽象名词,就可敷衍过去;我们应该把那太大的范围缩小下来,把那复杂的分子分析出来,使他们都成一个一个的具体的简单问题,如此然后可以做研究的工夫。"

我且举几个例:譬如手指割破了,牙齿虫蛀了,这都是很简单的病,可以随手解决。假如你生了肠热症(Typhoid),病状一时不容易明了,因为里面的分子太复杂了。你的医生,必须用种种精密的试验方法,每时记载你的热度,每日画成曲线表,表示热度的升降,诊察你的脉,看你的舌苔,化验你的大小便,取出你的血来,化验血里的微菌:……如此方才可以断定你的病是否肠热症。断定之后,方才可以用疗治的方法。一切大问题,一切复杂的问题,并不是"抽象性增加";乃是里面所含的具体分子太多了,所以研究的时候,所需要的思想作用,也更复杂繁难了。补救这种繁难,没有别法子,只有用"分析",把具体的大问题,分作许多更具体的小问题。

分析之后,然后把各分子的现象,综合起来,看他们有甚么共同的意义。譬如医生把病人的脉,血,小便,热度等现象综合起来,寻出肠热症的意义,这便是"综合"。但是这种综合的结果,仍旧是一个具体的问题(肠热病),仍旧要用一种具体的解决法(肠热病的疗法)。并不是如蓝君所说"从许多要求中,抽出几种共同性,加上理想的色彩,成一种抽象性的问题"。

以上所说,泛论"问题与主义"大旨只有几句话:"凡是能成问题的问题,无论范围大小,都是具体的,决不是抽象的;凡是一种主义的起初,都是一些具体的主张,决不是空空荡荡,没有具体的内容的。问题本身,并没有什么抽象性;但是研究问题的时候,往往必须经过一番理想的作用;这一层理想的作用,不可错认作问题本身的抽象性。主义本来都是具体问题的具体解决法。但是一种问题的解决法,在大同小异的别国别时代,往往可以借来作参考材料。所以我们可以说主义的原起,虽是个体的,主义的应用,有时带着几分普遍性。但不可因为这或有或无的几分普遍性，就说主义本来只是一种抽象的理想。"

蓝君和我有一个根本不同的地方。我认定主义起初都是一些具体的主张。蓝君便不然。他说：

> 一种主张，能成为标准趋向态度，与具体的方法恰成反比例。因为愈具体，各部分的利害愈不一致。……故主义是一件事，实行的方法又是一件事。……主义并不一定含着实行的方法，那实行的方法也并不是一定要从主义中推演出来的。……故往往有一种主义，在主义进行的时候，效力非常之大，各部分的团结也非常坚强。一到具体问题的时候，主张纷歧，立刻成一纷扰的现象。

蓝君这几段话，简直是自己证明主义决不可和具体的方法分开。因为有些人，用了几个抽象名词，来号召大众；因为他们的"主义"里面，不幸不曾含有"实行的方法"和"具体的主张"；所以当鼓吹的时候，未尝不能轰轰烈烈的哄动了无数信徒，一到了实行解决具体问题的时候，便闹糟了，便闹出"主张纷歧，立刻扰乱"的笑柄来了。所以后来扰乱的原因，正为当初所"鼓吹"的，只不过是几个糊涂的抽象名词，里面并不曾含有具体的主张。最大最明的例，就是这一次威尔逊先生在巴黎和会的大失败。威总统提出了许多好听的抽象名词，——人道，民族自决，永久和平，公道正谊，等等，——受了全世界人的崇拜，他的信徒，比释迦、耶稣在日多了无数倍，总算"效力非常之大"了。但是他一到了巴黎，遇着了克里蒙梭，鲁意乔治，牧野，奥兰多等，一班大奸雄，他们袖子里抽出无数现成的具体的方法，贴上"人道"，"民族自决"，"永久和平"的签条，——于是威总统大失败了,连口都开不得。这就可证明主义决不可不含具体的主张。没有具体主张的"主义",必致闹到扰乱失败的地位。所以我说蓝君的"主义是一件事,实行的方法又是一件事",只是人类一桩大毛病,只是世界一个大祸根,并不是主义应该如此的。

请问我们为什么要提倡一个主义呢?难道单是为了"号召党徒"吗?还是要想收一点实际的效果,做一点实际的改良呢?如果是为了实际的改革,那就应该使主义和实行的方法,合为一件事,决不可分为两件不相关的事。我常说中国人(其实不单是中国人)有一个大毛病,这病有两种病症:一方面是"目的热",一方面是"方法盲"。蓝君所说的"主义并不一定含着实行的方法",便是犯了这两种病。只管提出"涵盖力大"的主义,便是目的热;不管实行的方法如何,便是方法盲。

李君的话,也带着这个毛病。他说:

> 大凡一个主义,都有理想与实用两方面。例如民主主义的理想,不论在哪一国,大致都很相同。把这个理想实用到实际的政治上去,那就因时,因地,因事的性质情形,有些不同。……我们只要把这个那个主义拿来做工具,用以为实际的运动,他会因时因地因事的性质情形,生一种适用环境的变化。

这是一种不负责任的主义论。前次杜威先生在教育部讲演,也曾说民治主义在法国便偏重平等;在英国便偏重自由,不认平等;在美国并重自由与平等,但美国所谓自由,又不是英国的消极自由,所谓平等,也不是法国的天然平等。但是我们要知道这并不是民治主义的自然适应环境,这都是因为英国,法国,美国的先哲,当初都能针对当日本国的时势需要,提出具体的主张,故三国的民治各有特别的性质(试看法国革命的第一二次宪法,和英国边沁等人的驳议,便可见两国本来主张不同)。这一个例,应该给我们一个很明显的教训:我们应该先从研究中国社会上,政治上,种种具体问题下手;有什么病,下什么药;诊察的时候,可以参用西洋先进国的历史和学说,用作一种"临症须知",开药方的时候,可以参考西洋先进国的历史和学说,用作一种"验方新编"。不然,我们只记得几首汤头歌诀,便要开方下药,妄想所用的药进了病人肚里,自然"会"起一种适用环境的变化,那就要犯一种"庸医杀人"的大罪了。

蓝君对于主义的抽象性,极力推崇,认他为最合于人类的一种神秘性;又说:"抽象性大,涵盖力可以增大。涵盖力大,归依的人数愈增多。"这种议论,自然有一部分真理。但是我们同时也该承认人类的这种"神秘性",实在是人类的一点大缺陷。蓝君所谓"神秘性",老实说来,只是人类的愚昧性,因为愚昧不明,故容易被人用几个抽象名词骗去赴汤蹈火,牵去为牛为马,为鱼为肉。历史上许多奸雄政客,懂得人类有这一种劣根性,故往往用一些好听的抽象名词,来哄骗大多数的人民,去替他们争权夺利,去做他们的牺牲。不要说别的,试看一个"忠"字,一个"节"字,害死了多少中国人?试看现今世界上多少黑暗无人道的制度,哪一件不是全靠几个抽象名词,在那里替他做护法门神的?人类受这种劣根性的遗毒,也尽够了。我们做学者事业的,做舆论家的生活的,正应该可怜人类的弱点,打破他们对于抽象名词的迷信,使他们以后不容易受这种抽象的名词的欺骗。所以我对于蓝君的推崇抽象性和人类的"神秘性",实在很不满意。蓝君是很有学者态度的人,他将来也许承认我这种不满意是不错的。

但是我们对于人类迷信抽象名词的弱点,该用什么方法去补救他呢？我的答案是：

多研究些具体的问题，少谈些抽象的主义。一切主义，一切学理，都该研究，但是只可认作一些假设的见解，不可认作天经地义的信条；只可认作参考印证的材料，不可奉为金科玉律的宗教；只可用作启发心思的工具，切不可用作蒙蔽聪明，停止思想的绝对真理。如此方才可以渐渐养成人类的创造的思想力，方才可以渐渐使人类有解决具体问题的能力，方才可以渐渐解放人类对于抽象名词的迷信。

民国八年七月

四论问题与主义[①]
——论输入学理的方法

上一期里,我已做了五千多字的《三论问题与主义》一篇文章。后来我觉得还有几点小意思,不曾发挥明白,故再说几句。

我虽不赞成现在的人空谈抽象的主义,但是我对于输入学说和思潮的事业,是极赞成的。我曾说过:

> 我们应该先从研究中国社会上,政治上,种种具体问题下手;有什么病,下什么药,诊察的时候,可以参考西洋先进国的历史和学说,用作一种"临症须知",开药方的时候,也可以参考西洋先进国的历史和学说,用作一种"验方新编"。

若要用这种参考的材料,我们自然不能不做一些输入的事业。但是输入学理,不是一件容易做到的事,做的不好,不但无益,反有大害。我对于输入学理的方法,颇有一点意见,写出来请大家研究是否可用。

(1)输入学说时应该注意那发生这种学说的时势情形。凡是有

[①] 本文原载一九一九年八月三十一日《每周评论》第三十七号。

生命的学说,都是时代的产儿,都是当时的某种不满意的情形所发生的。这种时势情形,乃是那学说所以出世的一个重要原因。若不懂得这种原因,便不能明白某人为什么要提倡某种主义。当时不满意的时势情形便是病症,当时发生的各种学说便是各位医生拟的脉案和药方。每种主义初起时,无论理想如何高超,无论是何种高远的乌托邦(例如柏拉图的《共和国》),都只是一种对症下药的药方。这些药方,有些是后来试验过的,有些是从来不曾试验过的。那些试验过的(或是大试,或是小试)药方,遇着别时别国大同小异的症状,也许可以适用,至少可以供一种参考。那些没有试验过的药方,功用还不能决定,至多只可以在大同小异的地方与时代,做一种参考的材料。但是若要知道一种主义,在何国何时是适用的,在何国何时是不适用的,我们须先知道那种主义发生的时势情形和社会政治的状态是个什么样子,然后可以有比较,然后可以下判断。譬如药方,若要知道某方是否可适用于某病,总得先知道当初开这方时的病状,究竟是个什么样子。当初诊察时的情形,写的越详细完备,那个药方的参考作用便越大。单有一个药方,或仅仅加上一个病名,是没有什么大用的,是有时或致误事的。一切学理主义,也是如此。一种主义发生时的社会政治情形越记的明白详细,那种主义的意义越容易懂得完全,那种主义的参考作用也就越大。所以我说输入学说时,应该注意那发生这种学说的时势情形。

(2)输入学说时应该注意"论主"的生平事实和他所受的学术影响。"论主"两个字,是从佛书上借来的,论主就是主张某种学说的人。例如"马克斯主义"的论主,便是马克斯。学说是时代的产儿,但是学说又还代表某人某人的心思见解。一样的病状,张医生说是肺炎,李医生说是肺痨。为什么呢?因张先生和李先生的经验不同,学力不齐,所受的教育不同,故见解不同。诊察时的判断不同,故药方也不同了。一样的时代,老聃的主张和孔丘不同。为什么呢?因为老聃和孔丘的个人才性不同,家世不同,所受教育经验不同,故他们的见解也不同。见解不同,故解决的方法也不同了。即如马克斯一个人的事迹,就是一个明显的例。我们研究马克斯主义的人,知道马克斯的学说,不但和当时的实业界情形,政治现状,法国的社会主义运动等等,有密切关系,并且和他一生的家世(如他是一个叛犹太教的犹太人等事实),所受的教育影响(如他少时研究历史法律,后来受海智儿一派的历史哲学影响等),都有绝大关系。还有马克斯以前一百年中的哲学思想,如十八世纪的进化论及唯物论等,都是马克斯主义的无形元素,我们也不能不研究。我们须要知道凡是一种主义,一种学说,里面有一部分是当日时势的产儿,一部分是论主个人的特别性情家世的自然表现,一部分是论主所受古代或同时的学说影响的结果。我们若不能仔细分别,必致把许多不相干的偶然的个人怪僻的分子,当作有永久价值的真理,那就上了古人的当了。我们对于论主的时势,固然应该注意,但是对于论主个人的事实与教育,也不可不注意。我们雇一个厨子,尚且要问他的家世经验,讨一个媳妇,尚且打听他的性情家教;何况现在介绍关于人生社会的重要主张,岂可不仔细研究论主的一生性情事实吗?

(3)输入学说时应该注意每种学说所已经发生的效果。上面所说的两种条件,都只是要我们注意所以发生某种学说的因缘。懂得这两层因缘,便懂得论主何以要提倡这种学说。但是这样还算不得真懂得这种主义的价值和功用。凡是主义,都是想应用的,无论是老聃的无为,或是佛家的四大皆空,都是想世间人信仰奉行的。那些已经充分实行,或是局部实行的主义,他们的价值功用,都可在他们实行时所发生的效果上分别出来。那些不曾实行的主义,虽然表面上没有效果可说,其实也有了许多效果,也发生了许多影响,不过我们不容易看出来罢了。因为一种主张,到了成为主义的地步,自然思想界,学术界,发生一种无形的影响,范围许多人的心思,变化许多人的言论行为,改换许多制度风俗的性质。这都是效果,并且是很重要的效果。即如老聃的学说未通行的时候,已能使孔丘不知不觉的承认"无为之治"的理想;墨家的学说虽然衰灭了,无形之中,已替民间的鬼神迷信,添了一种学理上的辩护,又把儒家提倡"乐教"的势力减了许多;又如法家的势力,虽然被儒家征服了,但以后的儒家,便不能不承认刑法的功用。这种效果,无论是好是坏的,都极重要,都是各种主义的意义之真实表现。我们观察这种效果,便可格外明白各种学说所涵的意义,便可格外明白各种学说的功用价值。即如马克斯主义的两个重要部分:一是唯物的历史观,一是阶级竞争说(他的"赢余价值说",是经济学的专门问题,此处不易讨论)。唯物的历史观,指出物质文明与经济组织在人类进化社会史上的重要,在史学上开一个新纪元,替社会学开无数门径,替政治学说开许多生路:这都是这种学说所涵意义的表现,不单是这学说本身在社会主义运动史上的关系了。这种唯物的历史观,能否证明社会主义的必然实现,现在已不成问题,因为现在社会主义的根据地,已不靠这种带着海智儿臭味的历史哲学了。但是这种历史观的附带影响——真意义——是不可埋没的。又如阶级战争说指出有产阶级与无产阶级不能并立的理由,在社会主义运动史与工党发展史上固然极重要。但是这种学说,太偏向申明"阶级的自觉心"一方面,无形之中养成一种阶级的仇视心,不但使劳动者认定资本家为不能并立的仇敌,并且使许多资本家也觉劳动者是一种敌人。这种仇视心的结果,使社会上本来应该互助而且可以互助的两种大势力,成为两座对垒的敌营,使许多建设的救济方法成为不可能,使历史上演出许多本不须有的惨剧。这种种效果固然是阶级竞争说本来的涵义,但是这些涵义实际表现的效果,都应该有公平的研究和评判,然后能把原来的主义的价值与功用一一的表示出来。

以上所说的三种方法,总括起来,可叫做"历史的态度"。凡对于每一种事物制度,总想寻出他的前因与后果,不把他当作一种来无踪去无影的孤立东西,这种态度是历史的态度。我希望中国的学者,对于一切学理,一切主义,都能用这种历史的态度去研究他们。

我且把上文所说三条作一个表:

$$\left.\begin{array}{l}\text{当日的时势}\\ \text{论主的才性}\\ \text{古代学说的影响}\\ \text{同时思潮的影响}\end{array}\right\} \text{主义} \left\{\begin{array}{l}\text{政治上的影响}\\ \text{社会上的影响}\\ \text{思想上的影响}\\ \text{他项影响}\end{array}\right.$$

这样输入的主义,一个个都是活人对于活问题的解释与解决,一个个都有来历可考,都有效果可寻。我们可拿每种主义的前因来说明那主义性质,再拿那主义所发生的种种效果来评判他的价值与功用。不明前因,便不能知道那主义本来是作什么用的;不明后果,便不能知道那主义是究竟能不能作什么用的。

输入学说的人,若能如此存心,也许可以免去现在许多一知半解,半生不熟,生吞活剥的主义的弊害。

民国八年七月

新生活①
——为《新生活》杂志第一期做的

哪样的生活可以叫做新生活呢?

我想来想去,只有一句话。新生活就是有意思的生活。

你听了,必定要问我,有意思的生活又是什么样子的生活呢?

我且先说一两件实在的事情做个样子,你就明白我的意思了。

前天你没有事做,闲的不耐烦了,你跑到街上一个小酒店里,打了四两白干,喝完了,又要四两,再添上四两。喝的大醉了,同张大哥吵了一回嘴,几乎打起架来。后来李四哥来把你拉开,你气忿忿的又要了四两白干,喝的人事不知,幸亏李四哥把你扶回去睡了。昨儿早上,你酒醒了,大嫂子把前天的事告诉你,你懊悔的很,自己埋怨自己:"昨儿为什么要喝那么多酒呢? 可不是糊涂吗。"

你赶上张大哥家去,作了许多揖,赔了许多不是,自己怪自己糊涂,请张大哥大量包涵。正说时,李四哥也来了,王三哥也来了。他们三缺一,要你陪他们打牌。你坐下来,打了十二圈牌,输了一百多吊钱。你回得家来,大嫂子怪你不该赌博,你又懊悔的很,自己怪自己道:"是呵,我为什么要陪他们打牌呢? 可不是糊涂吗。"

诸位,像这样子的生活,叫做糊涂生活,糊涂生活便是没有意思

---

① 本文原载于一九一九年八月二十四日《新生活》杂志第一期。

的生活。你做完了这种生活,回头一想,"我为什么要这样干呢"。你自己也回不出究竟为什么。

诸位,凡是自己说不出"为什么这样做"的事,都是没有意思的生活。

反过来说,凡是自己说得出"为什么这样做"的事,都可以说是有意思的生活。

生活的"为什么",就是生活的意思。

人同畜生的分别,就在这个"为什么"上。你到万牲园里去看那白熊一天到晚摆来摆去不肯歇,那就是没有意思的生活。我们做了人,应该不要学那些畜生的生活。畜生的生活只是糊涂,只是胡混,只是不晓得自己为什么如此做。一个人做的事应该件件事回得出一个"为什么"。

我为什么要干这个?为什么不干那个?回答得出,方才可算是一个人的生活。

我们希望中国人都能做这种有意思的新生活。其实这种新生活并不十分难,只消时时刻刻问自己为什么这样做,为什么不那样做,就可以渐渐的做到我们所说的新生活了。

诸位,千万不要说"为什么"这三个字是很容易的小事。你打今天起,每做一件事,便问一个为什么,——为什么不把辫子剪了?为什么不把大姑娘的小脚放了?为什么大嫂子脸上搽那么多的脂粉?为什么出棺材要用那么多叫化子?为什么娶媳妇也要用那么多叫化子?为什么骂人要骂他的爹妈?为什么这个?为什么那个?——你试办一两天,你就会觉得这三个字的趣味真是无穷无尽,这三个字的功用也无穷无尽。

诸位,我们恭恭敬敬的请你们来试试这种新生活。

民国八年八月

谈新诗[①]
——八年来一件大事

一

民国六年(一九一七)一月一日,《新青年》第二卷第五号出版,里面有我的朋友高一涵的一篇文章,题目是《一九一七年预想之革命》。他预想从那一年起中国应该有两种革命:一、于政治上应揭破贤人政治之真相,二、于教育上应打消孔教为修身大本之宪条。高君的预言,不幸到今日还不曾实现。"贤人政治"的迷梦总算打破了一点,但是打破他的,并不是高君所希望的"立于万民之后,破除自由的阻力,鼓舞自动之机能"的民治国家,乃是一种更坏更腐败更黑暗的武人政治。至于孔教为修身大本的宪法,依现今的思想趋势看来,这个当然不能成立;但是安福部的参议院已通过这种议案了,今年双十节的前八日北京还要演出一出徐世昌亲自祀孔的好戏!

但是同一号的《新青年》里,还有一篇文章,叫做《文学改良刍议》,是新文学运动的第一次宣言书。《新青年》的第二卷第六号接着发表了陈独秀君的《文学革命论》。后来七年四月里又有一篇《建设的文学革命论》。这一种文学革命的运动,在我的朋友高君做那

[①] 本文原载一九一九年十月十日《星期评论》纪念号。

篇《一九一七年预想之革命》时虽然还没有响动,但是自从一九一七年一月以来,这种革命——多谢反对党送登广告的影响——居然可算是传播得很广很远了。文学革命的目的是要替中国创造一种"国语的文学"——活的文学。这两年来的成绩,国语的散文是已过了辩论的时期,到了多数人实行的时期了。只有国语的韵文——所谓"新诗"——还脱不了许多人的怀疑。但是现在做新诗的人也就不少了。报纸上所载的,自北京到广州,自上海到成都,多有新诗出现。

这种文学革命预算是辛亥大革命以来的一件大事。现在《星期评论》出这个双十节的纪念号,要我做一万字的文章。我想,与其枉费笔墨去谈这八年来的无谓政治,倒不如让我来谈谈这些比较有趣味的新诗罢。

二

我常说,文学革命的运动,不论古今中外,大概都是从"文的形式"一方面下手,大概都是先要求语言文字文体等方面的大解放。欧洲三百年前各国国语的文学起来代替拉丁文学时,是语言文字的大解放;十八十九世纪法国嚣俄、英国华次活(Wordsworth)等人所提倡的文学改革,是诗的语言文字的解放;近几十年来西洋诗界的革命,是语言文字和文体的解放。这一次中国文学的革命运动,也是先要求语言文字和文体的解放。新文学的语言是白话的,新文学的文体是自由的,是不拘格律的。初看起来,这都是"文的形式"一方面的问题,算不得重要。却不知道形式和内容有密切的关系。形式上的束缚,使精神不能自由发展,使良好的内容不能充分表现。若想有一种新内容和新精神,不能不先打破那些束缚精神的枷锁镣铐。因此,中国近年的新诗运动可算得是一种"诗体的大解放"。因为有了这一层诗体的解放,所以丰富的材料,精密的观察,高深的理想,复杂的感情,方才能跑到诗里去。五七言八句的律诗决不能容丰富的材料,二十八字的绝句决不能写精密的观察,长短一定的七言五言决不能委婉达出高深的理想与复杂的感情。

最明显的例就是周作人君的《小河》长诗(《新青年》六卷二号)。这首诗是新诗中的第一首杰作,但是那样细密的观察,那样曲折的理想,决不是那旧式的诗体词调所能达得出的。周君的诗太长了,不便引证,我且举我自己的一首诗作例:

"应该"

他也许爱我,——也许还爱我,——
但他总劝我莫再爱他。
他常常怪我;
这一天,他眼泪汪汪的望着我,
说道:"你如何还想着我?
想着我,你又如何能对他?
你要是当真爱我,
你应该把爱我的心爱他,
你应该把待我的情待他。"
……
他的话句句都不错,——
上帝帮我!
我"应该"这样做!(《尝试集》二,五六。)

这首诗的意思神情都是旧体诗所达不出的。别的不消说,单说

"他也许爱我,——也许还爱我"这十个字的几层意思,可是旧体诗能表得出的吗?

再举康白情君的《窗外》:

> 窗外的闲月,
> 紧恋着窗内蜜也似的相思。
> 相思都恼了,
> 他还涎着脸儿在墙上相窥。
> 回头月也恼了,
> 一抽身儿就没了。
> 月倒没了,
> 相思倒觉着舍不得了。(《新潮》一,四。)

这个意思,若用旧诗体,一定不能说得如此细腻。

就是写景的诗,也必须有解放了的诗体,方才可以有写实的描画。例如杜甫诗"江天漠漠鸟飞去",何尝不好?但他为律诗所限,必须对上一句"风雨时时龙一吟",就坏了简单的风景,如"高台芳树,飞燕蹴红英,舞困榆钱自落"之类,还可用旧诗体描写。稍微复杂细密一点,旧诗就不够用了。如傅斯年君的《深秋永定门晚景》中的一段:(《新潮》一,二。)

> ……那树边,地边,天边,
> 如云,如水,如烟,
> 望不断,——一线。
> 忽地里扑喇喇一响,
> 一个野鸭飞去水塘,

> 仿佛像大车音浪,漫漫的工——东——哧。
> 又有种说不出的声息,若续若不响。

这一段的第六行,若不用有标点符号的新体,决做不到这种完全写实的地步。又如俞平伯君的《春水船》中的一段:(《新潮》一,四。)

> ……对面来了个纤人,
> 拉着个单桅的船徐徐移去。
> 双橹挂在舷唇,
> 皱面开纹,
> 活活水流不住。
> 船头晒着破网。
> 渔人坐在板上,
> 把刀劈竹拍拍的响。
> 船口立个小孩,又憨又蠢,
> 不知为什么?
> 笑眯眯痴看那黄波浪。……

这种朴素真实的写景诗乃是诗体解放后最足使人乐观的一种现象。

  以上举的几个例,都可以表示诗体解放后,诗的内容之进步。我们若用历史进化的眼光来看中国诗的变迁,便可看出自《三百篇》到现在,诗的进化没有一回不是跟着诗体的进化来的。《三百篇》中虽然也有几篇组织很好的诗如"氓之蚩蚩""七月流火"之类;又有几篇很妙的长短句,如"坎坎伐檀兮""园有桃"之类;但是《三百篇》究竟还不曾完全脱去"风谣体"(Ballad)的简单组织。直到南方的骚赋文学发生,方才有伟大的长篇韵文。这是一次解放。但是骚赋体用兮些等字煞尾，停顿太多又太长，太不自然了。故汉以后的五七言古诗删除没有意思的煞尾字，变成贯串篇章，便更自然了。若不经过这一变，决不能产生《焦仲卿妻》，《木兰辞》一类的诗。这是二次解放。五七言成为正宗诗体以后，最大的解放莫如从诗变为词。七五言诗是不合语言之自然的，因为我们说话决不能句句是五字或七字。诗变为词，只是从整齐句法变为比较自然的参差句法。唐五代的小词虽然格调很严格，已比五七言诗自然的多了。如李后主的"剪不断，理还乱，是离愁。别有一般滋味在心头。"这已不是诗体所能做得到的了。试看晁补之的《蓦山溪》：

……愁来不醉，不醉奈愁何？
汝南周，东阳沈，
劝我如何醉？

这种曲折的神气，决不是五七言诗能写得出的。又如辛稼轩的《水龙吟》：

……落日楼头，断鸿声里，江南游子，
把吴钩看了，阑干拍遍，
无人会，登临意。

这种语气也决不是五七言的诗体能做得出的。这是三次解放。宋以后，词变为曲，曲又经过几多变化，根本上看来，只是逐渐删除词体里所剩下的许多束缚自由的限制，又加上词体所缺少的一些东西如衬字套数之类。但是词曲无论如何解放，终究有一个根本的大拘束；词曲的发生是和音乐合并的，后来虽有可歌的词，不必歌的曲，但是始终不能脱离"调子"而独立,始终不能完全打破词曲谱的限制。直到近来的诗发生,不但打破五言七言的诗体,并且推翻词调曲谱的种种束缚;不拘格律,不拘平仄,不拘长短;有什么题目,做什么诗;诗该怎样做,就怎样做。这是第四次的诗体大解放。这种解放,初看去似乎很激烈,其实只是《三百篇》以来的自然趋势。自然趋势逐渐实现,不用有意的鼓吹去促进他,那便是自然进化。自然趋势有时被人类的习惯性守旧性所阻碍,到了该实现的时候均不实现,必须用有意的鼓吹去促进他的实现,那便是革命了。一切文物制度的变化,都是如此的。

三

上文我说新体诗是中国诗自然趋势所必至的,不过加上了一种有意的鼓吹,使他于短时期内猝然实现,故表面上有诗界革命的神气。这种议论很可以从现有的新体诗里寻出许多证据。我所知道的"新诗人",除了会稽周氏弟兄之外,大都是从旧式诗、词、曲里脱胎出来的。沈尹默君初作的新诗是从古乐府化出来的。例如他的《人力车夫》(《新青年》四,一):

日光淡淡,白云悠悠,
风吹薄冰,河水不流。
出门去,雇人力车。街上行人,往来很多;车马纷纷,
　　不知干些什么。
人力车上人,个个穿棉衣,个个袖手坐,还觉风吹来,
　　身上冷不过。
车夫单衣已破,他却汗珠儿颗颗往下堕。

稍读古诗的人都能看出这首诗是得力于《孤儿行》一类的古乐府的。我自己的新诗,词调很多,这是不用讳饰的。例如前年做的《鸽子》(《尝试集》二,二六):

  云淡天高,好一片晚秋天气!
  有一群鸽子,在空中游戏。
  看他们三三两两,
    回环来往,
    夷犹如意,——
  忽地里,翻身映日,白羽衬青天,鲜明无比!

就是今年做诗,也还有带着词调的。例如《送叔永回四川》的第二段(《尝试集》二,五一):

  你还记得,我们暂别又相逢,正是赫贞春好?
  记得江楼同远眺,云影渡江来,惊起江头鸥鸟?
  记得江边石上,同坐看潮回,浪声遮断人笑?
  记得那回同访友,日冷风横,林里陪他听松啸?

懂得词的人,一定可以看出这四长句用的是四种词调里的句法。这首诗的第三段便不同了:

  这回久别再相逢,便又送你归去,未免太匆匆!
  多亏得天意多留你两日,使我做得诗成相送。
  万一这首诗赶得上远行人,

多替我说声"老任珍重珍重!"

这一段便是纯粹新体诗。此外新潮社的几个新诗人——傅斯年,俞平伯,康白情——也都是从词曲里变化出来的,故他们初做的新诗都带着词或曲的意味音节。此外各报所载的新诗,也很多带着词调的。例太多了,我不能遍举,且引最近一期的《少年中国》(第二期)里周无君的《过印度洋》:

> 圆天盖着大海,黑水托着孤舟。
> 也看不见山,那天边只有云头。
> 也看不见树,那水上只有海鸥。
> 哪里是非洲?哪里是欧洲?
> 我美丽亲爱的故乡却在脑后!
> 怕回头,怕回头,
> 一阵大风,雪浪上船头,
> 飕飕,吹散一天云雾一天愁。

这首诗很可表示这一半词一半曲的过渡时代了。

四

我现在且谈新体诗的音节。

现在攻击新诗的人,多说新诗没有音节。不幸有一些做新诗的人也以为新诗可以不注意音节。这都是错的。攻击新诗的人,他们自己不懂得"音节"是什么,以为句脚有韵,句里有"平平仄仄""仄仄平平"的调子,就是有音节了。中国字的收声不是韵母(所谓阴声),便是鼻音(所谓阳声),除了广州入声之外,从没有用他种声母收声的。因此,中国的韵最宽。句尾用韵真是极容易的事,所以古人有"押韵便是"的挖苦话。押韵乃是音节上最不重要的一件事。至于句中的平仄,也不重要。古诗"相去日已远,衣带日已缓。浮云蔽白日,游子不顾返",音节何等响亮?但是用平仄写出来便不能读了:

　　平仄仄仄仄,平仄仄仄仄。
　　平平仄仄仄,平仄仄仄仄。

又如陆放翁:

　　我生不逢柏梁建章之宫殿,安得峨冠侍游宴?

头上十一个字是"仄平仄平仄平仄平平平仄",读起来何以觉得音节很好呢?这是因为一来这一句的自然语气是一气贯注下来的;二来呢,因为这十一个字里面,逢宫叠韵,梁章叠韵,不柏双声,建宫双声,故更觉得音节和谐了。

　　诗的音节全靠两个重要分子:一是语气的自然节奏,二是每句内部所用字的自然和谐。至于句末的韵脚,句中的平仄,都是不重要的事。语气自然,用字和谐,就是句末无韵也不要紧。例如上文引晁补之的词:"愁来不醉,不醉奈愁何?汝南周,东阳沈,劝我如何醉?"这二十个字,语气又曲折,又贯串,故虽隔开五个"小顿"方才用韵,读的人毫不觉得。

　　新体诗中也有用旧体诗词的音节方法来做的。最有功效的例是沈尹默君的"三弦"(《新青年》五,二):

> 中午时候,火一样的太阳,没法去遮拦,让他直晒长街上。静悄悄少人行路;只有悠悠风来,吹动路旁杨树。
>
> 谁家破大门里,半院子绿茸茸细草,都浮着闪闪的金光。旁边有一段低低的土墙,挡住了个弹三弦的人,却不能隔断那三弦鼓荡的声浪。
>
> 门外坐着一个穿破衣裳的老年人,双手抱着头,他不声不响。

这首诗从见解意境上和音节上看来,都可算是新诗中一首最完全的诗。看他第二段"旁边"以下一长句中,旁边是双声;有、一是双声;段,低,低,的,土,挡,弹,的,断,荡,的,十一个都是双声。这十一个字都是"端透定"(D,T)的字,模写三弦的声响,又把"挡""弹""断""荡"四个阳声的字和七个阴声的双声字(段、低、低、的、土、的、的)参错夹用,更显出三弦的抑扬顿挫。苏东坡把韩退之"听琴诗"改为送弹琵琶的词,开端是"呢呢儿女语,灯火夜微明,恩冤尔汝来去,弹指泪和声。"他头上连用五个极短促的阴声字,接着用一个阳声的"灯"字,下面"恩冤尔汝"之后,又用一个阳声的"弹"字,也是用同样的方法。

吾自己也常用双声叠韵的法子来帮助音节的和谐。例如《一颗星儿》一首(《尝试集》二,五三):

> 我喜欢你这颗顶大的星儿,
> 可惜我叫不出你的名字。
> 平日月明时,
> 月光遮尽了满天星,总不能遮住你。

今天风雨后,闷沉沉的天气,
我望遍天边,寻不见一点半点光明,
回转头来,
只有你在那杨柳高头依旧亮晶晶地。

这首诗"气"字一韵以后,隔开三十三个字方才有韵,读的时候全靠"遍,天,边,见,点,半,点",一组叠韵字,(遍,边,半,明,又是双声字),和"有,柳,头,旧"一组叠韵字夹在中间,故不觉得"气""地"两韵隔开那么远。

这种音节方法,是旧诗音节的精彩(参看清代周春的《杜诗双声叠韵谱》),能够容纳在新诗里,固然也是好事。但是这是新旧过渡时代的一种有趣味的研究,并不是新诗音节的全部。新诗大多数的趋势,依我们看来,是朝着一个公共方向走的。那个方向便是"自然的音节"。

自然的音节是不容易解说明白的。我且分两层说:

第一,先说"节"——就是诗句里面的顿挫段落。旧体的五七言诗是两个字为一"节"的。随便举例如下:

风绽——雨肥——梅(两节半)

江间——波浪——兼天——涌(三节半)

王郎——酒酣——拔剑——斫地——歌——莫哀(五节半)

我生——不逢——柏梁——建章——之——宫殿(五节半)

又——不得——身在——荥阳——京索——间(四节外两个破节)

终——不似——一朵——钗头——颤袅——向人——欹侧（六节半）

新体诗句子的长短，是无定的；就是句里的节奏，也是依着意义的自然区分与文法的自然区分来分析的。白话里的多音字比文言多得多，并且不只两个字的联合，故往往有三个字为一节，或四五个字为一节的。例如：

　　万一——这首诗——赶得上——远行人。
　　门外——坐着——一个——穿破衣裳的——老年人。
　　双手——抱着头——他——不声——不响。
　　旁边——有一段——低低的——土墙——挡住了个——弹三弦的人。
　　这一天——他——眼泪汪汪的——望着我——说道——
　　你如何——还想着我？——想着我——你又如何——能对他？

　　第二，再说"音"，——就是诗的声调。新诗的声调有两个要件：一是平仄要自然，二是用韵要自然。白话里的平仄，与诗韵里的平仄有许多大不相同的地方。同一个字，单独用来是仄声，若同别的字连用，成为别的字的一部分，就成了很轻的平声了。例如"的"字，"了"字，都是仄声字，在"扫雪的人"和"扫净了东边"里，便不成仄声了。我们简直可以说，白话诗里只有轻重高下，没有严格的平仄。例如周作人君的"两个扫雪的人"（《新青年》六，三）的两行：

> 祝福你扫雪的人！
> 我从清早起，在雪地里行走，不得不谢谢你。

"祝福你扫雪的人"上六个字都是仄声，但是读起来自然有个轻重高下。"不得不谢谢你"六个字又都是仄声，但是读起来也有个轻重高下。又如同一首诗里有"一面尽扫，一面尽下"八个字都是仄声，但读起来不但不拗口，并且有一种自然的音调。白话诗的声调不在平仄的调剂得宜，全靠这种自然的轻重高下。

至于用韵一层，新诗有三种自由：第一，用现代的韵，不拘古韵，更不拘平仄韵。第二，平仄可以互相押韵，这是词曲通用的例，不单是新诗如此。第三，有韵固然好，没有韵也不妨。新诗的声调既在骨子里，——在自然的轻重高下，在语气的自然区分，——故有无韵脚都不成问题。例如周作人君的《小河》虽然无韵，但是读起来自然有很好的声调，不觉得是一首无韵诗。我且举一段如下：

> ……小河的水是我的好朋友，
> 他曾经稳稳的流过我面前，
> 我对他点头，他对我微笑，
> 我愿他能够放出了石堰，
> 仍然稳稳的流着，
> 向我们微笑……

又如周君的"两个扫雪的人"中一段：

> ……一面尽扫，一面尽下：
> 扫净了东边，又下满了西边；

> 扫开了高地,又填平了洼地。

这是用内部词句的组织来帮助音节,故读时不觉得是无韵诗。

内部的组织,——层次,条理,排比,章法,句法,——乃是音节的最重要方法。我的朋友任叔永说,"自然二字也要点研究"。研究并不是叫我们去讲究那些"蜂腰""鹤膝""合掌"等等玩意儿,乃是要我们研究内部的词句应该如何组织安排,方才可以发生和谐的自然音节。我且举康白情君的《送客黄浦》一章(《少年中国》二)作例:

> 送客黄浦,
> 我们都攀着缆,——风吹着我们的衣服,——
> 站在没遮拦的船边楼上。
> 看看凉月丽空,
> 才显出淡妆的世界。
> 我想世界上只有光,
> 只有花,
> 只有爱!
> 我们都谈着,——
> 谈到日本二十年来的戏剧,
> 也谈到"日本的光,的花,的爱"的须磨子。
> 我们都相互的看着。
> 只是寿昌有所思,
> 他不看着我,
> 他不看着别的那一个。
> 这中间充满了别意,
> 但我们只是初次相见。

五

我这篇随便的诗谈做得太长了,我且略谈"新诗的方法",作一个总结的收场。

有许多人曾问我做新诗的方法,我说,做新诗的方法根本上就是做一切诗的方法;新诗除了"诗体的解放"一项之外,别无他种特别的做法。

这话说得太笼统了。听的人自然又问,那么做一切诗的方法究竟是怎样呢?

我说,诗须要用具体的做法,不可用抽象的说法。凡是好诗,都是具体的;越偏向具体的,越有诗意诗味。凡是好诗,都能使我们脑子里发生一种——或许多种——明显逼人的影像。这便是诗的具体性。

李义山诗"历览前贤国与家,成由勤俭败由奢",这不成诗。为什么呢?因为他用的是几个抽象的名词,不能引起什么明了浓丽的影像。

"绿垂红折笋,风绽雨肥梅"是诗。"芹泥垂燕嘴,蕊粉上蜂须"是诗。"四更山吐月,残夜水明楼"是诗。为什么呢?因为他们都能引起鲜明扑人的影像。

"五月榴花照眼明"是何等具体的写法!

"鸡声茅店月,人迹板桥霜"是何等具体的写法!

"枯藤老树昏鸦,小桥流水人家,古道西风瘦马,夕阳西下,——断肠人在天涯!"这首小曲里有十个影像,连成一串,并作一片萧瑟的空气,这是何等具体的写法!

以上举的例都是眼睛里起的影像。还有引起听官里的明了感觉的。例如上文引的"呢呢儿女语,灯火夜微明,恩冤尔汝来去,弹指泪和声。"是何等具体的写法!

还有能引起读者浑身的感觉的。例如姜白石词,"暝入西山,渐唤我一叶夷犹乘兴。"这里面"一叶夷犹"四个合口的双声字,读的时候使我们觉得身在小舟里,在镜平的湖水上荡来荡去。这是何等具体的写法。再进一步说,凡是抽象的材料,格外应该用具体的写法。看《诗经》的《伐檀》:

> 坎坎伐檀兮,置之河之干兮,
> 河水清且涟猗,——
> 不稼不穑,胡取禾三百廛兮!
> 不狩不猎,胡瞻尔庭有县貆兮!

社会不平等是一个抽象的题目,你看他却用如此具体的写法。

又如杜甫的"石壕吏",写一天晚上一个远行客人在一个人家寄宿,偷听得二个捉差的公人同一个老太婆的谈话。寥寥一百二十个字,把那个时代的征兵制,战祸,民生痛苦,种种抽象的材料,都一齐描写出来了这是何等具体的写法!

再看白乐天的"新乐府",那几篇好的——如《折臂翁》,《卖炭翁》,《上阳宫人》——都是具体的写法。那几篇抽象的议论——如《七德舞》,《司天台》,《采诗官》,——便不成诗了。

现在报上登的许多新体诗,很多不满人意的。我仔细研究起来,那些不满人意的诗,犯的都是一个大毛病,——抽象的题目用抽象的写法。

那些我不认得的诗人做的诗,我不便乱批评。我且举一个朋友的诗做例。傅斯年君在《新潮》四号里做了一篇散文,叫做《一段疯

话》,结尾两行说道:

> 我们最当敬重的是疯子,最当亲爱的是孩子。疯子是我们的老师,
> 孩子是我们的朋友。我们带着孩子,跟着疯子走,走向光明去。

有一个人在北京《晨报》里投稿,说傅君最后的十六个字是诗不是文。后来《新潮》五号里傅君有一首"前倨后恭"的诗,——一首很长的诗。我看了说,这是文,不是诗。何以前面的文是诗,后面的诗反是文呢?因为前面那十六个字是具体的写法,后面的长诗是抽象的题目用抽象的写法。我且抄那诗中的一段,就可明白了:

> 倨也不由他,恭也不由他——
> 你还赧也。
> 向你倨,你也不削一块肉;向你恭,你也不长一块肉。
> 况且终竟他要向你变的,理他呢!

这种抽象的议论是不会成为好诗的。

再举一个例。《新青年》六卷四号里面沈尹默君的两首诗。一首是《赤裸裸》:

> 人到世间来,本来是赤裸裸,
> 本来没污浊,却被衣服重重的裹着,这是为什么?
> 难道清白的身不好见人吗?那污浊的,裹着衣服,就算免了耻辱吗?

他本想用具体的比喻来攻击那些作伪的礼教,不料结果还是一篇抽象的议论,故不成为好诗。还有一首《生机》:

> 刮了两日风,又下了几阵雪。
> 山桃虽是开着却冻坏了夹竹桃的叶。
> 地上的嫩红芽,更僵了发不出。
> 人人说天气这般冷,
> 草木的生机恐怕都被摧折;
> 谁知道那路旁的细柳条,
> 他们暗地里却一齐换了颜色!

这种乐观,是一个很抽象的题目,他却用最具体的写法,故是一首好诗。

我们徽州俗话说人自己称赞自己的是"戏台里喝彩"。我这篇谈新诗里常引我自己的诗做例,也不知犯了多少次"戏台里喝彩"的毛病。现在且再犯一次,举我的《老鸦》做一个"抽象的题目用具体的写法"的例罢:

> 我大清早起,
> 站在人家屋角上哑哑的啼。
> 人家讨嫌我,
> 说我不吉利;
> 我不能呢呢喃喃讨人家的欢喜!

八年,十月

什么是文学[1]
——答钱玄同

我尝说:"语言文字都是人类达意表情的工具;达意达的好,表情表的妙,便是文学。"

但是怎样才是"好"与"妙"呢?这就很难说了。我曾用最浅近的话说明如下:"文学有三个要件:第一要明白清楚,第二要有力能动人,第三要美。"

因为文学不过是最能尽职的语言文字,因为文学的基本作用(职务)还是"达意表情",故第一个条件是要把情或意,明白清楚的表出达出,使人懂得,使人容易懂得,使人决不会误解。

请看下例:

> 蘗坞芝房,一点中池,生来易惊。笑金钗卜就,先能断决;犀珠镇后,才得和平。楼响登难,房空怯最,三斗除非借酒倾。芳名早,唤狗儿吹笛,伴取歌声。
>
> 沉忧何事牵情?悄不觉人前太息轻。怕残灯枕外,帘旌蝙拂;幽期夜半,腮户鸡鸣。愁髓频寒,回肠易碎,长是心头苦暗并。天边月,纵团圆如镜,难照分明。

---

[1] 本文最初收入上海亚东图书馆一九二一年十二月初版《胡适文存》。

这首《沁园春》是从《曝书亭集》卷二十八,页八,抄出来的。你是一位大学的国文教授,你可看得懂他"咏"的是什么东西吗?若是你还看不懂,那么,他就通不过这第一场"明白"("懂得性")的试验。他是一种玩意儿,连"语言文字"的基本作用都够不上,哪配称为"文学"!

懂得还不够。还要人不能不懂得;懂得了,还要人不能不相信,不能不感动。我要他高兴,他不能不高兴;我要他哭,他不能不哭;我要他崇拜我,他不能不崇拜我;我要他爱我,他不能不爱我。这是"有力"。这个,我可以叫他做"逼人性"。

我又举一个例:

血府当归生地桃,
红花甘草壳赤芍,
柴胡芎桔牛膝等,
血化下行不作劳。

这是《血府逐瘀汤》的歌诀。这一类的文字,只有"记帐"的价值,绝不能"动人",绝没有"逼人"的力量,故也不能算文学。大多数的中国旧"文学",如碑版文字,如平铺直叙的史传,都属于这一类。

我读齐镈文,书阙乏左证,独取圣祂字,古谊藉以正。亲殇称考妣,从女疑非敬。说文有祂字,乃训祀司命。此文两皇祂,配祖义相应。幸得三代物,可与淡长诤。……(李慈铭《齐子中姜镈歌》)

这一篇你(大学的国文教授)看了一定大略明白,但他决不能感动你,决不能使你有情感上的感动。

第三是"美"。我说,孤立的美,是没有的。美就是"懂得性"(明白)与"逼人性"(有力)二者加起来自然发生的结果。例如"五月榴花照眼明"一句,何以"美"呢?美在用的是"明"字。我们读这个"明"字不能不发生一树鲜明逼人的榴花的印象。这里面含有两个分子:一、明白清楚,二、明白之至,有逼人而来的"力"。

再看《老残游记》的一段:

> 那南面山上,一条白光,映着月色,分外好看。一层一层的山岭,却分辨不清;又有几片白云在里面,所以分不出是云是山,乃至定睛看去,方才看出哪是云哪是山来。虽然云是白的,山也是白的,云有亮光,山也有亮光;只因为月在云上,云在月下,所以云的亮光从背后透过来。那山却不然的;山的亮光由月光照到山上,被那山上的雪反射过来,所以光是两样了。然只稍近的地方如此。那山望东去,越望越远,天也是白的,山也是白的,云也是白的,就分辨不出来。

这一段无论是何等顽固古文家都不能不承认是"美"。美在何处呢?也只是两个分子:第一是明白清楚;第二是明白清楚之至,故有逼人而来的影像。除了这两个分子之外,还有什么孤立的"美"吗?没有了。

你看我这个界说怎样?我不承认什么"纯文"与"杂文"。无论什么文(纯文与杂文、韵文与非韵文)都可分作"文学的"与"非文学的"两项。

杜威先生与中国[①]

杜威先生今天离开北京,起程归国了。杜威先生于民国八年五月一日——"五四"的前三天——到上海,在中国共住了两年零两月。中国的地方他到过并且讲演过的,有奉天,直隶,山西,山东,江苏,江西,湖北,湖南,浙江,福建,广东十一省。他在北京的五种长期讲演录已经过第十版了,其余各种小讲演录——如山西的,南京的,北京学术讲演会的,——几乎数也数不清楚了!我们可以说,自从中国与西洋文化接触以来,没有一个外国学者在中国思想界的影响有杜威先生这样大的。

我们还可以说,在最近的将来几十年中,也未必有别个西洋学者在中国的影响可以比杜威先生还大的。这句预言初听了似乎太武断了。但是我们可以举两个理由:

第一,杜威先生最注重的是教育的革新,他在中国的讲演也要算教育的讲演为最多。当这个教育破产的时代,他的学说自然没有实行的机会。但他的种子确已散布不少了。将来各地的"试验学校"渐渐的发生,杜威的教育学说有了试验的机会,那才是杜威哲学开花结子的时候呢!现在的杜威,还只是一个盛名;十年二十年后的杜威,变成了无数杜威式的试验学校,直接或间接影响全中国的

[①] 本文原载一九二一年七月十日《东方杂志》十八卷十三号。

教育,那种影响不应该比现在更大千百倍吗?

第二,杜威先生不曾给我们一些关于特别问题的特别主张,——如共产主义,无政府主义,自由恋爱之类,——他只给了我们一个哲学方法,使我们用这个方法去解决我们自己的特别问题。他的哲学方法,总名叫做"实验主义";分开来可作两步说:

一,历史的方法——"祖孙的方法"　他从来不把一个制度或学说看作一个孤立的东西,总把他看作一个中段:一头是他所发生的原因,一头是他自己发生的效果;上头有他的祖父,下面有他的子孙。捉住了这两头,他再也逃不出去了!这个方法的应用,一方面是很忠厚宽恕的,因为他处处指出一个制度或学说所以发生的原因,指出他的历史的背景,故能了解他在历史上占的地位与价值,故不致有过分的苛责。一方面,这个方法又是最严厉的,最带有革命性质的,因为他处处拿一个学说或制度所发生的结果来评判他本身的价值,故最公平,又最厉害。这种方法是一切带有评判(Critical)精神的运动的一个重要武器。

二,实验的方法　实验的方法至少注重三件事:(一)从具体的事实与境地下手;(二)一切学说理想,一切知识,都只是待证的假设,并非天经地义;(三)一切学说与理想都须用实行来试验过;实验是真理的唯一试金石。第一件,——注意具体的境地,——使我们免去许多无谓的假问题,省去许多无意义的争论。第二件,——一切学理都看作假设,——可以解放许多"古人的奴隶"。第三件,——实验,——可以稍稍限制那上天下地的妄想冥思。实验主义只承认那一点一滴做到的进步,——步步有智慧的指导,步步有自动的实验——才是真进化。

特别主张的应用是有限的,方法的应用是无穷的。杜威先生虽去了,他的方法将来一定会得更多的信徒。国内敬爱杜威先生的人若都能注意于推行他所提倡的这两种方法,使历史的观念与实验的态度渐渐的变成思想界的风尚与习惯,那时候,这种哲学的影响之大,恐怕我们最大胆的想象力也还推测不完呢。

因为这两种理由,我敢预定:杜威先生虽去,他的影响仍旧永永存在,将来还要开更灿烂的花,结更丰盛的果。

杜威先生真爱中国,真爱中国人;他这两年之中,对我们中国人,他是我们的良师好友;对于国外,他还替我们做了两年的译人与辩护士。他在《新共和国》(The New Republic)和《亚细亚》(Asia)两个杂志上发表的几十篇文章,都是用最忠实的态度对于世界为我们作解释的。因为他的人格高尚,故世界的人对于他的评判几乎没有异议(除了朴兰德 Bland 一流的妄人)。杜威这两年来对中国尽的这种义务,真应该受我们很诚恳的感谢。

我们对于杜威先生一家的归国,都感觉很深挚的别意。我们祝他们海上平安!

十,七,十一

十七年的回顾[①]

我于前清光绪三十年的二月间从徽州到上海求那当时所谓"新学"。我进梅溪学堂后不到两个月,《时报》便出版了。那时正当日俄战争初起的时候,全国的人心大震动。但是当时的几家老报纸仍旧做那长篇的古文论说,仍旧保守那遗传下来的老格式与老办法,故不能供给当时的需要。就是那比较稍新的《中外日报》也不能满足许多人的期望。《时报》应此时势而产生。他的内容与办法也确然能够打破上海报界的许多老习惯,能够开辟许多新法门,能够引起许多新兴趣。因此《时报》出世之后不久就成了中国智识阶级的一个宠儿。几年之后《时报》与学校几乎成了不可分离的伴侣了。

我那年只有十四岁,求知的欲望正盛,又颇有一点文学的兴趣,因此我当时对于《时报》的感情比对于别报都更好些。我在上海住了六年,几乎没有一天不看《时报》的。我记得有一次《时报》征求报上登的一部小说的全份,似乎是《火里罪人》,我也是送去应征的许多人中的一个。我当时把《时报》上的许多小说诗话笔记长篇的专著都剪下来分粘成小册子,若有一天的报遗失了,我心里便不快乐,总想设法把他补起来。

我现在回想当时我们那些少年人何以这样爱恋《时报》呢?我

[①] 本文最初发表于一九二一年十月十日的《时报》上。

想有两个大原因：

第一，《时报》的短评在当日是一种创体，做的人也聚精会神的大胆说话，故能引起许多人的注意，故能在读者脑筋里发生有力的影响。我记得《时报》产生的第一年里有几件大案子：一件是周生有案，一件是大闹会审公堂案。《时报》对于这几件事都有很明决的主张，每日不但有"冷"的短评，有时还有几个人的签名短评，同时登出。这种短评在现在已成了日报的常套了，在当时却是一种文体的革新。用简短的词句，用冷隽明利的口吻，几乎逐句分段，使读者一目了然，不消费工夫去点句分段，不消费工夫去寻思考索。当日看报人的程度还在幼稚时代，这种明快冷刻的短评正合当时的需要。我还记得当周生有案快结束的时候，我受了《时报》短评的影响，痛恨上海道袁树勋的丧失国权，曾和两个同学写了一封长信去痛骂他。这也可见《时报》当日对于一般少年人的影响之大。这确是《时报》的一大贡献。我们试看这种短评，在这十七年来，逐渐变成了中国报界的公用文体，这就可见他们的用处与他们的魔力了。

第二，《时报》在当日确能引起一般少年人的文学兴趣。中国报纸登载小说大概最早的要算徐家汇的《汇报》。那时我还没有出世呢。但《汇报》登的小说一大部分后来汇刻为《兰苕馆外史》，都是《聊斋》式的怪异小说，没有什么影响。戊戌以后，杂志里时时有译著的小说出现。专提倡小说的杂志也有了几种，例如《新小说》及《绣像小说》（商务）。日报之中只有《繁华报》（一种"花报"），逐日登载李伯元的小说。那些"大报"好像还不屑做这种事业。（这一点我不敢断定，我那时年纪太小了，看的报又不多，不知《时报》以前的大报有没有登小说的。）那时的几个大报大概都是很干燥枯寂的，他们至多不过能做一两篇合于古文义法的长篇论说罢了。《时报》出世以后每日登载"冷"或"笑"译著的小说，有时每日有两种冷血先生的白话小说，在当时译界中确要算很好的译笔。他有时自己也做一两篇短篇小说，如福尔摩斯来华侦探案等，也是中国人做新体短篇小说最早的一段历史。《时报》登的许多小说之中，《双泪碑》最风行。但依我看来，还应该推那些白话译本为最好。这些译本如《销金窟》之类，用很畅达的文笔，作很自由的翻译，在当时最为适用。倘《几道山恩仇记》（Count of Monte Eristo）全书都能像《销金窟》（此乃《恩仇记》的一部分）这样的译出，这部名著在中国一定也会成了一部"家喻户晓"的小说了。《时报》当日还有"平等阁诗话"一栏，对于现代诗人的介绍，选择很精。诗话虽不如小说之风行，也很能引起许多人的文学兴趣。我关于现代中国诗的知识差不多都是先从这部诗话里引起的。

我们可以说《时报》的第二个大贡献是为中国日报界开辟一种带文学兴趣的"附张"。自从《时报》出世以来，这种文学附张的需要也渐渐的成为日报界公认的了。

这两件都是比较最大的贡献。此外如专电及要闻，分别轻重，参用大小字，如专电的加多等等，在当日都是日报界的革新事业，在今日也都成为习惯，不觉得新鲜了。我们若回头去研究这许多习惯的由来，自不能不承认《时报》在中国日报史上的大功劳。简单说来，《时报》的贡献是在十七年前发起了几件重要的新改革。这几件新改革因为适合时代的需要，故后来的报纸也不能不尽量采用，就渐渐的变成中国日报不可少的制度了。

我是同《时报》做了六年好朋友的人，庚戌去国以后，虽然不能有从前的亲密，但也时常相见；现在看见《时报》长大成了一个十七岁的少年，我自然很欢喜。我回想我从前十四岁到十九岁的六年之中——一个人最重要最容易感化的时期——受了《时报》的许多好影响，故很高兴的把我少年时对于《时报》的关系写出来，指出他对于当时读者和对于中国报界的贡献,作为《时报》的一段小史,并且表示我感谢他祝贺他的微意。

但是我们当此庆贺的纪念,与其追念过去的成功,远不如悬想将来的进步。过去的成绩只应该鼓励现在的人努力造一个更大更好的将来,这是"时"字的教训。倘若过去的光荣只使后来的人增加自满的心,不再求进步,那就像一个辛苦积钱的人成了家私之后天天捧着元宝玩弄,岂不成了一个守钱虏了吗?

我们都知道时代是常常变迁的,往往前一时代的需要,到了后一时代便不适用了。《时报》当日应时势的需要,为日报界开了许多法门,但当日所谓"新"的,现在已成旧习惯了,当日所谓"时"的,现在早已过时了。《时报》在当日是报界的先锋,但十七年来旧报都改新了,新报也出了不少了,当日的先锋在今日竟同着大队按步徐行了。大队今日之赶上先锋,自然未必不是先锋的功劳,但做先锋的人还应该努力向前争这个"先锋"的位置。我今年在上海时曾和《时报》的一位先生谈话,他说,"日报不当做先锋,因为日报是要给大多数人看的。"这位先生也是当日做先锋的人,这句话未免使我大失望。我以为日报因为是给大多数人看的,故最应该做先锋,故最适宜于做先锋。何以最适宜呢?因为日报能普及许多人,又可用"旦旦而伐之"的死工夫,故日报的势力最难抵抗,最易发生效果。何以最应该呢?因为日报既是这样有力的一种社会工具,若不肯做先锋,若自甘随着大队同行,岂不是放弃了一种大责任?岂不是错过了一个好机会?岂不是辜负了一种大委托吗?

即如《时报》早年的历史,便是一个明显的例。《时报》在当日为什么不跟着大家做长篇的古文论说呢?为什么要改作短评呢?为什么要加添文学的附录呢?《时报》倡出这种种制度之后,十几年之中,全国的日报都跟着变了,全国的看报人也不知不觉的变了。那几十万的读者,十几年来,从没有一个人出来反对某报某报体例的变更的。这就可见那大多数看报的人虽然不免有点天然的惰性,究竟抵不住"旦旦而伐之"的提倡力。假使《申报》今天忽然大变政策,大谈社会主义,难道那看《申报》的人明天就会不看《申报》了吗?又假使《新闻报》明天忽然大变政策,一律改用白话,难道那看《新闻报》的人后天就会不看《新闻报》了吗?我可以说:"决不会的。"看报人的守旧性乃是主笔先生的疑心暗鬼。主笔先生自己丧失了"先锋"的锐气,故觉得社会上多数人都不愿他努力向前。譬如戴绿眼镜的人看着一切东西都变绿了,如果他要知道荷花是红的,金子是黄的,他须得把这副绿眼镜除下来试试看。今天是《时报》新屋落成的纪念,也是他除旧布新的一个转机,我这个同《时报》一块长大的小时朋友,对他的祝词,只是:"《时报》是做过先锋的,是一个立过大功的先锋,我希望他不必抛弃了先锋的地位,我希望他发愤向前努力替社会开先路,正如他在十七年前替中国报界开了许多先路!"

十,十,三。北京

差不多先生传[1]

你知道中国最有名的人是谁?

提起此人,人人皆晓,处处闻名。他姓差,名不多,是各省各县各村人氏。你一定见过他,一定听过别人谈起他。差不多先生的名字天天挂在大家的口头,因为他是中国全国人的代表。

差不多先生的相貌和你和我都差不多。他有一双眼睛,但看的不很清楚;有两只耳朵,但听的不很分明;有鼻子和嘴,但他对于气味和口味都不很讲究。他的脑子也不小,但他的记性却不很精明,他的思想也不很细密。

他常常说:"凡事只要差不多,就好了。何必太精明呢?"

他小的时候,他妈叫他去买红糖,他买了白糖回来。他妈骂他,他摇摇头说:"红糖白糖不是差不多吗?"

他在学堂的时候,先生问他:"直隶省的西边是哪一省?"

他说是陕西。先生说:"错了。是山西,不是陕西。"

他说:"陕西同山西,不是差不多吗?"

后来他在一个钱铺里做伙计;他也会写,也会算,只是总不会精细。十字常常写成千字,千字常常写成十字。掌柜的生气了,常常骂他。他只是笑嘻嘻地赔小心道:"千字比十字只多一小撇,不是差

---

[1] 本文最早发表于一九二四年六月二十八日《申报·平民周刊》第一期。

不多吗?"

有一天,他为了一件要紧的事,要搭火车到上海去。他从从容容地走到火车站,迟了两分钟,火车已开走了。他白瞪着眼,望着远远的火车上的煤烟,摇摇头道:"只好明天再走了,今天走同明天走,也还差不多。可是火车公司未免太认真了。八点三十分开,同八点三十二分开,不是差不多吗?"他一面说,一面慢慢地走回家,心里总不明白为什么火车不肯等他两分钟。

有一天,他忽然得了急病,赶快叫家人去请东街的汪医生,那家人急急忙忙地跑去,一时寻不着东街的汪大夫,却把西街牛医王大夫请来了。差不多先生病在床上,知道寻错了人;但病急了,身上痛苦,心里焦急,等不得了,心里想道:"好在王大夫同汪大夫也差不多,让他试试看罢。"于是这位牛医王大夫走近床前,用医牛的法子给差不多先生治病。不上一点钟,差不多先生就一命呜呼了。

差不多先生差不多要死的时候,一口气断断续续地说道:"活人同死人也差……差……差不多……凡事只要……差……差不多……就……好了,……何……何……必……太……太认真呢?"他说完了这句格言,方才绝气了。

他死后,大家都很称赞差不多先生样样事情看得破,想得通;大家都说他一生不肯认真,不肯算帐,不肯计较,真是一位有德行的人。于是大家给他取个死后的法号,叫他做圆通大师。

他的名誉越传越远,越久越大。无数无数的人都学他的榜样。于是人人都成了一个差不多先生。——然而中国从此就成为一个懒人国了。

读　书[①]

"读书"这个题,似乎很平常,也很容易。然而我却觉得这个题目很不好讲。据我所知,"读书"可以有三种说法:

（一）要读何书　关于这个问题,《京报副刊》上已经登了许多时候的"青年必读书",但是这个问题,殊不易解决,因为个人的见解不同,个性不同。各人所选只能代表各人的嗜好,没有多大的标准作用。所以我不讲这一类的问题。

（二）读书的功用　从前有人作《读书乐》,说什么"书中自有千钟粟,书中自有黄金屋,书中自有颜如玉",现在我们不说这些话了。要说,读书是求知识,知识就是权力。这些话都是大家会说的,所以我也不必讲。

（三）读书的方法　我今天是要想根据个人所经验,同诸位谈谈读书的方法。我的第一句话是很平常的,就是说,读书有两个要素:

第一要精,

第二要博。

现在先说什么叫"精"。

我们小的时候读书,差不多每个小孩都有一条书签,上面写十

[①]　本文原载一九二五年十二月《学生杂志》十二卷十二号。

个字,这十个字最普遍的就是"读书三到:眼到,口到,心到"。现在这种书签虽不用,三到的读书法却依然存在。不过我以为(读书)三到是不够的;(须有四到,是:"眼到,口到,心到,手到。")我就拿它来说一说。

眼到是要个个字认得,不可随便放过。这句话起初看去似乎很容易,其实很不容易。读中国书时,每个字的一笔一画都不放过。近人费许多工夫在校勘学上,都因古人忽略一笔一画而已。读外国书要把 ABCD……等字母弄得清清楚楚,所以说这是很难的。如有人翻译英文,把 port 看作 pork,把 oats 看作 oaks,于是葡萄酒一变而为猪肉,小草变成了大树。说起来这种例子很多,这都是眼睛不精细的结果。书是文字做成的,不肯仔细认字,就不必读书。眼到对于读书的关系很大,一时眼不到,贻害很大,并且眼到能养成好习惯,养成不苟且的人格。

口到是一句一句要念出来。前人说口到是要念到烂熟背得出来。我们现在虽不提倡背书,但有几类的书,仍旧有熟读的必要;如心爱的诗歌,如精彩的文章,熟读多些,于自己的作品上也有良好的影响。读此外的书,虽不须念熟,也要一句一句念出来,中国书如此,外国书更要如此。念书的功用能使我们格外明了每一句的构造,句中各部分的关系。往往一遍念不通,要念两遍以上,方才能明白的。读好的小说尚且要如此,何况读关于思想学问的书呢?

心到是每章、每句、每字意义如何?何以如是?这样用心考究。但是用心不是叫人枯坐冥想,是要靠外面的设备及思想的方法的帮助。要做到这一点,须要有几个条件:

(一)字典,辞典,参考书等等工具要完备。这几样工具虽不能办到,也应当到图书馆去看。我个人的意见是奉劝大家,当衣服,卖田地,至少要置备一点好的工具。比如买一本韦氏大字典,胜于请几个先生。这种先生终身跟着你,终身享受不尽。

(二)要做文法上的分析。用文法的知识,做文法上的分析,要懂得文法构造,方才懂得它的意义。

(三)有时要比较参考,有时要融会贯通,方能了解。不可但看字面。一个字往往有许多意义,读者容易上当。例如 turn 这字:

作外动字解有十五解,

作内动字解有十三解,

作名词解有二十六解,

共五十四解,而成语不算。

又如 strike:

作外动字解有三十一解,

作内动字解有十六解,

作名词解有十八解,

共六十五解。

又如 go 字最容易了,然而这个字:

作内动字解有二十二解,

作外动字解有三解,

作名词解有九解,

共三十四解。

以上是英文字须要加以考究的例。英文字典是完备的;但是某一字在某一句究竟用第几个意义呢?这就非比较上下文,或贯串全篇,不能懂了。

中文较英文更难,现在举几个例:

祭文中第一句"维某年月日"之"维"字,究作何解?字典上说它是虚字。《诗经》里"维"字有二百多,必须细细比较研究,然后知道这个字有种种意义。

又《诗经》之"于"字,"之子于归"、"凤凰于飞"等句,"于"字究作何解?非仔细考究是不懂的。又"言"字人人知道,但在《诗经》中就发生问题,必须比较,然后知"言"字为连接字。诸如此例甚多。中国古书很难读,古字典又不适用,非是用比较归纳的研究方法,我们如何懂得呢?

总之,读书要会疑,忽略过去,不会有问题,便没有进益。

宋儒张载说:"读书先要会疑。于不疑处有疑,方是进矣。"他又说:"在可疑而不疑者,不会学。学则须疑。"又说:"学贵心悟,守旧无功。"

宋儒程颐说:"学原于思。"

这样看起来,读书要求心到;不要怕疑难,只怕没有疑难。工具要完备,思想要精密,就不怕疑难了。

现在要说手到。手到就是要劳动劳动你的贵手,读书单靠眼到,口到,心到,还不够的;必须还得自己动动手,才有所得。例如:

(1)标点分段,是要动手的。

(2)翻查字典及参考书,是要动手的。

(3)做读书札记,是要动手的。札记又可分四类:

(a)抄录备忘。

(b)作提要,节要。

(c)自己记录心得。张载说:"心中苟有所开,即便札记。不则还塞之矣。"

(d)参考诸书,融会贯通,作有系统的著作。

手到的功用。我常说:发表是吸收知识和思想的绝妙方法。吸收进来的知识思想,无论是看书来的,或是听讲来的,都只是模糊零碎,都算不得我们自己的东西。自己必须做一番手脚,或做提要,或做说明,或做讨论,自己重新组识过,申叙过,用自己的语言记述过，——那种知识思想方才可算是你自己的了。

我可以举一个例。你也会说"进化",他也会谈"进化",但你对于"进化"这个观念的见解未必是很正确的,未必是很清楚的;也许只是一种"道听途说",也许只是一种时髦的口号。这种知识算不得知识,更算不得是"你的"知识。假如你听了我的话,不服气,今晚回去就去遍翻各种书籍,仔细研究进化论的科学上的根据;假使你翻了几天书之后,发愤动手,把你研究所得写成一篇读书札记;假使你真动手写了这么一篇《我为什么相信进化论?》的札记,列举了:

（一）生物学上的证据,

（二）比较解剖学上的证据,

（三）比较胚胎学上的证据,

（四）地质学和古生物学上的证据,

（五）考古学上的证据,

（六）社会学和人类学上的证据。

到这个时候,你所有关于"进化论"的知识,经过了一番组织安排,经过了自己的去取叙述,这时候这些知识方才可算是你自己的了。所以我说,发表是吸收的利器;又可以说,手到是心到的法门。

至于动手标点,动手翻字典,动手查书,都是极要紧的读书秘诀,诸位千万不要轻轻放过。内中自己动手翻书一项尤为要紧。我记得前几年我曾劝顾颉刚先生标点姚际恒的《古今伪书考》,当初我知道他的生活困难,希望他标点一部书付印,卖几个钱。那部书是很薄的一本,我以为他一两个星期就可以标点完了。那知顾先生一去半年,还不曾交卷。原来他于每条引的书,都去翻查原书,仔细校对,注明出处,注明原书卷第,注明删节之处。他动手半年之后,来对我说,《古今伪书考》不必付印了,他现在要编辑一部疑古的丛书,叫做"辨伪丛刊"。我很赞成他这个计划,让他去动手。他动手了一两年之后,更进步了,又超过那"辨伪丛刊"的计划了,他要自己创作了。他前年以来,对于中国古史,做了许多辨伪的文字;他眼前的成绩早已超过崔述了,更不要说姚际恒了,顾先生将来在中国史学界的贡献一定不可限量,但我们要知道他成功的最大原因是他的手到的工夫勤而且精。我们可以说,没有动手不勤快而能读书的,没有手不到而能成学者的。

第二要讲什么叫"博"。

什么书都要读,就是博。古人说:"开卷有益",我也主张这个意思,所以说读书第一要精,第二要博。我们主张"博"有两个意思:

第一,为预备参考资料计,不可不博。

第二,为做一个有用的人计,不可不博。

第一,为预备参考资料计。

在座的人,大多数是戴眼镜的。诸位为什么要戴眼镜?岂不是因为戴了眼镜,从前看不见的,现在看得见了;从前很小的,现在看得很大了;从前看不分明的,现在看得清楚分明了?王荆公说得最好:

> 世之不见全经久矣。读经而已,则不足以知经。故某自百家诸子之书,至于《难经》、《素问》、《本草》诸小说,无所不读;农夫女工,无所不问;然后于经为能知其大体而无疑。盖后世学者与先王之时异矣;不如是,不足以尽圣人故也。……致其知而后读,以有所去取,故异学不能乱也。惟其不能乱,故能有所去取者,所以明吾道而已。(《答曾子固》)

他说:"致其知而后读。"又说:"读经而已,则不足以知经。"即如《墨子》一书在一百年前,清朝的学者懂得此书还不多。到了近来,有人知道光学,几何学,力学,工程学……等,一看《墨子》,才知道其中有许多部分是必须用这些科学的知识方才能懂的。后来有人知道了论理学,心理学……等,懂得《墨子》更多了;读别种书愈多,《墨子》愈懂得多。

所以我们也说,读一书而已则不足以知一书。多读书,然后可以专读一书。譬如读《诗经》,你若先读了北大出版的《歌谣周刊》,便觉《诗经》好懂的多了;你若先读过社会学,人类学,你懂得更多了;你若先读过文字学,古音韵学,你懂得更多了,你若读过考古学,比较宗教学等,你懂得的更多了。

你要想读佛家唯识宗的书吗?最好多读点论理学,心理学,比较宗教学,变态心理学。

无论读什么书总要多配几副好眼镜。

你们记得达尔文研究生物进化的故事吗?达尔文研究生物演变的现状,前后凡三十多年,积了无数材料,想不出一个单简贯串的说明。有一天他无意中读马尔图斯的人口论,忽然大悟生存竞争的原则,于是得着物竞天择的道理,遂成一部破天荒的名著,给后世思想界打开一个新纪元。

所以要博学者,只是要加添参考的材料,要使我们读书时容易得"暗示";遇着疑难时,东一个暗示,西一个暗示,就不至于呆读死书了。这叫做"致其知而后读"。

第二,为做人计。

专工一技一艺的人,只知一样,除此之外,一无所知。这一类的人影响于社会很少,好有一比,比一根旗竿,只是一根孤拐,孤单可怜。

又有些人广泛博览,而一无所专长,虽可以到处受一班贱人的欢迎,其实也是一种废物。这一类人,也好有一比,比一张很大的薄纸,禁不起风吹雨打。

在社会上,这两种人都是没有什么大影响,为个人计,也很少乐趣。

理想中的学者,既能博大,又能精深。精深的方面,是他的专门学问。博大的方面,是他的旁搜博览。博大要几乎无所不知,精深要几乎惟他独尊,无人能及。他用他的专门学问做中心,次及于直接相关的各种学问,次及于间接相关的各种学问,次及于不很相关的各种学问,以次及毫不相关的各种泛览。这样的学者,也有一比,比埃及的金字三角塔。那金字塔(据最近《东方杂志》,第二十二卷第六号,页一四七)高四百八十英尺,底边各边长七百六十四英尺。塔的最高度代表最精深的专门学问;从此点以次递减,代表那旁收博览的各种相关或不相关的学问。塔底的面积代表博大的范围,精深的造诣,博大的同情心。这样的人,对社会是极有用的人才,对自己也能充分享受人生的趣味。宋儒程颢说的好:

须是大其心使开阔:譬如为九层之台,须大做脚始得。

博学正所以"大其心使开阔"。我曾把这番意思编成两句粗浅的口号,现在拿出来贡献给诸位朋友,作为读书的目标:

为学要如金字塔,
要能广大要能高。

十四,四,二十二夜改稿

庐山游记[①]（节选）

十七，四，九

昨夜大雨，终夜听见松涛声与雨声，初不能分别，听久了才分得出有雨时的松涛与雨止时的松涛，声势皆很够震动人心，使我终夜睡眠甚少。

早起雨已止了，我们就出发。从海会寺到白鹿洞的路上，树木很多，雨后青翠可爱。满山满谷都是杜鹃花，有两种颜色，红的和轻紫的，后者更鲜艳可喜。去年过日本时，樱花已过，正值杜鹃花盛开，颜色种类很多，但多在公园及私人家宅中见之，不如今日满山满谷的气象更可爱。因作绝句记之：

> 长松鼓吹寻常事，最喜山花满眼开。
> 嫩紫鲜红都可爱，此行应为杜鹃来。

到白鹿洞。书院旧址前清时用作江西高等农业学校，添有校舍，建筑简陋潦草，真不成个样子。农校已迁去，现设习林事务所。附近大松树都钉有木片，写明保存古松第几号。此地建筑虽极不堪，然洞外风景尚好。有小溪，浅水急流，铮淙可听；溪名贯道溪，上

[①] 本文原载一九二八年五月《新月》一卷三号。

有石桥,即贯道桥,皆朱子起的名字。桥上望见洞后诸松中一松有紫藤花直上到树杪,藤花正盛开,艳丽可喜。

白鹿洞本无洞;正德中,南康守王溱开后山作洞,知府何濬凿石鹿置洞中。这两人真是大笨伯!

白鹿洞在历史上占一个特殊地位,有两个原因。第一,因为白鹿洞书院是最早的一个书院。南唐升元中(九三七—九四二)建为庐山国学,置田聚徒,以李善道为洞主。宋初因置为书院,与睢阳、石鼓、岳麓三书院并称为"四大书院",为书院的四个祖宗。第二,因为朱子重建白鹿洞书院,明定学规,遂成后世几百年"讲学式"的书院的规模。宋末以至清初的书院皆属于这一种。到乾隆以后,朴学之风气已成,方才有一种新式的书院起来;阮元所创的诂经精舍、学海堂,可算是这种新式书院的代表。南宋的书院祀北宋周、邵、程诸先生;元明的书院祀程朱;晚明的书院多祀阳明;王学衰后,书院多祀程朱。乾嘉以后的书院乃不祀理学家而改祀许慎、郑玄等。所祀的不同便是这两大派书院的根本不同。

朱子立白鹿洞书院在淳熙己亥(一一七九),他极看重此事,曾札上丞相说:

> 愿得比祠官例,白鹿洞主,假之稍廪,使得终与诸生讲习其中,犹愈于崇奉异教香火,无事而食也。(《志》八,页二,引《洞志》。)

他明明指斥宋代为道教宫观设祠宫的制度,想从白鹿洞开一个儒门创例来抵制道教。他后来奏对孝宗,申说请赐书院额,并赐书的事,说:

今老佛之宫布满天下,大都逾百,小邑亦不下数十,而公私增益势犹未已。至于学校,则一郡一邑仅置一区;附郭之县又不复有。盛衰多寡相悬如此!(同上,页三。)

这都可见他当日的用心。他定的《白鹿洞规》,简要明白,遂成为后世七百年的教育宗旨。

庐山有三处史迹代表三大趋势:(一)慧远的东林,代表中国"佛教化"与佛教"中国化"的大趋势。(二)白鹿洞,代表中国近世七百年的宋学大趋势。(三)牯岭,代表西方文化侵入中国的大趋势。

从白鹿洞到万杉寺。古为庆云庵,为"律"居,宋景德中有大超和尚手种杉树万株,天圣中赐名万杉。后禅学盛行,遂成"禅寺"。南宋张孝祥有诗云:

老干参天一万株,庐山佳处着浮图。只因买断山中景,破费神龙百斛珠。(《志》五,页六十四,引《程史》。)

今所见杉树,粗仅如瘦腕,皆近年种的。有几株大樟树,其一为"五爪樟",大概有三四百年的生命了;《指南》说"皆宋时物",似无据。

从万杉寺西行约二三里,到秀峰寺。吴氏《旧志》无秀峰寺,只有开先寺。毛德琦《庐山新志》(康熙五十九年成书。我在海会寺买得一部,有同治十年,宣统二年,民国四年补版。我的日记内注的卷页数,皆指此本)说:

康熙丁亥(一七〇七)寺僧超渊往淮迎驾,御书秀峰寺赐额,改今名。

开先寺起于南唐中主李璟。李璟年少好文学,读书于庐山;后来先主代杨氏而建国,李璟为世子,遂嗣位。他想念庐山书堂,遂于其地立寺,因有开国之祥,故名为开先寺,以绍宗和尚主之。宋初赐名开先华藏;后有善暹,为禅门大师,有众数百人。至行瑛,有治事才,黄山谷称"其材器能立事,任人役物如转石于千仞之溪,无不如意"。行瑛发愿重新此寺。

> 开先之屋无虑四百楹,成于瑛世者十之六,穷壮极丽,迄九年乃即功。(黄庭坚《开先禅院修造记》,《志》五,页十六至十八。)

此是开先极盛时。康熙间改名时,皇帝赐额,赐御书《心经》,其时"世之人无不知有秀峰"(郎廷极《秀峰寺记》,《志》五,页六至七),其时也可称是盛世。到了今日,当时所谓"穷壮极丽"的规模只剩败屋十几间,其余只是颓垣废址了。读书台上有康熙帝临米芾书碑,尚完好;其下有石刻黄山谷书《七佛偈》,及王阳明正德庚辰(一五二〇)三月"纪功题名碑",皆略有损坏。

寺中虽颓废令人感叹,然寺外风景则绝佳,为山南诸处的最好风景。寺址在鹤鸣峰下,其西为龟背峰,又西为黄石岩,又西为双剑峰,又西南为香炉峰,都欹奇可喜。鹤鸣与龟背之间有马尾泉瀑布,双剑之左有瀑布水;两个瀑泉遥遥相对,平行齐下,下流入壑,汇合为一水,迸出山峡中,遂成最著名的青玉峡奇景。水流出峡,入于龙潭。昆三与祖望先到青玉峡,徘徊不肯去,叫人来催我们去看。我同梦旦到了那边,也徘徊不肯离去。峡上石刻甚多,有米芾书"第一山"大字,今钩摹作寺门题榜。

徐凝诗"今古长如白练飞,一条界破青山色",即是咏瀑布水的。李白《瀑布泉》诗也是指此瀑。《旧志》载瀑布水的诗甚多,但总没有能使人满意的。

由秀峰往西约十二里,到归宗寺。我们在此午餐,时已下午三点多钟,饿的不得了。归宗寺为庐山大寺,也很衰落了。我向寺中借得《归宗寺志》四卷,是民国甲寅先勤本坤重修的,用活字排印,错误不少,然可供我们参考。

我们吃了饭,往游温泉。温泉在柴桑桥附近,离归宗寺约五六里,在一田沟里,雨后沟水浑浊,微见有两处起水泡,即是温泉。我们下手去试探,一处颇热,一处稍减。向农家买得三个鸡蛋,放在两处,约七八分钟,因天下雨了,取出鸡蛋,内里已温而未熟。田陇间有新碑,我去看,乃是星子县的告示,署民国十五年,中说,接康南海先生函述在此买田十亩,立界碑为记的事。康先生去年死了。他若不死,也许能在此建立一所浴室。他买的地横跨温泉的两岸。今地为康氏私产,而业归海会寺管理,那班和尚未必有此见识作此事了。

此地离栗里不远,但雨已来了,我们要赶回归宗,不能去寻访陶渊明的故里了。道上见一石碑,有"柴桑桥"大字。《旧志》已说"渊明故居,今不知处"(四,页七)。桑乔《疏》说,去柴桑桥一里许有渊明的醉石(四,页六)。《旧志》又说,醉石谷中有五柳馆,归去来馆。归去来馆是朱子建的,即在醉石之侧。朱子为手书颜真卿《醉石诗》,并作长跋,皆刻石上,其年月为淳熙辛丑(一一八一)七月(四,页八)。此二馆今皆不存,醉石也不知去向了。庄百俞先生《庐山游记》说他曾访醉石,乡人皆不知。记之以告后来的游者。

今早轿上读《旧志》所载宋周必大《庐山后录》,其中说他访栗里,求醉石,土人直云,"此去有陶公祠,无栗里也"(十四,页十八)。南宋时已如此,我们在七百年后更不易寻此地了,不如阙疑为上。《后录》有云:

> 尝记前人题诗云:
> 　　五字高吟酒一瓢,庐山千古想风标。
> 　　至今门外青青柳,不为东风肯折腰。
> 惜乎不记其姓名。

我读此诗,忽起一感想:陶渊明不肯折腰,为什么却爱那最会折腰的柳树? 今日从温泉回来,戏用此意作一首诗:

陶渊明同他的五柳

当年有个陶渊明,不惜性命只贪酒。
骨硬不能深折腰:弃官回来空两手。
瓮中无米琴无弦,老妻娇儿赤脚走。
先生吟诗自嘲讽,笑指篱边五株柳:
"看他风里尽低昂! 这样腰肢我无有。"

晚上在归宗寺过夜。

中国公学十八年级毕业赠言[①]

诸位毕业同学:你们现在要离开母校了,我没有什么礼物送给你们,只好送你们一句话罢。

这一句话是:"不要抛弃学问。"以前的功课也许有一大部分是为了这张毕业文凭,不得已而做的,从今以后,你们可以依自己的心愿去自由研究了。趁现在年富力强的时候,努力做一种专门学问。少年是一去不复返的,等到精力衰时,要做学问也来不及了。即为吃饭计,学问决不会辜负人的。吃饭而不求学问,三年五年之后,你们都要被后进少年淘汰掉的。到那时再想做点学问来补救,恐怕已太晚了。

有人说:"出去做事之后,生活问题急须解决,那有工夫去读书?即使要做学问,既没有图书馆,又没有实验室,那能做学问?"

我要对你们说:凡是要等到有了图书馆方才读书的,有了图书馆也不肯读书。凡是要等到有了实验室方才做研究的,有了实验室也不肯做研究。你有了决心要研究一个问题,自然会撙衣节食去买书,自然会想出法子来设置仪器。

至于时间,更不成问题。达尔文一生多病,不能多作工,每天只能做一点钟的工作。你们看他的成绩!每天花一点钟看十页有用

[①] 本文最初刊载于一九二九年中国公学毕业纪念册。

的书,每年可看三千六百多页书;三十年可读十一万页书。

诸位,十一万页书可以使你成一个学者了。可是,每天看三种小报也得费你一点钟的工夫;四圈麻将也得费你一点半钟的光阴。看小报呢?还是打麻将呢?还是努力做一个学者呢?全靠你们自己的选择!

易卜生说:"你的最大责任是把你自己这块材料铸造成器。"

学问便是铸器的工具。抛弃了学问便是毁了你自己。

再会了!你们的母校眼睁睁地要看你们十年之后成什么器。

十八,六,廿五

我的母亲[①]

我小时身体弱,不能跟着野蛮的孩子们一块儿玩。我母亲也不准我和他们乱跑乱跳。小时不曾养成活泼游戏的习惯,无论在什么地方,我总是文绉绉的。所以家乡老辈都说我"像个先生样子",遂叫我做"穈先生"。这个绰号叫出去之后,人都知道三先生的小儿子叫做穈先生了。既有"先生"之名,我不能不装出点"先生"样子,更不能跟着顽童们"野"了。有一天,我在我家八字门口和一班孩子"掷铜钱",一位老辈走过,见了我,笑道:"穈先生也掷铜钱吗?"我听了羞愧得面红耳热,觉得太失了"先生"的身份!

大人们鼓励我装先生样子,我也没有嬉戏的能力和习惯,又因为我确是喜欢看书,故我一生可算是不曾享过儿童游戏的生活。每年秋天,我的庶祖母同我到田里去"监割"(顶好的田,水旱无忧,收成最好,佃户每约田主来监割,打下谷子,两家平分),我总是坐在小树下看小说。十一二岁时,我稍活泼一点,居然和一群同学组织了一个戏剧班,做了一些木刀竹枪,借得了几副假胡须,就在村口田里做戏。我做的往往是诸葛亮、刘备一类的文角儿;只有一次我做史文恭,被花荣一箭从椅子上射倒下去,这算是我最活泼的玩艺儿了。

我在这九年(一八九五——一九〇四)之中,只学得了读书写字两

[①] 本文选自《胡适自传》,黄山书社一九八六年版。

件事。在文字和思想的方面,不能不算是打了一点底子。但别的方面都没有发展的机会。有一次我们村里"当朋"(八都凡五村,称为"五朋",每年一村轮着做太子会,名为"当朋"),筹备太子会,有人提议要派我加入前村的昆腔队里学习吹笙或吹笛。族里长辈反对,说我年纪太小,不能跟着太子会走遍五朋。于是我便失掉了这学习音乐的唯一机会。三十年来,我不曾拿过乐器,也全不懂音乐;究竟我有没有一点学音乐的天资,我至今还不知道。至于学图画,更是不可能的事。我常常用竹纸蒙在小说书的石印绘像上,摹画书上的英雄美人。有一天,被先生看见了,挨了一顿大骂,抽屉里的图画都被搜出撕毁了。于是我又失掉了学做画家的机会。

但这九年的生活,除了读书看书之外,究竟给了我一点做人的训练。在这一点上,我的恩师便是我的慈母。

每天天刚亮时,我母亲便把我喊醒,叫我披衣坐起。我从不知道她醒来坐了多久了。她看我清醒了,便对我说昨天我做错了什么事,说错了什么话,要我认错,要我用功读书。有时候她对我说父亲的种种好处,她说:"你总要踏上你老子的脚步。我一生只晓得这一个完全的人,你要学他,不要跌他的股。"(跌股便是丢脸,出丑。)她说到伤心处,往往掉下泪来。到天大明时,她才把我的衣服穿好,催我去上早学。学堂门上的锁匙放在先生家里;我先到学堂门口一望,便跑到先生家里去敲门。先生家里有人把锁匙从门缝里递出来,我拿了跑回去,开了门,坐下念生书。十天之中,总有八九天我是第一个去开学堂门的。等到先生来了,我背了生书,才回家吃早饭。

我母亲管束我最严。她是慈母兼任严父。但她从来不在别人面前骂我一句,打我一下。我做错了事,她只对我一望,我看见了她的严厉眼光,便吓住了。犯的事小,她等到第二天早晨我睡醒时才教训我。犯的事大,她等到晚上人静时,关了房门,先责备我,然后行罚,或罚跪,或拧我的肉。无论怎样重罚,总不许我哭出声音来。她教训儿子不是借此出气叫别人听的。

有一个初秋的傍晚,我吃了晚饭,在门口玩,身上只穿着一件单背心。这时候我母亲的妹子玉英姨母在我家住,她怕我冷了,拿了一件小衫出来叫我穿上。我不肯穿,她说:"穿上吧,凉了。"我随口回答:"娘(凉)什么!老子都不老子呀。"我刚说了这一句,一抬头,看见母亲从家里走出,我赶快把小衫穿上。但她已听见这句轻薄的话了。晚上人静后,她罚我跪下,重重的责罚了一顿。她说:"你没了老子,是多么得意的事!好用来说嘴!"她气的坐着发抖,也不许我上床去睡。我跪着哭,用手擦眼泪,不知擦进了什么微菌,后来足足害了一年多的眼翳病。医来医去,总医不好。我母亲心里又悔又急,听说眼翳可以用舌头舔去,有一夜她把我叫醒,真用舌头舔我的病眼。这是我的严师,我的慈母。

我母亲二十三岁做了寡妇,又是当家的后母。这种生活的痛苦,我的笨笔写不出一万分之一二。家中财政本不宽裕,全靠二哥在上海经营调度。大哥从小便是败子,吸鸦片烟,赌博,钱到手就光,光了便回家打主意,见了香炉便拿出去卖,捞着锡茶壶便拿出去押。我母亲几次邀了本家长辈来,给他定下每月用费的数目。但他总不够用,到处都欠下烟债赌债。每年除夕我家中总有一大群讨债的,每人一盏灯笼,坐在大厅上不肯去。大哥早已避出去了。大厅的两排椅子上满满的都是灯笼和债主。我母亲走进走出,料理年夜饭,谢灶神,压岁钱等事,只当做不曾看见这一群人。到了近半夜,快要"封门"了,我母亲才走后门出去,央一位邻舍本家到我家来,每一家债户开发一点钱。做好做歹的,这一群讨债的才一个一个提着灯笼走出去。一会儿,大哥敲门回来了。我母亲从不骂他一句。并且因为是新年,她脸上从不露出一点怒色。这样的过年,我过了六七次。

大嫂是个最无能而又最不懂事的人,二嫂是个很能干而气量很窄小的人。她们常常闹意见,只因为我母亲的和气榜样,她们还不曾有公然相骂相打的事。她们闹事时,只是不说话,不答话,把脸放下来,叫人难看;二嫂生气时,脸色变青,更是怕人。她们对我母亲闹气时,也是如此。我起初全不懂得这一套,后来也渐渐懂得看人的脸色了。我渐渐明白,世间最可厌恶的事莫如一张生气的脸;世间最下流的事莫如把生气的脸摆给旁人看。这比打骂还难受。

我母亲的气量大,性子好,又因为做了后母后婆,她更事事留心,事事格外容忍。大哥的女儿比我只小一岁,她的饮食衣服总是和我的一样。我和她有小争执,总是我吃亏,母亲总是责备我,要我事事让她。后来大嫂二嫂都生了儿子了,她们生气时便打骂孩子来出气,一面打,一面用尖刻有刺的话骂给别人听。我母亲只装做不听见。有时候,她实在忍不住了,便悄悄走出门去,或到左邻立大嫂家去坐一会,或走后门到后邻度嫂家去闲谈。她从不和两个嫂子吵一句嘴。

每个嫂子一生气,往往十天半个月不歇,天天走进走出,板着脸,咬着嘴,打骂小孩子出气。我母亲只忍耐着,忍到实在不可再忍的一天,她也有她的法子。这一天的天明时,她便不起床,轻轻的哭一场。她不骂一个人,只哭她的丈夫,哭她自己苦命,留不住她丈夫来照管她。她先哭时,声音很低,渐渐哭出声来。我醒了起来劝她,她不肯住。这时候,我总听得见前堂(二嫂住前堂东房)或后堂(大嫂住后堂西房)有一扇房门开了,一个嫂子走出房向厨房走去。不多一会,那位嫂子来敲我们的房门了。我开了房门,她走进来,捧着一碗热茶,送到我母亲床前,劝她止哭,请她喝口热茶。我母亲慢慢停住哭声,伸手接了茶碗。那位嫂子站着劝一会,才退出去。没有一句话提到什么人,也没有一个字提到这十天半个月来的气脸,然而各人心里明白,泡茶进来的嫂子总是那十天半个月来闹气的人。奇怪的很,这一哭之后,至少有一两个月的太平清静日子。

　　我母亲待人最仁慈,最温和,从来没有一句伤人感情的话。但她有时候也很有刚气,不受一点人格上的侮辱。我家五叔是个无正业的浪人,有一天在烟馆里发牢骚,说我母亲家中有事总请某人帮忙,大概总有什么好处给他。这句话传到了我母亲耳朵里,她气的大哭,请了几位本家来,把五叔喊来,她当面质问他,她给了某人什么好处。直到五叔当众认错赔罪,她才罢休。

　　我在我母亲的教训之下住了九年,受了她的极大极深的影响。我十四岁(其实只有十二岁零两三个月)便离开她了,在这广漠的人海里独自混了二十多年,没有一个人管束过我。如果我学得了一丝一毫的好脾气,如果我学得了一点点待人接物的和气,如果我能宽恕人,体谅人,——我都得感谢我的慈母。

十九,十一,廿一夜

追悼志摩[①]

悄悄的我走了，
　正如我悄悄的来；
我挥一挥衣袖，
　不带走一片云彩。

（《再别康桥》）

志摩这一回真走了！可不是悄悄的走。在那淋漓的大雨里，在那迷蒙大雾里，一个猛烈的大震动，三百匹马力的飞机碰在一座终古不动的山上，我们的朋友额上受了一个致命的创伤，大概立刻失去了知觉，半空中起了一团大火，像天上陨了一颗大星似的直掉下地去。我们的志摩和他的两个同伴就死在那烈焰里了！

我们初得着他的死信，却不肯相信，都不信志摩这样一个可爱的人会死的这么惨酷。但在那几天的精神大震撼稍稍过去之后，我们忍不住要想，那样的死法也许只有志摩最配。我们不相信志摩会"悄悄的走了"，也不忍想志摩会死一个"平凡的死"，死在天空之中——大雨淋着，大雾笼罩着，大火焚烧着，那撞不倒的山头在旁冷眼瞧着，我们新时代的新诗人，就是要自己挑一种死法，也挑不出更

[①] 本文原载一九三二年八月《新月》四卷一期。

合式,更悲壮的了。

志摩走了,我们这个世界里被他带走了不少的云彩。他在我们这些朋友之中,真是一片最可爱的云彩,永远是温暖的颜色,永远是美的花样,永远是可爱。

他常说:

> 我不知道风
> 是在那一个方向吹——

我们也不知道风是在那一个方向吹,可是狂风过去之后,我们的天空变惨淡了,变寂寞了,我们才感觉我们的天上的一片最可爱的云彩被狂风卷去了,永远不回来了!

这十几天里,常有朋友到家里来谈志摩,谈起来常常有人痛哭。在别处痛哭他的,一定还不少。志摩所以能使朋友这样哀念他,只是因为他的为人整个的只是一团同情心,只是一团爱。叶公超先生说:

> 他对于任何人,任何事,从未有过绝对的怨恨,甚至于无意中都没有表示过一些憎嫉的神气。

陈通伯先生说:

> 尤其朋友里缺不了他。他是我们的连索,他是粘着性的,发酵性的。在这七八年中,国内文艺界里起了不少的风波,吵了不少的架,许多很熟的朋友往往弄的不能见面。但我没有听见过有人怨恨过志摩。谁也不能抵抗志摩的

同情心,谁也不能避开他的粘着性。他才是和事的无穷的同情,在我们老友中,他总是朋友中间的"连索",他从没有疑心,他从不会妒忌。使这些多疑善妒的人们十分惭愧,又十分羡慕。

他一生真是爱的象征。爱是他的宗教,他的上帝。

> 我攀登了万仞的高冈,
> 荆棘扎烂了我的衣裳,
> 我向飘渺的云天外望——
> 上帝,我望不见你!
> ……
> 我在道旁见一个小孩,
> 活泼,秀丽,褴褛的衣衫,
> 他叫声"妈",眼里亮着爱——
> 上帝,他眼里有你!
>
> (《他眼里有你》)

志摩今年在他的《猛虎集自序》里,曾说他的心境是"一个曾经有单纯信仰的流入怀疑的颓废"。这句话是他最好的自述。他的人生观真是一种"单纯的信仰",这里面只有三个大字:一个是爱,一个是自由,一个是美。他梦想这三个理想的条件能够会合在一个人生里,这是他的"单纯信仰"。他的一生的历史,只是他追求这个单纯信仰的实现的历史。

社会上对于他的行为,往往有不谅解的地方,都只因为社会上批评他的人不曾懂得志摩的"单纯信仰"的人生观。他的离婚和他的第二次结婚,是他一生最受社会严厉批评的两件事。现在志摩的棺已盖了,而社会上的议论还未定。但我们知道这两件事的人,都能明白,至少在志摩的方面,这两件事最可以代表志摩的单纯理想的追求。他万分诚恳的相信那两件事都是他实现"美与爱与自由"的人生的正当步骤。这两件事的结果,在别人看来,似乎都不曾能够实现志摩的理想生活。但到了今日,我们还忍用成败来议论他吗?

我忍不住我的历史癖,今天我要引用一点神圣的历史材料,来说明志摩决心离婚时的心理。民国十一年三月,他正式向他的夫人提议离婚,他告诉她,他们不应该继续他们没有爱情没有自由的结婚生活了,他提议"自由之偿还自由",他认为这是"彼此重见生命之曙光,不世之荣业"。他说:

> 故转夜为日,转地狱为天堂,直指顾间事矣……真生命必自奋斗自求得来,真幸福亦必自奋斗自求得来,真恋爱亦必自奋斗自求得来!彼此前途无限……彼此有改良社会之心,彼此有造福人类之心,其先自作榜样,勇决智断,彼此尊重人格,自由离婚,止绝苦痛,始兆幸福,皆在此矣。

这信里完全是青年的志摩的单纯的理想主义,他觉得那没有爱又没有自由的家庭是可以摧毁他们的人格的,所以他下了决心,要把自由偿还自由。要从自由求得他们的真生命,真幸福,真恋爱。

后来他回国了,婚是离了,而家庭和社会都不能谅解他。最奇怪的是他和他已离婚的夫人通信更勤,感情更好。社会上的人更不明白了。志摩是梁任公先生最爱护的学生,所以民国十二年任公先

生曾写一封很恳切的信去劝他。在这信里,任公提出两点:

> 其一,万不容以他人之苦痛,易自己之快乐。弟之此举,其于弟将来之快乐能得与否,殆茫如捕风,然先已予多数人以无量之苦痛。
>
> 其二,恋爱神圣为今之少年所乐道。……兹事盖可遇而不可求。……况多情多感之人,其幻想起落鹘突,而得满足得宁帖也极难。所梦想之神圣境界恐终不可得,徒以烦恼终其身已耳。

任公又说:

> 呜呼志摩!天下岂有圆满之宇宙……当知吾侪以不求圆满为生活态度,斯可以领略生活之妙味矣……若沉迷于不可必得之梦境,挫折数次,生意尽矣,郁邑侘傺以死,死为无名,死犹可也,最可畏者,不死不生而堕落至不复能自拔。呜呼志摩,可无惧耶!可无惧耶!(十二年一月二日信)

任公一眼看透了志摩的行为是追求一种"梦想之神圣境界",他料到他必要失望,又怕他少年人受不起几次挫折,就会死,就会堕落。所以他以老师的资格警告他:"天下岂有圆满之宇宙?"

但这种反理想主义是志摩所不能承认的。他答复任公的信,第一不承认他是把他人的苦痛来换自己的快乐。他说:

> 我之甘冒世之不韪,竭全力以斗者,非特求免凶惨之

痛苦,实求良心之安顿,求人格之确立,求灵魂之救度耳。

人谁不求庸德?人谁不安现成?人谁不畏艰险?然且有突围而出者,夫岂得已而然哉?

第二,他也承认恋爱是可遇而不可求的,但他不能不去追求,他说:

我将于茫茫人海中访我唯一灵魂之伴侣;得之,我幸;不得,我命,如此而已。

他又相信他的理想是可以创造培养出来的。他对任公说:

嗟夫吾师!我尝奋我灵魂之精髓,以凝成一理想之明珠,涵之以热满之心血,朗照我深奥之灵府。而庸俗忌之嫉之,辄欲麻木其灵魂,捣碎其理想,杀灭其希望,污毁其纯洁!我之不流入堕落,流入庸懦,流入卑污,其几亦微矣!

我今天发表这三封不曾发表过的信,因为这几封信最能表现那个单纯的理想主义者徐志摩,他深信理想的人生必须有爱,必须有自由,必须有美;他深信这种三位一体的人生是可以追求的,至少是可以用纯洁的心血培养出来的。——我们若从这个观点来观察志摩的一生,他这十年中的一切行为就全可以了解了。我还可以说,只有从这个观点上才可以了解志摩的行为;我们必须先认清了他的单纯信仰的人生观,方才认得清志摩的为人。

志摩最近几年的生活,他承认是失败。他有一首《生活》的诗,诗是暗惨的可怕:

阴沉,黑暗,毒蛇似的蜿蜒,
生活逼成了一条甬道:
一度陷入,你只可向前,
手扪索着冷壁的粘潮,
在妖魔的脏腑内挣扎,
头顶不见一线的天光,
这魂魄,在恐怖的压迫下,
除了消灭更有什么愿望?

(十九年五月二十九日)

  他的失败是一个单纯的理想主义者的失败。他的追求,使我们惭愧,因为我们的信心太小了,从不敢梦想他的梦想。他的失败,也应该使我们对他表示更深厚的恭敬与同情,因为偌大的世界之中,只有他有这信心,冒了绝大的危险,费了无数的麻烦,牺牲了一切平凡的安逸,牺牲了家庭的亲谊和人间的名誉,去追求,去试验一个"梦想之神圣境界",而终于免不了惨酷的失败,也不完全是他的人生观的失败。他的失败是因为他的信仰太单纯了,而这个现实世界太复杂了,他的单纯的信仰经不起这个现实世界的摧毁,正如易卜生的诗剧 Brand 里的那个理想主义者,抱着他的理想,在人间处处碰钉子,碰的焦头烂额,失败而死。

  然而我们的志摩"在恐怖的压迫下",从不叫一声"我投降了"!他从不曾完全绝望,他从不曾绝对怨恨谁。他对我们说:

  你们不能更多的责备。我觉得我已是满头的血水,能不低头已算是好的。(《猛虎集自序》)

是的,他不曾低头。他仍旧昂起头来做人;他仍旧是他那一团的同情心,一团的爱。我们看他替朋友做事,替团体做事,他总是仍旧那样热心,仍旧那样高兴。几年的挫折,失败,苦痛,似乎使他更成熟了,更可爱了。

他在苦痛之中,仍旧继续他的歌唱。他的诗作风也更成熟了。他所谓"初期的汹涌性"固然是没有了,作品也减少了;但是他的意境变深厚了,笔致变淡远了,技术和风格都更进步了。这是读《猛虎集》的人都能感觉到的。

志摩自己希望今年是他的"一个真正的复活的机会"。他说:

> 抬起头居然又见到天了。眼睛睁开了,心也跟着开始了跳动。

我们一班朋友都替他高兴。他这几年来想用心血浇灌的花树也许是枯萎的了;但他的同情,他的鼓舞,早又在别的园地里种出了无数的可爱的小树,开出了无数可爱的鲜花。他自己的歌唱有一个时代是几乎消沉了;但他的歌声引起了他的园地外无数的歌喉,嘹亮的唱,哀怨的唱,美丽的唱。这都是他的安慰,都使他高兴。

谁也想不到在这个最有希望的复活时代,他竟丢了我们走了!他的《猛虎集》里有一首咏一只黄鹂的诗,现在重读了,好像他在那里描写他自己的死,和我们对他的死的悲哀:

> 等候他唱,我们静着望,
> 怕惊了他。但他一展翅,
> 冲破浓密,化一朵彩云:
> 他飞了,不见了,没了——

像是春光,火焰,像是热情。

志摩这样一个可爱的人,真是一片春光,一团火焰,一腔热情。现在难道都完了?

决不!决不!志摩最爱他自己的一首小诗,题目叫做《偶然》,在他的《卞昆冈》剧本里,在那个可爱的孩子阿明临死时,那个瞎子弹着三弦,唱着这首诗:

> 我是天空里的一片云,
> 偶尔投影在你的波心——
> 　　你不必讶异,
> 　　更无需欢喜——
> 在转瞬间消灭了踪影。
>
> 你我相逢在黑夜的海上,
> 你有你的,我有我的,方向。
> 　　你记得也好,
> 　　最好你忘掉,
> 在这交会时互放的光亮!

朋友们,志摩是走了,但他投的影子永远留在我们心里,他放的光亮也会永远留在人间,他不曾白来了一世。我们有了他做朋友,也可以安慰自己说不曾白来了一世。我们忘不了他和我们在那交会时互放的光亮!

二十年,十二月,三夜

逼上梁山[①]
——文学革命的开始

一

提起我们当时讨论"文学革命"的起因,我不能不想到那时清华学生监督处的一个怪人。这个人叫做钟文鳌,他是一个基督教徒,受了传教士和青年会的很大的影响。他在华盛顿的清华学生监督处做书记,他的职务是每月寄发各地学生应得的月费。他想利用他发支票的机会来做一点社会改革的宣传。他印了一些宣传品,和每月的支票夹在一个信封里寄给我们。他的小传单有种种花样,大致是这样的口气:

"不满二十五岁不娶妻。"

"废除汉字,取用字母。"

"多种树,种树有益。"

支票是我们每月渴望的;可是钟文鳌先生的小传单未必都受我们的欢迎,我们拆开信,把支票抽出来,就把这个好人的传单抛在字纸篓里去。

可是钟先生的热心真可厌!他不管你看不看,每月总照样夹带

[①] 本文节选自《四十自述》初版,一九三三年九月,上海亚东图书馆。

一两张小传单给你。我们平时厌恶这种青年会宣传方法的,总觉得他这样滥用职权是不应该的。有一天,我又接到了他的一张传单,说中国应该改用字母拼音;说欲求教育普及,非有字母不可。我一时动了气,就写了一封短信去骂他,信上的大意说:"你们这种不通汉文的人,不配谈改良中国文字的问题,必须先费几年工夫,把汉文弄通了,那时你才有资格谈汉字是不是应该废除。"

这封信寄出去之后,我就有点懊悔了。等了几天,钟文鳌先生没有回信来,我更觉得我不应该这样"盛气凌人"。我想,这个问题不是一骂就可完事的。我既然说钟先生不够资格讨论此事,我们够资格的人就应该用点心思才力去研究这个问题。不然,我们就应该受钟先生的训斥了。

那一年恰好东美的中国学生会新成立了一个"文学科学研究部"(Institute of Art and Sciences),我是文学股的委员,负有准备年会时分股讨论的责任。我就同赵元任先生商量,把"中国文字的问题"作为本年文学股的论题,由他和我两个人分做两篇论文,讨论这个问题的两个方面:赵君专论"吾国文字能否采用字母制,及其进行方法";我的题目是"如何可使吾国文言易于教授"。赵君后来觉得一篇不够,连做了几篇长文,说吾国文字可以采用音标拼音,并且详述赞成与反对的理由。他后来是"国语罗马字"的主要制作人;这几篇主张中国拼音文字的论文是国语罗马字的历史的一种重要史料。

我的论文是一种过渡时代的补救办法。我的日记里记此文大旨如下:

(一)汉文问题之中心在于"汉文究可为传授教育之利器否"一问题。

(二)汉文所以不易普及者,其故不在汉文,而在教之之技术之不完。同一文字也,甲以讲书之故而通文,能读书作文;乙以徒事诵读不求讲解之故,而终身不能读书作文。可知受病之源在于教法。

(三)旧法之弊,盖有四端:

1. 汉文乃是半死之文字,不当以教活文字之法教之。(活文字者,日用语言之文字,如英法文是也,如吾国之白话是也。死文字者,如希腊拉丁,非日用之语言,已陈死矣。半死文字者,以其中尚有日用之分子在也。如犬字是已死之字,狗字是活字;乘马是死语,骑马是活语。故曰半死之文字也。)旧法不明此义,以为徒事朗诵,可得字义,此其受病之源。教死文字之法,与教外国文字略相似,须用翻译之法,译死语为活语,所谓"讲书"是也。

2. 汉文乃是视官的文字,非听官的文字。凡一字有二要,一为其声,一为其义;无论何种文字,皆不能同时并达此二者。字母的文字但能传声,不能达意,象形会意之文字,但可达意而不能传声。今之汉文已失象形会意指事之特长;而教者又不复知说文学。其结果遂令吾国文字既不能传声,又不能达意。向之有一短者,今乃并失其所长。学者不独须强记字音,又须强记字义,是事倍而功半也。欲救此弊,当鼓励字源学,当以古体与今体同列教科书中;小学教科当先令童蒙习象形指事之字,次及浅易之会意字,次及浅易之形声字。中学以上皆当习字源学。

3. 吾国文本有文法。文法乃教文字语言之捷径,今当鼓励文法学,列为必须之学科。

4. 吾国向不用文字符号,致文字不易普及;而文法之不讲,亦未始不由于此,今当力求采用一种规定之符号,以

求文法之明显易解,及意义之确定不易。(以上引一九一五年八月廿六日记)

我是不反对字母拼音的中国文字的;但我的历史训练(也许是一种保守性)使我感觉字母的文字不是容易实行的,而我那时还没有想到白话可以完全替代文言,所以我那时想要改良文言的教授方法,使汉文容易教授。我那段日记的前段还说:

> 当此字母制未成之先,今之文言终不可废置,以其为仅有之各省交通之媒介也,以其为仅有之教育授受之具也。

我提出的四条古文教授法,都是从我早年的经验里得来的。第一条注重讲解古书,是我幼年时最得力的方法(看本书的第页一八—二四)。第二条主张字源学是在美国时的一点经验,有一个美国同学跟我学中国文字,我买一部王筠的《文字蒙求》给他做课本觉得颇有功效。第三条讲求文法是我崇拜《马氏文通》的结果,也是我学习英文的经验和教训。第四条讲标点符号的重要,也是学外国文得来的教训;我那几年想出了种种标点的符号,一九一五年六月为《科学》作了一篇"论句读及文字符号"的长文,约有一万字,凡规定符号十种,在引论中我讨论没有文字符号的三大弊:一为意义不能确定,容易误解,二为无以表示文法上的关系,三为教育不能普及。我在日记里自跋云:

> 吾之有意于句读及符号之学也久矣。此文乃数年来关于此问题之思想结晶而成者,初非一时兴到之作也。后此文中,当用此制。七月二日。

二

以上是一九一五年夏季的事。这时候我已承认白话是活文字，古文是半死的文字。那个夏天，任叔永（鸿隽）、梅觐庄（光迪）、杨杏佛（铨）、唐擘黄（钺）都在绮色佳（Ithaca）过夏，我们常常讨论中国文学的问题。从中国文字问题转到中国文学问题，这是一个大转变。这一班人中，最守旧的是梅觐庄，他绝对不承认中国古文是半死或全死的文字。因为他的反驳，我不能不细细想过我自己的立场。他越驳越守旧，我倒渐渐变的更激烈了。我那时常提到中国文学必须经过一场革命；"文学革命"的口号，就是那个夏天我们乱谈出来的。

梅觐庄新从芝加哥附近的西北大学毕业出来，在绮色佳过了夏，要往哈佛大学去。九月十七日，我做了一首长诗送他，诗中有这两段很大的宣言：

> 梅生梅生毋自鄙！神州文学久枯馁，百年未有健者起。新潮之来不可止；文学革命其时矣！吾辈势不容坐视。且复号召二三子，革命军前杖马箠，鞭笞驱除一车鬼，再拜迎入新世纪！以此报国未云菲：缩地裁天差可拟。梅生梅生毋自鄙！
>
> 作歌今送梅生行，狂言人道臣当烹。我自不吐定不快，人言未足为重轻。

在这诗里，我第一次用"文学革命"这个名词。这首诗颇引起了一些小风波。原诗共有四百二十字，全篇用了十一个外国字的译音。任叔永把那诗里的一些外国字连缀起来，做了一首游戏诗送我往纽约：

> 牛敦爱迭孙,培根客尔文,
> 索虏与霍桑,"烟士披里纯":
> 鞭笞一车鬼,为君生琼英。
> 文学今革命,作歌送胡生。

诗的末行自然是挖苦我的"文学革命"的狂言。所以我可不能把这诗当作游戏看。我在九月十九日的日记里记了一行:

> 右叔永戏赠诗,知我乎?罪我乎?

九月二十日,我离开绮色佳,转学到纽约去进哥仑比亚大学,在火车上用叔永的游戏诗的韵脚,写了一首很庄重的答词,寄给绮色佳的各位朋友:

> 诗国革命何自始?要须作诗如作文。
> 琢镂粉饰丧元气,貌似未必诗之纯。
> 小人行文颇大胆,诸公——皆人英。
> 愿共僇力莫相笑,我辈不作腐儒生。

在这短诗里,我特别提出了"诗国革命"的问题,并且提出了一个"要须作诗如作文"的方案。从这个方案上,惹出了后来做白话诗的尝试。

我认定了中国诗史上的趋势,由唐诗变到宋诗,无甚玄妙,只是作诗更近于作文!更近于说话。近世诗人欢喜做宋诗,其实他们不曾明白宋诗的长处在哪儿。宋朝的大诗人的绝大贡献,只在打破了六朝以来的声律的束缚,努力造成一种近于说话的诗体。我那时的主张颇受了读宋诗的影响,所以说"要须作诗如作文",又反对"琢镂粉饰"的诗。

那时我初到纽约,觊庄初到康桥,各人都很忙,没有打笔墨官司的余暇。但这只是暂时的停战,偶一接触,又爆发了。

三

一九一六年,我们的争辩最激烈,也最有效果。争辩的起点,仍旧是我的"要须作诗如作文"的一句诗。梅觊庄曾驳我道:

> 足下谓诗国革命始于"作诗如作文",迪颇不以为然。诗文截然两途,诗之文字(Poetic diction)与文之文字(Prose diction)自有诗文以来(无论中西),已分道而驰。足下为诗界革命家,改良"诗之文字"则可。若仅移"文之文字"于诗,即谓之革命,则不可也。……一言以蔽之,吾国求诗界革命,当于诗中求之,与文无涉也。若移"文之文字"于诗,即谓之革命,则诗界革命不成问题矣。以其太易易也。

任叔永也来信,说他赞成觊庄的主张。我觉得自己很孤立,但我终觉得他们两人的说法都不能使我心服。我不信诗与文是完全截然两途的。我答他们的信,说我的主张并不仅仅是以"文之文字"入诗。我的大意是:

> 今日文学大病在于徒有形式而无精神,徒有文而无质,徒有铿锵之韵,貌似之辞而已。今欲救此文胜之弊,宜

从三事入手:第一须言之有物,第二须讲文法,第三,当用"文之文字"时,不可避之。三者皆以质救文胜之弊也。(二月三日)

我自己日记里记着:

> 吾所持论,固不徒以"文之文字"入诗而已。然不避"文之文字",自是吾论诗之一法。……古诗如白香山之道州民,如老杜之自京赴奉先咏怀,如黄山谷之题莲花寺,何一非用"文之文字",又何一非用"诗之文字"耶?(二月三日)

这时候我已仿佛认识了中国文学问题的性质。我认清了这问题在于"有文而无质"。怎么才可以救这"文胜质"的毛病呢?我那时的答案还没有敢想到白话上去,我只敢说"不避文的文字"而已。但这样胆小的提议,我的一般朋友都还不能了解。梅觐庄的固执"诗的文字"与"文的文字"的区别,自不必说。任叔永也不能完全了解我的意思。他有信来说:

> ……要之,无论诗文,皆当有质,有文无质,则成吾国近世萎靡腐朽之文学,吾人正当廓而清之。然使以文学革命自命者,乃言之无文,欲其行远,得乎?近来颇思吾国文学不振,其最大原因,乃在文人无学。救之之法,当从绩学入手。徒于文字形式上讨论,无当也。(二月十日)

这种说法,何尝不是?但他们都不明白"文字形式"往往是可以妨碍束缚文学的本质的。"旧皮囊装不得新酒",是西方的老话。我们也有"工欲善其事,必先利其器"的古话。文字形式是文学的工具;工具不适用,如何能达意表情?

从二月到三月,我的思想上起了一个根本的新觉悟。我曾彻底想过:一部中国文学史只是一部文字形式(工具)新陈代谢的历史,只是"活文学"随时起来替代了"死文学"的历史。文学的生命全靠能用一个时代的活的工具来表现一个时代的情感与思想。工具僵化了,必须另换新的,活的,这就是"文学革命"。例如《水浒传》上石秀说的:

> 你这与奴才做奴才的奴才!

我们若把这句话改作古文,"汝奴之奴!"或他种译法,总不能有原文的力量。这岂不是因为死的文字不能表现活的话语?此种例证,何止千百?所以我们可以说:历史上的"文学革命"全是文学工具的革命。叔永诸人全不知道工具的重要,所以说"徒于文字形式上讨论,无当也"。他们忘了欧洲近代文学史的大教训!若没有各国的活语言作新工具,若近代欧洲文人都还须用那已死的拉丁文作工具,欧洲近代文学的勃兴是可能的吗?欧洲各国的文学革命只是文学工具的革命。中国文学史上几番革命也都是文学工具的革命。这是我的新觉悟。

我到此时才把中国文学史看明白了,才认清了中国俗话文学(从宋儒的白话语录到元朝明朝的白话戏曲和白话小说)是中国的正统文学,是代表中国文学革命自然发展的趋势的。我到此时才敢正式承认中国今日需要的文学革命是用白话替代古文的革命,是用活的工具替代死的工具的革命。

一九一六年三月间,我曾写信给梅觐庄,略说我的新见解,指出

宋元的白话文学的重要价值。觐庄究竟是研究过西洋文学史的人,他回信居然很赞成我的意见。他说:

> 来书论宋元文学,甚启聋聩。文学革命自当从"民间文学"(Folklore Popuiar Poetry, Spoken language, etc.)入手,此无待言。惟非经一番大战争不可。骤言俚俗文学,必为旧派文家所讪笑攻击。但我辈正欢迎其讪笑攻击耳。(三月十九日)

这封信真叫我高兴,梅觐庄也成了"我辈"了!

我在四月五日把我的见解写出来,作为两段很长的日记。第一段说:

> 文学革命,在吾国史上,非创见也。即以韵文而论:三百篇变而为骚,一大革命也。又变为五言七言之诗,二大革命也。赋之变为无韵之骈文,三大革命也。古诗之变为律诗,四大革命也。诗之变为词,五大革命也。词之变为曲,为剧本,六大革命也。何独于吾所持文学革命论而疑之!

第二段论散文的革命:

> 文亦几遭革命矣。孔子至于秦汉,中国文体始臻完备。……六朝之文亦有绝妙之作。然其时骈俪之体大盛,文以工巧雕琢见长,文法遂衰。韩退之之"文起八代之衰",其功在于恢复散文,讲求文法,亦一革命也。唐代文学革命家,不仅韩氏一人;初唐之小说家皆革命功臣也。

"古文"一派,至今为散文正宗,然宋人谈哲理者,似悟古文之不适于用,于是语录体兴焉。语录体者,以俚语说理记事。……此亦一大革命也。……至元人之小说,此体始臻极盛。……总之,文学革命至元代而登峰造极。其时词也,曲也,剧本也,小说也,皆第一流之文学。而皆以俚语为之。其时吾国真可谓有一种"活文学"出世。倘此革命潮流(革命潮流即天演进化之迹。自其异者言之,谓之革命。自其循序渐进之迹言之,即谓之进化,可也。)不遭明代八股之劫,不受诸文人复古之劫,则吾国之文学必已为俚语的文学,而吾国之语言早成为言文一致之语言,可无疑也。但丁(Dante)之创意大利文,却叟(Chaucer)之创英吉利文,马丁路得(Martin Luther)之创德意志文,未足独有千古矣。惜乎,五百余年来,半死之古文,半死之诗词,复夺此"活文学"之地位,而"半死文学"遂苟延残喘以至于今日。今日之文学,独我佛山人,南亭亭长,洪都百练生诸公之小说可称"活文学"耳。文学革命何可更缓耶?何可更缓耶!(四月五夜记)

从此以后,我觉得我已从中国文学演变的历史上寻得了中国文学问题的解决方案,所以我更自信这条路是不错的。过了几天,我作了一首沁园春词,写我那时的情绪:

沁园春　誓诗

更不伤春,更不悲秋,以此誓诗。

任花开也好,花飞也好,月圆固好,日落何悲?

我闻之曰,"从天而颂,孰与制天而用之?"

> 更安用,为苍天歌哭,作彼奴为!
> 文章革命何疑!
> 且准备搴旗作健儿。
> 要前空千古,下开百世,收他臭腐,还我神奇。
> 为大中华,造新文学,此业吾曹欲让谁?
> 诗材料,有簇新世界,供我驱驰。(四月十三日)

这首词下半阕的口气是很狂的,我自己觉得有点不安,所以修改了好多次。到了第三次修改,我把"为大中华,造新文学,此业吾曹欲让谁"的狂言,全删掉了,下半阕就改成了这个样子:

> ……文章要有神思,
> 到琢句雕词意已卑。
> 定不师秦七,不师黄九,但求似我,何效人为!
> 语必由衷,言须有物,此意寻常当告谁!
> 从今后,倘傍入门户,不是男儿。

这次改本后,我自跋云:

> 吾国文学大病有三:一曰无病而呻……二曰摹仿古人,……三曰言之无物。……顷所作词,专攻此三弊,岂徒责人,亦以自誓耳。(四月十七日)

前答觐庄书,我提出三事:言之有物,读文法,不避"文的文字";此跋提出的三弊,除"言之无物"与前第一事相同,余二事是添出的。后来我主张的文学改良的八件,此时已有了五件了。

四

一九一六年六月中,我往克利佛兰(Cleveland)赴"第二次国际关系讨论会"(Conference of International Relations),去时来时都经过绮色佳,去时在那边住了八天,常常和任叔永、唐擘黄、杨杏佛诸君谈论改良中国文学的方法,这时候我已有了具体的方案,就是用白话作文,作诗,作戏曲。日记里记我谈话的大意有九点:

一、今日之文言乃是一种半死的文字。

二、今日之白话是一种活的语言。

三、白话并不鄙俗,俗儒乃谓之俗耳。

四、白话不但不鄙俗,而且甚优美适用。凡言要以达意为主,其不能达意者,则为不美。如说,"赵老头回过身来,趴在街上,扑通扑通的磕了三个头",若译作文言,更有何趣味?

五、凡文言之所长,白话皆有之。而白话之所长,则文言未必能及之。

六、白话并非文言之退化,乃是文言之进化,其进化之迹,略如下述:

1. 从单音的进而为复音的。

2. 从不自然的文法进而为自然的文法。例如"舜何人也"变为"舜是什么人";"己所不欲"变为"自己不要的"。

3. 文法由繁趋简。例如代名词的一致。

4. 文言之所无,白话皆有以补充。例如文言只能说"此乃吾儿之书",但不能说"这书是我儿子的"。

七、白话可以产生第一流文学。白话已产生小说,戏剧,语录,诗词,此四者皆有史事可证。

八、白话的文学为中国千年来仅有之文学。其非白话的文学,如古文,如八股,如笔记小说,皆不足与于第一流文学之列。

九、文言的文字可读而听不懂;白话的文字既可读,又听得懂。凡演说,讲学,笔记,文言决不能应用。今日所需,乃是一种可读,可听,可歌,可讲,可记的言语。要读书不须口译,演说不须笔译;要施诸讲坛舞台而皆可,诵之村妪妇孺皆可懂。不如此者,非活的言语也,决不能成为吾国之国语也,决不能产生第一流的文学也。(七月六日追记)

七月二日,我回纽约时,重过绮色佳,遇见梅觐庄,我们谈了半天,晚上我就走了。日记里记此次谈话的大致如下:

> 吾以为文学在今日不当为少数文人之私产,而当以能普及最大多数之国人为一大能事。吾又以为文学不当与人事全无关系;凡世界有永久价值之文学,皆尝有大影响于世道人心者也。觐庄大攻此说,以为 Utilitarian(功利主义),又以为偷得 Tolstoi(托尔斯泰)之绪余;以为此等十九世纪之旧说,久为今人所弃置。
>
> 余闻之大笑。夫吾之论中国文学,全从中国一方面着想,初不管欧西批评家发何议论。吾言而是也,其为 Utilitarian 又何损其为是。吾言而非也,但当攻其所以非之处,不必问其为 Utilitarian 抑为 Tolstoi 也。(七月十三日追记)

五

我回到纽约之后不久,绮色佳的朋友们遇着了一件小小的不幸事故,产生了一首诗,引起了一场大笔战,竟把我逼上了决心试做白话诗的路上去。

七月八日,任叔永同陈衡哲女士、梅觐庄、杨杏佛、唐擘黄在凯约嘉湖上摇船,近岸时船翻了,又遇着大雨。虽没有伤人,大家的衣服都湿了。叔永做了一首四言的"泛湖即事"长诗,寄到纽约给我看。诗中有"言棹轻楫,以涤烦疴";又有"猜谜赌胜,载笑载言"等等句子。恰好我是曾做"诗三百篇中'言'字解"的,看了"言棹轻楫"的句子,有点不舒服,所以我写信给叔永说:

> ……再者,诗中所用"言"字"载"字,皆系死字;
> 又如"猜谜赌胜,载笑载言"二句,上句为二十世纪之活字,下句为三千年前之死句,殊不相称也。……(七月十六日)

叔永不服,回信说:

> 足下谓"言"字"载"字为死字,则不敢谓然。如足下意,岂因诗经中曾用此字,吾人今日所用字典便不当搜入耶?"载笑载言"固为"三千年前之语",然可用以达我今日之情景,即为今日之语,而非"三千年前之死语",此乃我不同之点也。……(七月十七日)

我的本意只是说"言"字"载"字在文法上的作用,在今日还未能确定,我们不可轻易乱用。我们应该铸造今日的话语来"达我今日之情景",不当乱用意义不确定的死字。苏东坡用错了"驾言"两字,曾为章子厚所笑。这是我们应该引为训戒的。

这一点本来不很重要,不料竟引起了梅觐庄出来代抱不平;他来信说:

> 足下所自矜为"文学革命"真谛者,不外乎用"活字"以入文,于叔永诗中稍古之字,皆所不取,以为非"二十世纪之活字"。此种论调,固足下所恃为哓哓以提倡"新文学"者,迪又闻之素矣。夫文学革新,须洗去旧日腔套,务去陈言,固矣。然此非尽屏古人所用之字,而另以俗语白话代之之谓也。……足下以俗语白话为向来文学上不用之字,骤以入文,似觉新奇而美,实则无永久价值。因其向未经美术家之锻炼,徒诿诸愚夫愚妇,无美术观念者之口,历世相传,愈趋愈下,鄙俚乃不可言。足下得之,乃矜矜自喜,眩为创获,异矣!如足下之言,则人间才智,教育,选择,诸事,皆无足算,而村农伧夫皆足为诗人美术家矣。甚至非洲之黑蛮,南洋之土人,其言文无分者,最有诗人美术家之资格矣。何足下之醉心于俗语白话如是耶?至于无所谓"活文学",亦与足下前此言之。……文字者,世界上最守旧之物也。……一字意义之变迁,必经数十或数百年而后成,又须经文学大家承认之,而恒人始沿用之焉。足下乃视改革文字如是之易易乎?……
>
> 总之,吾辈言文学革命须谨慎以出之。尤须先精究吾国文字,始敢言改革。欲加用新字,须先用美术以锻炼之。

非仅以俗语白话代之,即可了事者也。(俗语白话亦有可用者,惟必须经美术家之锻炼耳。)如足下言,乃以暴易暴耳,岂得谓之改良乎? ……(七月十七日)

觐庄有点动了气,我要和他开开玩笑,所以做了一首一千多字的白话游戏诗回答他。开篇就是描摹老梅生气的神气:

"人闲天又凉",老梅上战场。
拍桌骂胡适,说话太荒唐!
说什么"中国应有活文学!"
说什么"须用白话做文章!"
文字哪有死活! 白话俗不可当!
……

第二段中有这样的话:

老梅牢骚发了,老胡哈哈大笑。
且请平心静气,这是什么论调!
文字没有古今,却有死活可道。
古人叫做"欲",今人叫做"要"。
古人叫做"至",今人叫做"到"。
古人叫做"溺",今人叫做"尿"。
本来同是一字,声音少许变了。
并无雅俗可言,何必纷纷胡闹?
至于古人叫"字",今人叫"号";
　　古人悬梁,今人上吊;

古名虽未必不佳,今名又何尝不妙?
至于古人乘舆,今人坐轿;
　　古人加冠束帻,今人但知戴帽;
这都是古所没有,而后人所创造。
若必叫帽作巾,叫轿作舆,
岂非张冠李戴,认虎作豹?
……

第四段专答他说的"白话须锻炼"的意思:

今我苦口哓舌,算来却是为何?
正要求今日的文学大家,
把那些活泼泼的白话,
拿来锻炼,拿来琢磨,
拿来作文演说,作曲作歌,——
出几个白话的嚣俄,
和几个白话的东坡,
那不是"活文学"是什么?
那不是"活文学"是什么?
……

这首"打油诗"是七月二十二日做的,一半是少年朋友的游戏,一半是我有意试做白话的韵文。但梅任两位都大不以为然。觐庄来信大骂我,他说:

读大作如儿时听"莲花落",真所谓革尽古今中外诗人

之命者！足下诚豪健哉！(七月二十四日)

叔永来信也说：

> 足下此次试验之结果，乃完全失败；盖足下所作，白话则诚白话矣，韵则有韵矣，然却不可谓之诗。盖诗词之为物，除有韵之外，必须有和谐之音调，审美之辞句，非如宝玉所云"押韵就好"也。……(七月二十四夜)

对于这一点，我当时颇不心服，曾有信替自己辩护，说我这首诗，当作一首Satire(嘲讽诗)看，并不算是失败，但这种"戏台里喝彩"，实在大可不必。我现在回想起来，也觉得自己好笑。

但这一首游戏的白话诗，本身虽没有多大价值，在我个人做白话诗的历史上，可是很重要。因为梅任诸君的批评竟逼得我不能不努力试做白话诗了。觐庄的信上曾说：

> 文章体裁不同。小说词曲固可用白话，诗文则不可。

叔永的信上也说：

> 要之，白话自有白话用处(如作小说演说等)，然不能用之于诗。

这样看来，白话文学在小说词曲演说的几方面，已得梅任两君的承认了。觐庄不承认白话可作诗与文，叔永不承认白话可用来作诗。觐庄所谓"文"自然指《古文辞类纂》一类的书里所谓"文"(近来有人叫做"美文")。在这一点上,我毫不狐疑,因为我在几年前曾做过许多白话的议论文,我深信白话文是不难成立的。现在我们的争点,只在"白话是否可以作诗"的一个问题了。白话文学的作战,十仗之中,已胜了七八仗。现在只剩一座诗的壁垒,还须用全力去抢夺,待到白话征服这个诗国时,白话文学的胜利就可说是十足的了,所以我当时打定主意,要作先锋去打这座未投降的壁垒:就是要用全力去试做白话诗。

叔永的长信上还有几句话使我更感觉这种试验的必要。他说:

> 如凡白话皆可为诗,则吾国京调高腔,何一非诗?……呜呼适之,吾人今日言文学革命,乃诚见今日文学有不可不改革之处,非特文言白话之争而已。……以足下高才有为,何为舍大道不由,而必旁逸斜出,植美卉于荆棘之中哉?……今日假定足下之文学革命成功,将令吾国作诗皆京调高腔,而陶谢李杜之流永不复见于神州,则足下之功又何如哉,心所谓危,不敢不告。……足下若见听,则请从他方面讲文学革命,勿徒以白话诗为事矣。……
> (七月二十四日夜)

这段话使我感觉他们都有一个根本上的误解。梅任诸君都赞成"文学革命",他们都说"诚见今日文学有不可不改革之处"。但他们赞成的文学革命,只是一种空荡荡的目的,没有具体的计划,也没有下手的途径。等到我提出了一个具体的方案(用白话做一切文学的工具),他们又都不赞成了。他们都说,文学革命决不是"文言白话之争而已"。他们都说,文学革命应该有"他方面",应该走"大道"。究竟那"他方面"是什么方面呢?究竟那"大道"是什么道呢?他们又都说不出来了;他们只知道决不是白话!

我也知道光先有白话算不得新文学,我也知道新文学必须有新思想和新精神。但是我认定了:无论如何,死文字决不能产生活文学。若要造一种活的文学,必须有活的工具。那已产生的白话小说词曲,都可证明白话是最配做中国活文学的工具的。我们必须先把这个工具抬高起来,使他成为公认的中国文学工具,使他完全替代那半死的或全死的老工具。有了新工具,我们方才谈得到新思想和新精神等等其他方面。这是我的方案。现在反对的几位朋友已承认白话可以作小说戏曲了。他们还不承认白话可以作诗。这种怀疑,不仅是对于白话诗的局部怀疑,实在还是对于白话文学的根本怀疑。在他们的心里,诗与文是正宗,小说戏曲还是旁门小道。他们不承认白话诗文,其实他们是不承认白话可作中国文学的唯一工具。所以我决心要用白话来征服诗的壁垒,这不是试验白话诗是否可能,这就是要证明白话可以做中国文学的一切门类的唯一工具。

白话可以作诗,本来是毫无可疑的。杜甫、自居易、寒山、拾得、邵雍、王安石、陆游的白话诗都可以举来作证。词曲里的白话更多了。但何以我的朋友们还不能承认白话诗的可能呢?这有两个原因:第一是因为白话诗确是不多!在那无数的古文诗里,这儿那儿的几首白话诗在数量上确是很少的。第二是因为旧日的诗人词人只有偶然用白话做诗词的,没有用全力作白话诗词的,更没有自觉的做白话诗词的。所以现在这个问题还不能光靠历史材料的证明,还须等待我们用实地试验来证明。

所以我答叔永的信上说:

> 总之,白话未尝不可以入诗,但白话诗尚不多见耳。古之所少有,今日岂必不可多作乎?……

白话之能不能作诗,此一问题全待吾辈解决。解决之法,不在乞怜古人,谓古之所无,今必不可有;而在吾辈实地试验。一次"完全失败",何妨再来? 若一次失败,便"期期以为不可",此岂"科学的精神"所许乎?……

高腔京调未尝不可成为第一流文学。……适以为但有第一流文人肯用高腔京调著作,便可使京调高腔成第一流文学。病在文人胆小不敢用耳。元人作曲可以取仕宦,下之亦可谋生,故名士如高则诚关汉卿之流皆肯作曲作杂剧。今日之高腔京调皆不文不学之戏子为之,宜其不能佳矣。此则高腔京调之不幸也。……

足下亦知今日受人崇拜之莎士比亚,即当时唱京调高腔者乎?……与莎氏并世之培根著《论集》(Essays),有拉丁文英文两种本子;书既出版,培根自言,其他日不朽之名当赖拉丁文一本;而英文本则但以供一般普通俗人之传诵耳,不足轻重也。此可见当时之英文的文学,其地位皆与今日京调高腔不相上下。……吾绝对不认"京调高腔"与"陶谢李杜"为势不两立之物。今且用足下之文学以述吾梦想中之文学革命之目的,曰:

1. 文学革命的手段,要令国中之陶谢李杜敢用白话京调高腔作诗。要令国中之陶谢李杜皆能用白话京调高腔作诗。

2. 文学革命的目的,要令中国有许多白话京调高腔的陶谢李杜,要令白话京调高腔之中产出几许陶谢李杜。

3. 今日决用不着陶谢李杜的陶谢李杜,何也? 时代不同也。

4. 吾辈生于今日,与其作不能行远不能普及的《五经》

两汉六朝八家文字,不如作家喻户晓的《水浒》《西游》文字。与其似陶似谢似李似杜的诗,不如作不似陶不似谢不似李杜的白话诗。与其作一个"真诗",走"大道",学这个,学那个的陈伯严郑苏龛,不如作一个实地试验,"旁逸斜出","舍大道而弗由"的胡适。

此四者,乃适梦想中文学革命之宣言书也。

嗟夫!叔永,吾岂好立异以为高哉?徒以"心所谓是,不敢不为"。吾志决矣。吾自此以后,不更作文言诗词。吾之去国集乃是吾绝笔的文言韵文也。……(七月二十六日)

这是我第一次宣言不做文言的诗词。过了几天,我再答叔永道:

古人说:"工欲善其事,必先利其器。"文字者,文学之器也。我私心以为文言决不足为吾国将来文学之利器。施耐庵曹雪芹诸人已实地证明作小说之利器在于白话。今尚需人实地试验白话是否可为韵文之利器耳……

我自信颇能白话作散文,但尚未能用之于韵文。私心颇欲以数年之力,实地练习之。倘数年之后,竟能用文言白话作文作诗,无不随心所欲,岂非一大快事?

我此时练习白话韵文,颇似新辟一文学殖民地。可惜须单身匹马而往,不能多得同志,结伴同行。然我去志已决。公等假我数年之期。倘此新国尽是沙碛不毛之地,则我或终归老于"文言诗国",亦未可知,倘幸而有成,则辟除棘荆之后,当开放门户,迎公等同来莅止耳。"狂言人道臣当烹。我自不吐定不快,人言未足为轻重。"足下定笑我狂耳。……(八月四日)

这封信是我对于一班讨论文学的朋友的告别书。我把路线认清楚了,决定努力做白话的试验,要用试验的结果来证明我的主张的是非。所以从此以后,我不再和梅任诸君打笔墨官司了。信中说的"可惜须单身匹马而往,不能多得同志,结伴同行",也是我当时心里感觉的一点寂寞。我心里最感觉失望的,是我平时最敬爱的一班朋友都不肯和我同去探险。一年多的讨论,还不能说服一两个好朋友,我还妄想要在国内提倡文学革命的大运动吗?

有一天,我坐在窗口吃我自做的午餐,窗下就是一大片长林乱草,远望着赫贞江,我忽然看见一对黄蝴蝶从树梢飞上来;一会儿,一只蝴蝶飞下去了;还有一只蝴蝶独自飞了一会,也慢慢的飞下去,去寻他的同伴去了,我心里颇有点感触,感触到一种寂寞的难受,所以我写了一首白话小诗,题目就叫做"朋友"(后来才改作"蝴蝶"):

> 两个黄蝴蝶,双双飞上天。
> 不知为什么,一个忽飞还。
> 剩下那一个,孤单怪可怜;
> 也无心上天,天上太孤单。(八月二十三日)

这种孤单的情绪,并不含有怨望我的朋友的意思。我回想起来,若没有那一班朋友和我讨论,若没有那一日一邮片,三日一长函的朋友切磋的乐趣,我自己的文学主张决不会经过那几层大变化,决不会渐渐结晶成一个有系统的方案,决不会慢慢的寻出一条光明的大路来。况且那年(一九一六)的三月间,梅觐庄对于我的俗话文学的主张,已很明白的表示赞成了。(看上文引他的三月十九日来信。)

后来他们的坚决反对,也许是我当时的少年意气太盛,叫朋友难堪,反引起他们的反感来了,就使他们不能平心静气的考虑我的历史见解,就使他们走上了反对的路上去。但是因为他们的反驳,我才有实地试验白话诗的决心。庄子说得好:"彼出于是,是亦因彼。"一班朋友做了我多年的"他山之错",我对他们,只有感激,决没有丝毫的怨望。

我的决心试验白话诗,一半是朋友们一年多讨论的结果,一半也是我受的实验主义的哲学的影响。实验主义教训我们:一切学理都只是一种假设;必须要证实了(Verified),然后可算是真理。证实的步骤,只是先把一个假设的理论的种种可能的结果都推想出来,然后想法子来试验这些结果是否适用,或是否能解决原来的问题。我的白话文学论不过是一个假设,这个假设的一部分(小说词曲等)已有历史的证实了;其余一部分(诗)还须等待实地试验的结果。我的白话诗的实地试验,不过是我的实验主义的一种应用。所以我的白话诗还没有写得几首,我的诗集已有了名字了,就叫做《尝试集》。我读陆游的诗,有一首诗云:

能仁院前有石像丈余,盖作大像时样也。

江阁欲开千尺像,云龛先定此规模。
斜险徒倚空长叹,尝试成功自古无。

陆放翁这首诗大概是别有所指;他的本意大概是说:小试而不得大用,是不会成功的。我借用他这句诗,做我的白话诗集的名字,并且做了一首诗,说明我的尝试主义:

尝试篇

"尝试成功自古无",放翁这话未必是。我今为下一转语,自古成功在尝试。请看药圣尝百草,尝了一味又一味。又如名医试丹药,何嫌六百零六次。莫想小试便成功,哪有这样容易事!有时试到千百回,始知前功尽抛弃。即使如此已无愧,即此失败便足记。告人此路不通行,可使脚力莫浪费。我生求师二十年,今得"尝试"两个字。作诗做事要如此,虽未能到颇有志。作"尝试歌"颂吾师,愿大家都来尝试!(八月三日)

这是我的实验主义的文学观。

这个长期讨论的结果,使我自己把许多散漫的思想汇集起来,成为一个系统。一九一六年的八月十九日,我写信给朱经农,中有一段说:

新文学之要点,约有八事:
1. 不用典。
2. 不用陈套语。
3. 不讲对仗。
4. 不避俗字俗语。(不嫌以白话作诗词。)
5. 须讲求文法。(以上为形式的方面。)
6. 不作无病之呻吟。
7. 不摹仿古人。
8. 须言之有物。(以上为精神"内容"的方面。)

那年十月中,我写信给陈独秀先生,就提出这八个"文学革命"的条件,次序也是这样的。不到一个月,我写了一篇《文学改良刍议》,用复写纸抄了两份,一份给留美学生季报发表,一份寄给独秀在《新青年》上发表。在这篇文字里,八件事的次序大改变了!

    1. 须言之有物。
    2. 不摹仿古人。
    3. 须讲求文法。
    4. 不作无病之呻吟。
    5. 务去烂调套语。
    6. 不用典。
    7. 不讲对仗。
    8. 不避俗字俗语。

这个新次第是有意改动的。我把"不避俗字俗语"一件放在最后,标题只是很委婉的说"不避俗字俗语",其实是很郑重的提出我的白话文学的主张。我在那篇文字里说:

> 吾惟以施耐庵曹雪芹吴趼人为文学正宗,故有"不避俗字俗语"之论也。盖吾国言文之背驰久矣。自佛书之输入,译者以文言不足以达意,故以浅近之文译之,其体已近白话。其后佛氏讲义语录尤多用白话为之者,是为语录体之原始。及宋人讲学,以白话为语录,此体遂成讲学正体。(明人因之。)当是时,白话已久入韵文,观宋人之诗词可见。及至元时,中国北部在异族之下三百余年矣。此三百年中,中国乃发生一种通俗行远之文学,文则有《水浒》《西

游》《三国》，曲则尤不可胜计。以今世眼光观之，则中国文学当以元代为最盛；传世不朽之作，当以元代为最多。此无可疑也。当是时，中国之文学最近言文合一，白话几成文学的语言矣。使此趋势不受阻遏，则中国几有一"活文学"出现，而但丁路得之伟业几发生于神州。不意此趋势骤为明代所阻，政府既以八股取士，而当时文人以何李七子之徒，又争以复古为高。于是此千年难遇言文合一之机会，遂中道夭折矣。然以今世历史进化的眼光观之，则白话文学之为中国文学之正宗，又为将来文学必用之利器，可断言也。以此之故，吾主张今日作文作诗，宜采用俗语俗字。与其用三千年前之死字，不如用二十世纪之活字。与其作不能行远不能普及之秦汉六朝，不如作家喻户晓之《水浒》《西游》文字也。

这完全是用我三四月中写出的中国文学史观（见上文引的四月五日日记），稍稍加上一点后来的修正，可是我受了在美国的朋友的反对，胆子变小了，态度变谦虚了，所以此文标题但称"文学改良刍议"，而全篇不敢提起"文学革命"的旗子。篇末还说：

上述八事，乃吾年来研思此一大问题之结果。……谓之"刍议"，犹云未定草也。伏惟国人同志有以匡纠是正之。

这是一个外国留学生对于国内学者的谦逊态度。文字题为"刍议"，诗集题为"尝试"，是可以不引起很大的反感的了。

陈独秀先生是一个老革命党，他起初对于我的八条件还有点怀疑(《新青年》二卷二号)。其时国内好学深思的少年,如常乃德君,也说"说理纪事之文,必当以白话行之,但不可施于美术文耳"。(见《新青年》二卷四号)但独秀见了我的"文学改良刍议"之后,就完全赞成我的主张;他接着写了一篇"文学革命论"(《新青年》二卷五号),正式在国内提出"文学革命"的旗帜。他说:

> 文学革命之气运,酝酿已非一日。其首举义旗之急先锋则为吾友胡适。余甘冒全国学究之敌,高张"文学革命军"之大旗,以为吾友之声援。旗上大书特书吾革命三大主义:
> 曰:推倒雕琢的,阿谀的贵族文学;建设平易的,抒情的国民文学。
> 曰:推倒陈腐的,铺张的古典文学;建设新鲜的,立诚的写实文学。
> 曰:推倒迂晦的,艰涩的山林文学;建设明了的,通俗的社会文学。

独秀之外,最初赞成我的主张的,有北京大学教授钱玄同先生(《新青年》二卷六号通信,又三卷一号通信)。此后文学革命的运动就从美国几个留学生的课余讨论,变成国内文人学者的讨论了。

《文学改良刍议》是一九一七年一月出版的,我在一九一七年四月九日还写了一封长信给陈独秀先生,信内说:

> 此事之是非,非一朝一夕所能定,亦非一二人所能定。甚愿国中人士能平心静气与吾辈同力研究此问题。讨论既熟,是非自明。吾辈已张革命之旗,虽不容退缩,然亦决

不敢以吾辈所主张为必是,而不容他人之匡正也。……

独秀在《新青年》(第三卷三号)上答我道:

鄙意容纳异议,自由讨论,固为学术发达之原则,独至改良中国文学当以白话为正宗之说,其是非甚明,必不容反对者有讨论之余地;必以吾辈所主张者为绝对之是,而不容他人之匡正也。盖以吾国文化倘已至文言一致地步,则以国语为文,达意状物,岂非天经地义?尚有何种疑义必待讨论乎?其必欲摈弃国语文学,而悍然以古文为正宗者,犹之清初历家排斥西法,乾嘉畴人非难地球绕日之说,吾辈实无余闲与之作此无谓之讨论也。

这样武断的态度,真是一个老革命党的口气。我们一年多的文学讨论的结果,得着了这样一个坚强的革命家做宣传者,做推行者,不久就成为一个有力的大运动了。

二十二年,十二月三日夜脱稿。

平绥路旅行小记[①]

从七月三日到七月七日,我们几个朋友——金叔卿先生,金仲藩先生和他的儿子建午,任叔永先生和他的夫人陈衡哲女士,我和我的儿子思杜,共七人——走遍了平绥铁路的全线,来回共计一千六百公里。我们去的时候,一路上没有停留,一直到西头的包头站;在包头停了半天,回来的路上在绥远停了一天,大同停了大半天,张家口停了几个钟头。这是很匆匆的旅行,谈不到什么深刻的观察,只有一些初次的印象,写出来留作后日重游的资料。(去年七月,燕京大学顾颉刚,郑振铎,吴文藻,谢冰心诸先生组织了一个平绥路沿线旅行团,他们先后共费了六星期,游览的地方比我们多。冰心女士有几万字的《平绥沿线旅行记》;郑振铎先生等有《西北胜迹》,都是平绥路上游人不可少的读物。)

我们这一次同行的人都是康乃尔大学的旧同学,也可以说是一个康乃尔同学的旅行团。金叔卿先生(涛)是平绥路的总工程师,他是我们康乃尔同学中的前辈。现任的平绥路局长沈立孙先生(昌)也是康乃尔的后期同学。平绥路上向来有不少的康乃尔同学担任机务工务的事;这两年来平绥路的大整顿更是沈金两位努力的成绩。我们这一次旅行的一个目的是要参观这几个同学在短时期中

[①] 本文最初发表于一九三五年八月四日《独立评论》第一六二号。

造成的奇绩。

平绥路自从民国十二年以来,屡次遭兵祸,车辆桥梁损失最大。民国十七八年时,机车只剩七十二辆,货车只剩五百八十三辆(抵民国十三年的三分之一),客车只剩三十二辆(抵民国十五年的六分之一),货运和客运都不能维持了。加上政治的紊乱,管理的无法,债务的累积,这条铁路就成了全国最破坏最腐败的铁路。丁在君先生每回带北大学生去口外作地质旅行回来,总对我们诉说平绥路的腐败情形;他在他的《苏俄游记》里,每次写火车上的痛苦,也总提出平绥路来作比较。我在北平住了这么多年,到去年才去游长城,这虽然是因为我懒于旅行,其实一半也因为我耳朵里听惯了这条路腐败的可怕。

但我们这一次旅行平绥路全线,真使我们感觉一种奇绩的变换。车辆(机车,货车,客车)虽然还没有完全恢复此路全盛时的辆数,然而修理和购买的车辆已可以勉强应付全路的需要了。特别快车的整理,云岗与长城的特别游览车的便利,是大家知道的。有一些重要而人多忽略的大改革,是值得记载的:(一)枕木的改换。全路枕木一百五十多万根,年久了,多有朽坏;这两年中,共换了新枕木六十万根。(二)造桥。全路约有桥五百孔,两年中改造的已有一百多孔;凡新造的桥,都用钢梁,增加原有的载重量。(三)改线。平绥路有些地方,坡度太陡,弯线太紧,行车很困难,故有改路线的必要。最困难的是那有名的"关沟段"(自南口起至康庄止)。这两年中,改线的路已成功的约有十一英里。

平绥路的最大整顿是债务的清理。这条路在二十多年中,借内外债总额为七千六百余万元,当金价最高时,约值一万万元。而全路的财产不过值六千万元。所以人都说平绥是一条最没有希望的路。沈立孙局长就职后,他决心要整理本路的债务。他的办法是把债务分作两种,本金在十万元以上的债款为巨额债户,十万元以下的为零星债户。零星债款的偿还有两个办法:一为按本金折半,一次付清,不计利息;一为按本金全数分六十期摊还,也不计利息。巨额债款的偿还办法是照一本一利分八百期摊还。巨额债户之中,有几笔很大的外债,如美国的泰康洋行,如日本的三井洋行与东亚兴业株式会社,都是大债主。大多数债户对于平绥路,都是久已绝望的,现在平绥路有整理债务的方案出来,大家都喜出望外,所以都愿意迁就路局的办法。所以第一年整理的结果,就清理了六十二宗借款,原欠本利总数为六千一百八十五万余元,占全路总债额约十分之八,清理之后,减折作三千六百三十万余元。所以一年整理的结果居然减少了二千五百五十余万元的负债,真可说是一种奇绩了。

我常爱对留学回来的朋友讲一个故事。十九世纪中,英国有一个宗教运动,叫做"牛津运动"(Oxford Movement),其中有一个领袖就是后来投入天主教,成为主教的牛曼(Cardinal Newman)。牛曼和他的同志们做了不少的宗教诗歌,写在一本小册子上;在册子的前面,牛曼题了一句荷马的诗,他自己译成英文;You shall see the difference, now that we are bach again,我曾译成中文,就是:"现在我们回来了,你们请看,要换个样子了。"我常说,个个留学生都应该把这句话刻在心上,做我们的口号。可惜许多留学回来的朋友都没有这种气魄敢接受这句口号。这一回我们看了我们的一位少年同学(沈局长今年只有三十一岁)在最短时期中把一条最腐败的铁路变换成一条最有成绩的铁路,可见一二人的心力真可以使山河变色,牛曼的格言是不难做到的。

当然,平绥路的改革成绩不全是一二人的功劳。最大的助力是中央政治的权力达到了全路的区域。这条路经过四省(河北,察,山西,绥),若如从前的割据局势,各军队可以扣车,可以干涉路政,可以扣留路款,可以随便作战,那么,虽有百十个沈昌,也不会有成绩。现在政治统一的势力能够达到全路,所以全路的改革能逐渐实行。现在平绥路每月只担负北平军分会的经费六十万元,此外各省从不闻有干涉铁路收入的事;察哈尔和绥远两个省政府各留一辆包车,此外也绝无扣车的事。现在各省的军政领袖也颇能明白铁路上的整顿有效就是直接间接的增加各省府的财政收入,所以他们也都赞助铁路当局的改革工作。这都可见政治统一是内政一切革新的基本条件。有了这个基本条件,加上个人的魄力与新式的知识训练,肯做事的人断乎不怕没能好成绩的。

我们这回旅行的另一个目的是游览大同的云岗石窟。我个人抱了游云岗的心愿,至少有十年了,今年才得如愿,所以特别高兴。我们到了云岗,才知道这些大石窟不是几个钟头看得完的,至少须要一个星期的详细攀登赏玩,还要带着很好的工具,才可以得着一些正确的印象。我们在云岗勾留了不过两个多钟头,当然不能作详细的报告。

云岗在大同的西面,在武州河的西岸,古名武州塞,又称武州山。从大同到此,约三十里,有新修的汽车路,虽须两次涉武州河,但道路很好,大雨中也不觉得困难。云岗诸石窟,旧有十大寺,久已毁坏。顺治八年总督佟养量重修其一小部分,称为石佛古寺。这一部分现存两座三层楼,气象很狭小简陋,决不是原来因山造寺的大规模。两楼下各有大佛,高五丈余,从三层楼上才望见佛头。这一部分,清朝末年又重修过,大佛都被装金,岩上石刻各佛也都被装修涂彩,把原来雕刻的原形都遮掩了。

道宣《续高僧传》卷一《昙曜传》说:

> 昙曜……住恒安石窟通乐寺,即魏帝之所造也。去恒安西北三十里,武州山谷北面石岩,就而镌之,建立佛寺,名曰灵岩。龛之大者,举高二十余丈,可受三千许人。面别镌象,穷诸巧丽;龛别异状,骇动人神。栉比相连,三十余里。东头僧寺,恒供千人。碑碣现存,未卒陈委。

以我们所见诸石窟,无有"可受三千许人"的龛,也无有能"恒供千人"的寺。大概当日石窟十寺的壮丽弘大,已非我们今日所能想象了。大凡一个宗教的极盛时代,信士信女都充满着疯狂的心理,烧臂焚身都不顾惜,何况钱绢的布施?所以六朝至唐朝的佛寺的穷极侈丽,是我们在这佛教最衰微的时代不能想象的。北魏建都大同,《魏书·释老志》说,当太和初年(四七七),"京城内寺,新旧且百所,僧尼二千余人。四方诸寺六千四百七十八,僧尼七万七千二百五十八人。"太和十七年(四九三)迁都洛阳,杨衒之在《洛阳伽蓝记序》中说:"京城表里凡有一千余寺。"杨衒之在东魏武定五年(五四七)重到洛阳,他只看见

> 城廓崩毁,宫室倾覆,寺观灰烬,庙塔丘墟。墙被蒿艾,巷罗荆棘。野兽穴于荒阶,山鸟巢于庭树;游儿牧竖蹀躞于九逵,农夫耕稼艺黍于双阙。

我们在一千五百年后来游云岗,只看见这一座很简陋的破寺,寺外一道残破的短墙,包围着七八处大石窟;短墙之西,还有九个大窟,许多小窟,面前都有贫民的土屋茅蓬,猪粪狗粪满路都是,石窟内也往往满地是鸽翎与鸽粪,又往往可以看见乞丐住宿过的痕迹。大像身上有许多大大小小的圆孔,当初都是镶嵌珠宝的,现在都挖空了;

大像的眼珠都是用一种黑石磋光了嵌进去的,现在只有绝少数还存在了。诸窟中的小像,凡是砍得下的头颅,大概都被砍下偷卖掉了。佛力久已无灵,老百姓没有饭吃,要借诸佛的头颅和眼珠子卖几块钱来活命,还不是很正当的吗?

日本人佐藤孝任曾在云岗住了一个月,写了一部《云岗大石窟》(华北正报社出版),记载此地许多石窟的情形很详细,附图很多,有不能照像的,往往用笔速写勾摹,所以是一部很有用的云岗游览参考书。佐藤把云岗分作三大区:

东方四大窟
中央十大窟(在围墙内)
西方九大窟
西端诸小窟

东方诸窟散在武州河岸,我们都没有去游。西端诸窟,我们也不曾去。我们看的是中央十大窟和西方九窟。我们平日在地理书或游览书上最常见的露天大佛(高五丈多),即在西方的第九窟。我们看这露天大石佛和他的背座,可以想象此大像当日也曾有龛有寺,寺是毁了,龛是被风雨侵蚀过甚(此窟最当北风,故受侵蚀最大),也坍塌了。

依我的笨见看来,此间的大佛都不过是大的可惊异而已,很少艺术的意味。最有艺术价值是壁上的浮雕,小龛的神像,技术是比较自由的,所以创作的成分往往多于模仿的成分。

中央诸窟,因为大部分曾经后人装金涂彩,多不容易看出原来的雕刻艺术。西方诸窟多没有重装重涂,又往往受风雨的侵蚀,把原来的斧凿痕都销去了,所以往往格外圆润老拙的可爱。此山的岩石是沙岩,最容易受风蚀;我们往往看见整块的几丈高岩上成千的小佛像都被磨蚀到仅仅存一些浅痕了。有许多浮雕连浅痕也没有了,我们只能从他们旁边雕刻的布置,推想当年的痕迹而已。

因此我们得两种推论:第一,云岗诸石窟是一千五百年前的佛教美术的一个重要中心,从宗教史和艺术史的立场,都是应该保存的。一千五百年中,天然的风蚀,人工的毁坏,都已糟蹋了不少了。国家应该注意到这一个古雕刻的大结集,应该设法保护它,不但要防人工的继续偷毁,还要设法使它可以避免风雨沙日的侵蚀。

第二,我们还可以作一个历史的推论。唐初的道宣在《昙曜传》里说到武州山的石窟寺,有"碑碣见存"的一句话。何以今日云岗诸窟竟差不多没有碑记可寻呢?何以古来记录山西金石的书(如胡聘之的《山右石刻丛编》)都不曾收有云岗的碑志呢?我们可以推想,当日的造像碑碣,刻在沙岩之上,凡露在风日侵蚀之下的,都被自然磨灭了。碑碣刻字都不很深,浮雕的佛像尚且被风蚀了,何况浅刻的碑字呢?

马叔平先生说,云岗现存三处古碑碣。我只见一处。郑振铎先生记载着"大茹茹"刻石,可辨认的约有二十字,此碑我未见。其余一碑,似乎郑先生也未见。我见的一碑在佐藤书中所谓"中央第七窟"的石壁很高处,此壁在里层,不易被风蚀,故全碑约三百五十字,大致都还可读。此碑首行有"邑师法宗"四字,似乎是撰文的人。文中说,

> 太和七年(四八三)岁在癸亥八月三十日邑□信士女等五十四人……遭值圣主,道教天下,绍隆三宝,……乃使长夜改昏,久寝斯悟。弟子等……意欲仰酬洪泽,……是以共相劝合,为国兴福,敬造石庙形象九十五区,及诸菩萨。……

造像碑文中说造形像九十五区,证以龙门造像碑记,"区"字后来多作"躯"字,此指九十五座小像,"及诸菩萨"乃是大像。此碑可见当日不但帝后王公出大财力造此大石窟,还有不少私家的努力;如此一大窟乃是五十四个私人的功力,可以想见当日信力之强,发愿之弘大了。

云岗旧属朔平府左云县。关于石窟的记载,《山西通志》(雍正间觉罗石麟修)与《朔平府志》都说:

> 石窟十寺……后魏建,始神瑞(四一四—四一五),终正光(五二〇—五二四),历百年而工始竣。其寺一同升,二灵光,三镇国,四护国,五崇福,六童子,七能仁,八华严,九天官,十兜率。孝文帝亟游幸焉。内有元时石佛二十龛。(末句《嘉庄一统志》,作"内有元载所修石佛十二龛"。元载是唐时宰相。《一统志》似有所据,《通志》与《府志》似是妄改的。)

神瑞是在太武帝毁佛法之前,而正光远在迁都洛阳之后。旧志所记,当有所本。大概在昙曜以前,早已有人依山岩凿石龛刻佛像了。毁法之事(四四六—四五一)使一般佛教徒感觉到政治权力可以护法,也可以根本铲除佛法。昙曜大概从武州塞原有的石龛得着一个大暗示,他就发大愿心,要在那坚固的沙岩之上,凿出大石窟,雕出绝大的佛像,要使这些大石窟和大石像永永为政治势力所不能摧毁。《魏书·释老志》记此事的年月不很清楚,大概他干这件绝大工程当在他做"沙门统"的任内。《释老志》记他代师贤为"沙门统",在和平初年(约四六〇),后文又记尚书令高肇引"故沙门统昙曜昔于承明元年(四七六)奏",可知昙曜的"沙门统"至少做了十七八年。这是国家统辖佛教徒的最高官,他又能实行一种大规模的筹款政策(见《释老志》),所以他能充分用国家和全国佛教徒的财力来"凿山石壁,开窟五所,镌造佛像各一,高者七十尺,次六十尺,雕饰奇伟,冠于一世"。我们可以说,云岗的石窟虽起源在五世纪初期,但伟大的规模实创始于五世纪中叶以后昙曜作沙门统的时代。后来虽然迁都了,代都的石窟工程还继续到六世纪的初期,而洛都的皇室与佛教徒又在新京的伊阙山"准代京灵岩寺石窟"开凿更伟大的龙门石窟了。(龙门石窟开始于景明初,当西历五百年,至隋唐尚未歇。)故昙曜不但是云岗石窟的设计者,也可以说是伊阙石窟的间接设计者了。

昙曜凿石作大佛像,要使佛教和岩石有同样的坚久,永永不受政治势力的毁坏。这个志愿是很可钦敬的。只可惜人们的愚昧和狂热都不能和岩石一样的坚久!时势变了,愚昧渐渐被理智风蚀了,狂热也渐渐变冷静了。岩石凿的六丈大佛依然挺立在风沙里,而佛教早已不用"三武一宗"的摧残而自己毁灭了,消散了。云岗伊阙只够增加我们吊古的感喟,使我们感叹古人之愚昧与狂热真不可及而已!

二十四,七,二十八夜。

信心与反省[1]

这一期(《独立》一○三期)里有寿生先生的一篇文章,题为《我们要有信心》,在这文里,他提出一个大问题:中华民族真不行吗?他自己的答案是:我们是还有生存权的。

我很高兴我们的青年在这种恶劣空气里还能保持他们对于国家民族前途的绝大信心。这种信心是一个民族生存的基础,我们当然是完全同情的。

可是我们要补充一点:这种信心本身要建筑在稳固的基础之上,不可站在散沙之上。如果信仰的根据不稳固,一朝根基动摇了,信仰也就完了。

寿生先生不赞成那些旧人"拿什么五千年的古国哟,精神文明哟,地大物博哟,来遮丑"。这是不错的。然而他自己提出的民族信心的根据,依我看来,文字上虽然和他们不同,实质上还是和他们同样的站在散沙之上,同样的挡不住风吹雨打。例如他说:

> 我们今日之改进不如日本之速者,就是因为我们的固有文化太丰富了。富于创造性的人,个性必强,接受性就较缓。

---

[1] 本文最初发表于一九三四年六月三日《独立评论》第一○三期。

这种思想在实质上和那五千年古国精神文明的迷梦是同样的无稽的夸大。第一，他的原则"富于创造性的人，个性必强，接受性就较缓"，这个大前提就是完全无稽之谈，就是懒惰的中国士大夫捏造出来替自己遮丑的胡说。事实上恰好是相反的：凡富于创造性的人必敏于模仿，凡不善模仿的人决不能创造。创造是一个最误人的名词，其实创造只是模仿到十足时的一点点新花样。古人说的最好："太阳之下，没有新的东西。"一切所谓创造都从模仿出来。我们不要被新名词骗了。新名词的模仿就是旧名词的"学"字；"学之为言效也"是一句不磨的老话。例如学琴，必须先模仿琴师弹琴；学画必须先模仿画师作画；就是画自然界的景物，也是模仿。模仿熟了，就是学会了，工具用的熟了，方法练的细密了，有天才的人自然会"熟能生巧"，这一点功夫到时的奇巧新花样就叫做创造。凡不肯模仿，就是不肯学人的长处。不肯学如何能创造？葛理略(Galileo)听说荷兰有个磨镜匠人做成了一座望远镜，他就依他听说的造法，自己制造了一座望远镜。这就是模仿，也就是创造。从十七世纪初年到如今，望远镜和显微镜都年年有进步，可是这三百年的进步，步步是模仿，也步步是创造。一切进步都是如此：没有一件创造不是先从模仿下手的。孔子说的好：

> 三人行，必有我师焉：择其善者而从之，其不善者而改之。

这就是一个圣人的模仿。懒人不肯模仿，所以决不会创造。一个民族也和个人一样，最肯学人的时代就是那个民族最伟大的时代，等到他不肯学人的时候，他的盛世已过去了，他已走上衰老僵化的时期了，我们中国民族最伟大的时代，正是我们最肯模仿四邻的时代：从汉到唐宋，一切建筑，绘画，雕刻，音乐，宗教，思想，算学，天文，工艺，那一件里没有模仿外国的重要成分？佛教和他带来的美术建筑，不用说了。从汉朝到今日，我们的历法改革，无一次不是采用外国的新法；最近三百年的历法是完全学西洋的，更不用说了。到了我们不肯学人家的好处的时候，我们的文化也就不进步了。我们到了民族中衰的时代，只有懒劲学印度人的吸食鸦片，却没有精力学满洲人的不缠脚，那就是我们自杀的法门了。

第二，我们不可轻视日本人的模仿。寿生先生也犯了一般人轻视日本的恶习惯，抹杀日本人善于模仿的绝大长处。日本的成功，正可以证明我在上文说的"一切创造都从模仿出来"的原则。寿生说：

> 从唐以至日本明治维新，千数百年间，日本有一件事足为中国取镜者吗？中国的学术思想在她手里去发展改进过吗？我们实无法说有。

这又是无稽的诬告了。三百年前，朱舜水到日本，他居留久了，能了解那个岛国民族的优点，所以他写信给中国的朋友说，日本的政治虽不能上比唐虞，可以说比得上三代盛世。这一个中国大学者在长期寄居之后下的考语，是值得我们的注意的。日本民族的长处全在他们肯一心一意的学别人的好处。他们学了中国的无数好处，但始终不会学我们的小脚，八股文，鸦片烟。这不够"为中国取镜"吗？他们学别国的文化，无论在那一方面，凡是学到家的，都能有创造的贡献。这是必然的道理。浅见的人都说日本的山水人物画是模仿中国的；其实日本画自有他的特点，在人物方面的成绩远胜过中国画,在山水方面也没有走上四王的笨路。在文学方面,他们也有很大的创造。近年已有人赏识日本的小诗了。我且举一个大家不甚留意的例子。文学史家往往说日本的《源氏物语》等作品是模仿中国唐人的小说《游仙窟》等书的。现今《游仙窟》已从日本翻印回中国来了,《源氏物语》也有了英国人卫来先生(Arthur Waley)的五巨册的译本。我们若比较这两部书,就不能不惊叹日本人创造力的伟大。如果《源氏》真是从模仿《游仙窟》出来的,那真是徒弟胜过师傅千万倍了!寿生先生原文里批评日本的工商业,也是中了成见的毒。日本今日工商业的长脚发展,虽然也受了生活程度比人低和货币低落的恩惠,但他的根基实在是全靠科学与工商业的进步。今日大阪与兰肯歇的竞争,骨子里还是新式工业与旧式工业的竞争。日本今日自造的纺织器是世界各国公认为最新最良的。今日英国纺织业也不能不购买日本的新机器了。这是从模仿到创造的最好的例子。不然,我们工人的工资比日本更低,货币平常也比日本钱更贱,为什么我们不能"与他国资本家抢商场"呢?我们到了今日,若还要抹煞事实,笑人模仿,而自居于"富于创造性者"的不屑模仿,那真是盲目的夸大狂了。

第三,再看看"我们的固有文化"是不是真的"太丰富了"。寿生和其他夸大本国固有文化的人们,如果真肯平心想想,必然也会明白这句话也是无根的乱谈。这个问题太大,不是这篇短文里所能详细讨论的,我只能指出几个比较重要之点,使人明白我们的固有文化实在是很贫乏的,谈不到"太丰富"的梦话。近代的科学文化,工业文化,我们可以撇开不谈,因为在那些方面,我们的贫乏未免太丢人了。我们且谈谈老远的过去时代罢。我们的周秦时代当然可以和希腊,罗马相提比论,然而我们如果平心研究希腊,罗马的文学,雕刻,科学,政治,单是这四项就不能不使我们感觉我们的文化的贫乏了。尤其是造形美术与算学的两方面,我们真不能不低头愧汗。我们试想想,《几何原本》的作者欧几里得(Euclid)正和孟子先后同时;在那么早的时代,在二千多年前,我们在科学上早已太落后了!(少年爱国的人何不试拿《墨子·经上》篇里的三五条几何学界说来比较《几何原本》?)从此以后,我们所有的,欧洲也都有;我们所没有的,人家所独有的,人家都比我们强。试举一个例子:欧洲有三个一千年的大学,有许多个五百年以上的大学,至今继续存在,继续发展;我们有没有? 至于我们所独有的宝贝,骈文,律诗,八股,小脚,太监,姨太太,五世同居的大家庭,贞节牌坊,地狱活现的监狱,廷杖,板子夹棍的法庭,……虽然"丰富",虽然"在这世界无不足以单独成一系统",究竟都是使我们抬不起头来的文物制度。即如寿生先生指出的"那更光辉万丈"的宋明理学,说起来也真正可怜!讲了七八百年的理学,没有一个理学圣贤起来指出裹小脚是不人道的野蛮行为,只见大家崇信"饿死事极小,失节事极大"的吃人礼教:请问那万丈光辉究竟照耀到那里去了?

以上说的,都只是略略指出寿生先生代表的民族信心是建筑在散沙上面,禁不起风吹草动,就会倒塌下来的。信心是我们需要的,但无根据的信心是没有力量的。

可靠的民族信心,必须建筑在一个坚固的基础之上,祖宗的光荣自是祖宗之光荣,不能救我们的痛苦羞辱。何况祖宗所建的基业不全是光荣呢? 我们要指出:我们的民族信心必须站在"反省"的唯一基础之上。反省就是要闭门思过,要诚心诚意的想,我们祖宗的罪孽深重,我们自己的罪孽深重;要认清了罪孽所在,然后我们可以用全副精力去消灾灭罪。寿生先生引了一句"中国不亡是无天理"的悲叹词句,他也许不知道这句伤心的话是我十三四年前在中央公园后面柏树下对孙伏园先生说的,第二天被他记在《晨报》上,就流传至今。我说出那句话的目的,不是要人消极,是要人反省;不是要人灰心,是要人起信心,发下大弘誓来忏悔,来替祖宗忏悔,替我们自己忏悔;要发愿造新因来替代旧日种下的恶因。

今日的大患在于全国人不知耻。所以不知耻者,只是因为不曾反省。一个国家兵力不如人,被人打败了,被人抢夺了一大块土地去,这不算是最大的耻辱。一个国家在今日还容许整个的省份遍种鸦片烟,一个政府在今日还要依靠鸦片烟的税收——公卖税,吸户税,烟苗税,过境税——来做政府的收入的一部分,这是最大的耻辱。一个现代民族在今日还容许他们的最高官吏公然提倡什么"时轮金刚法会","息灾利民法会",这是最大的耻辱。一个国家有五千年的历史,而没有一个四十年的大学,甚至于没有一个真正完备的大学,这是最大的耻辱。一个国家能养三百万不能捍卫国家的兵,而至今不肯计划任何区域的国民义务教育,这是最大的耻辱。

真诚的反省自然发生真诚的愧耻。孟子说的好:"不耻不若人,何若人有?"真诚的愧耻自然引起向上的努力,要发弘愿努力学人家的好处,划除自家的罪恶。经过这种反省与忏悔之后,然后可以起新的信心:要信仰我们自己正是拨乱反正的人,这个担子必须我们自己来挑起。三四十年的天足运动已经差不多完全铲除了小脚的风气:从前大脚的女人要装小脚,现在小脚的女人要装大脚了。风气转移的这样快,这不够坚定我们的自信心吗?

历史的反省自然使我们明了今日的失败都因为过去的不努力,同时也可以使我们格外明了"种瓜得瓜,种豆得豆"的因果铁律。铲除过去的罪孽只是割断已往种下的果。我们要收新果,必须努力造新因。祖宗生在过去的时代,他们没有我们今日的新工具,也居然能给我们留下了不少的遗产。我们今日有了祖宗不曾梦见的种种新工具,当然应该有比祖宗高明千百倍的成绩,才对得起这个新鲜的世界。日本一个小岛国,那么贫瘠的土地,那么少的人民,只因为伊藤博文,大久保利通,西乡隆盛等几十个人的努力,只因为他们肯拼命的学人家,肯拼命的用这个世界的新工具,居然在半个世纪之内一跃而为世界三五大强国之一。这不够鼓舞我们的信心吗?

反省的结果应该使我们明白那五千年的精神文明,那"光辉万丈"的宋明理学,那并不太丰富的固有文化,都是无济于事的银样蜡枪头。我们的前途在我们自己的手里。我们的信心应该望在我们的将来。我们的将来全靠我们下什么种,出多少力。"播了种一定会有收获,用了力决不至于白费":这是翁文灏先生要我们有的信心。

二十三,五,二十八。

三论信心与反省[1]

自从《独立》第一〇三号发表了那篇《信心与反省》之后,我收到了不少的讨论,其中有几篇已在《独立》(第一〇五,一〇六,及一〇七号)登出了。我们读了这些和还有一些未发表的讨论,忍不住还要提出几个值得反复申明的论点来补充几句话。

第一个论点是:我们对于我们的"固有文化",究竟应该采取什么态度?吴其玉先生(《独立》一〇六号)怪我"把中国文化压得太低了";寿生先生也怪我把中国文化"抑"的太过火了。他们都怕我把中国看的太低了,会造成"民族自暴自弃的心理,造成他对于其他民族屈服卑鄙的心理"。吴其玉先生说:我们"应该优劣并提。不可只看人家的长,我们的短;更应当知道我们的长,人家的短。这样我们才能有努力的勇气"。

这些责备的话,含有一种共同的心理,就是不愿意揭穿固有文化的短处,更不愿意接受"祖宗罪孽深重"的控诉。一听见有人指出"骈文,律诗,八股,小脚,太监,姨太太,贞节牌坊,地狱的监牢,板子夹棍的法庭"等等,一般自命为爱国的人们总觉得心里怪不舒服,总要想出法子来证明这些"未必特别羞辱我们",因为这些都是"不可免的现象","无古今中外是一样的"(吴其玉先生的话)。所以吴其

---

[1] 本文原载一九三四年七月《独立评论》第一〇七号。

玉先生指出日本的"下女,男女同浴,自杀,暗杀,娼妓的风行,贿赂,强盗式的国际行为";所以寿生先生也指出欧洲中古武士的"初夜权","贞操锁"。所以子固先生也要问:"欧洲可有一个文化系统过去没有类似小脚,太监,姨太太,骈文,律诗,八股,地狱活现的监狱,廷杖,板子夹棍的法庭一类的丑处呢?"(《独立》一〇五号)本期(《独立》一〇七号)有周作人先生来信,指出又是"西洋也有臭虫"的老调。这种心理实在不是健全的心理,只是"遮羞"的一个老法门而已。从前笑话书上说:甲乙两人同坐,甲摸着身上一个虱子,有点难为情,把它抛在地上,说:"我道是个虱子,原来不是的。"乙偏不识窍,弯身下去,把虱子拾起来,说:"我道不是个虱子,原来是个虱子!"甲的做法,其实不是除虱的好法子。乙的做法,虽然可恼,至少有"实事求是"的长处。虱子终是虱子,臭虫终是臭虫,何必讳呢?何必问别人家有没有呢?

况且我原来举出的"我们所独有的宝贝":骈文,律诗,八股,小脚,太监,姨太太,五世同居的大家庭,贞节牌坊,地狱的监牢,廷杖,板子夹棍的法庭,这十一项,除姨太太外,差不多全是"我们所独有的","在这世界无不足以单独成一系统的"。高跟鞋与木屐何足以媲美小脚?"贞操锁"我在巴黎的克吕尼博物院看见过,并且带有照片回来,这不过是几个色情狂的私人的特制,万不配上比那普及全国至一千多年之久,诗人颂为香钩,文人尊为金莲的小脚。我们走遍世界,研究过初民社会,没有看见过一个文明的或野蛮的民族把他们的女人的脚裹小到三四寸,裹到骨节断折残废,而一千年公认为"美"的!也没有看见过一个文明的民族的知识阶级有话不肯老实的说,必须凑成对子,做成骈文律诗律赋八股,历一千几百年之久,公认为"美"的!无论我们如何爱护祖宗,这十项的"国粹"是洋鬼子家里搜不出来的。

况且西洋的"臭虫"是装在玻璃盒里任人研究的,所以我们能在巴黎的克吕尼博物院纵观高跟鞋的古今沿革,纵观"贞操锁"的制法,并且可以在博物院中购买精制的"贞操锁"的照片寄回来让国中人士用作"西洋也有臭虫"的实例。我们呢?我们至今可有一个历史博物馆敢于搜集小脚鞋样,模型,图画,或鸦片烟灯,烟枪,烟膏,或廷杖,板子,闸床,夹棍等等极重要的文化史料,用历史演变的原理排列展览,供全国人的研究与警醒的吗?因为大家都要以为灭迹就可以遮羞,所以青年一辈人全不明白祖宗造的罪孽如何深重,所以他们不能明白国家民族何以堕落到今日的地步,也不能明白这三四十年的解放与改革的绝大成绩。不明白过去的黑暗,所以他们不认得今日的光明;不懂得祖宗罪孽的深重,所以他们不能知道这三四十年革新运动的努力并非全无效果。我们今日所以还要郑重指出八股,小脚,板子,夹棍,等等罪孽,岂是仅仅要宣扬家丑?我们的用意只是要大家明白我们的脊梁上驮着那二三千年的罪孽重担,所以几十年的不十分自觉的努力还不能够叫我们海底翻身。同时我们也可以从这种历史的知识上得着一种坚强的信心:三四十年的一点点努力已可以废除三千年的太监,一千年的小脚,六百年的八股,四五百年的男娼,五千年的酷刑,这不够使我们更决心向前努力吗!西洋人把高跟鞋,细腰模型,贞操锁都装置在博物院里,任人观看,叫人明白那个"美德造成的黄金世界"原来不在过去,而在那辽远的将来。这正是鼓励人们向前努力的好方法,是我们青年人不可不知道的。

固然,博物院里同时也应该陈列先民的优美成绩,谈固有文化的也应该如吴其玉先生说的"优劣并提"。这虽然不是我们现在讨论的本题,(本题是"我们的固有文化真是太丰富了吗?")我们也可以在此谈谈。我们的固有文化究竟有什么"优","长"之处呢?我是研究历史的人,也是个有血气的中国人,当然也时常想寻出我们这个民族的固有文化的优长之处。但我寻出来的长处实在不多,说出来一定叫许多青年人失望。依我的愚见,我们的固有文化有三点是可以在世界上占数一数二的地位的:第一是我们的语言的"文法"是全世界最容易最合理的。第二是我们的社会组织,因为脱离封建时代最早,所以比较的是很平等的,很平民化的。第三是我们的先民,在印度宗教输入以前,他们的宗教比较的是最简单的,最近人情的;就在印度宗教势力盛行之后,还能勉力从中古宗教之下爬出来,勉强建立一个人世的文化:这样的宗教迷信的比较薄弱,也可算是世界希有的。然而这三项都夹杂着不少的有害的成分,都不是纯粹的长处。文法是最合理的简易的,可是文字的形体太繁难,太不合理了。社会组织是平民化了,同时也因为没有中坚的主力,所以缺乏领袖,又不容易组织,弄成一个一盘散沙的国家;又因为社会没有重心,所以一切风气都起于最下层而不出于最优秀的分子,所以小脚起于舞女,鸦片起于游民,一切赌博皆出于民间,小说戏曲也皆起于街头弹唱的小民。至于宗教,因为古代的宗教太简单了,所以中间全国投降了印度宗教,造成了一个长期的黑暗迷信的时代,至今还留下了不少的非人生活的遗痕。——然而这三项究竟还是我们在这个世界上最特异的三点:最简易合理的文法,平民化的社会构造,薄弱的宗教心。此外,我想了二十年,实在想不出什么别的优长之点了。如有别位学者能够指出其他的长处来,我当然很愿意考虑的。(这个问题当然不是一般短文所能讨论的,我在这里不过提出一个纲要而已。)

所以,我不能不被逼上"固有文化实在太不丰富"之结论了。我以为我们对于固有的文化,应该采取历史学者的态度,就是"实事求是"的态度。一部文化史平铺放着,我们可以平心细看:如果真是丰富,我们又何苦自讳其丰富?如果真是贫乏,我们也不必自讳其贫乏。如果真是罪孽深重,我们也不必自讳其罪孽深重。"实事求是",才是最可靠的反省。自认贫乏,方才肯死心塌地的学;自认罪孽深重,方才肯下决心去消除罪恶。如果因为发现了自家不如人,就自暴自弃了,那只是不肖的纨绔子弟的行径,不是我们的有志青年应该有的态度。

话说长了,其他的论点不能详细讨论了,姑且讨论第二个论点,那就是模仿与创造的问题。吴其玉先生说文化进步发展的方式有四种:(一)模仿,(二)改进,(三)发明,(四)创作。这样分法,初看似乎有理,细看是不能成立的。吴先生承认"发明"之中"很多都由模仿来的"。"但也有许多与旧有的东西毫无关系的"。其实没有一件发明不是由模仿来的。吴先生举了两个例:一是瓦特的蒸汽力,一是印字术。他若翻开任何可靠的历史书,就可以知道这两件也是从模仿旧东西出来的。印字术是模仿抄写,这是最明显的事:从抄写到刻印章,从刻印章到刻印板画,从刻印板画到刻印符咒短文,逐渐进到刻印大部书,又由刻板进到活字排印,历史具在,哪一个阶段不是模仿前一个阶段而添上的一点新花样?瓦特的蒸汽力,也是从模仿来的。瓦特生于一七三六年,他用的是牛可门(Newcomen)的蒸汽机,不过加上第二个凝冷器及其他修改而已。牛可门生于一六六三年,他用了同时人萨维里(Savery)的蒸汽机。牛萨两人又都是根据法国人巴平(Denis Papin)的蒸汽唧筒。巴平又是模仿他的老师荷兰人胡根斯(Huygens)的空气唧筒的。(看 Kaempffert: Modern Wonder Workers, pp. 467—503)吴先生举的两个"发明"的例子,其实都是我所说的"模仿到十足时的一点新花样"。吴先生又说:"创作也须靠模仿为入手,但只模仿是不够的。"这和我的说法有何区别?他把

"创作"归到"精神文明"方面,如美术,音乐,哲学等。这几项都是"模仿以外,还须有极高的开辟天才,和独立的精神"。我的说法并不曾否认天才的重要。我说的是:

> 模仿熟了,就是学会了,工具用的熟了,方法练的细密了,有天才的人自然会"熟能生巧",这一点功夫到时的奇巧新花样就叫做创造。(《信心与反省》页四八)

吴先生说:"创造须由模仿入手";我说:"一切所谓创造都从模仿出来",我看不出有一丝一毫的分别。

如此看来,吴先生列举的四个方式,其实只有一个方式:一切发明创作都从模仿出来。没有天才的人只能死板的模仿;天才高的人,功夫到时,自然会改善一点;改变的稍多一点,新花样添的多了,就好像是一件发明或创作了,其实还是模仿功夫深时添上的一点新花样。

这样的说法,比较现时一切时髦的创造论似乎要减少一点弊窦。今日青年人的大毛病是误信"天才","灵感"等等最荒谬的观念,而不知天才没有功力只能蹉跎自误,一无所成。世界大发明家爱迪生说的最好:"天才(Genius)是一分神来,九十九分汗下。"他所谓"神来"(Inspiration)即是玄学鬼所谓"灵感"。用血汗苦功到了九十九分时,也许有一分的灵巧新花样出来,那就是创作了。颓废懒惰的人,痴待"灵感"之来,是终无所成的。寿生先生引孔子的话:"吾尝终日不食,终夜不寝,以思,无益,不如学也。"这一位最富于常识的圣人的话是值得我们大家想想的。

二十三,六,二十五。

写在孔子诞辰纪念之后[①]

我们家乡有句俗话说:"做戏无法,出个菩萨。"编戏的人遇到了无法转变的情节,往往请出一个观音菩萨来解围救急。这两年来,中国人受了外患的刺激,颇有点手忙脚乱的情形,也就不免走上了"做戏无法,出个菩萨"的一条路。这本是人之常情。西洋文学批评史也有 deusex machina 的话,译出来也可说,"解围无计,出个上帝"。本年五月里美国奇旱,报纸上也曾登出旱区妇女孩子跪着祈祷求雨的照片。这都是穷愁呼天的常情,其可怜可恕,和今年我们国内许多请张天师求雨或请班禅喇嘛消灾的人,是一样的。

这种心理,在一般愚夫愚妇的行为上表现出来,是可怜而可恕的;但在一个现代政府的政令上表现出来,是可怜而不可恕的。现代政府的责任在于充分运用现代科学的正确知识,消极的防患除弊,积极的兴利惠民。这都是一点一滴的工作,一尺一步的旅程,这里面绝对没有一条捷径可以偷渡。然而我们观察近年我们当政的领袖好像都不免有一种"做戏无法,出个菩萨"的心理,想寻求一条救国的捷径,想用最简易的方法做到一种复兴的灵迹。最近政府忽然手忙脚乱地恢复了纪念孔子诞辰的典礼,很匆遽的颁布了礼节的规定。八月二十七日,全国都奉命举行了这个孔诞纪念的大典。在

[①] 本文原载一九三四年九月《独立评论》第一一七号。

每年许多个先烈纪念日之中加上一个孔子诞辰的纪念日,本来不值得我们的诧异。然而政府中人说这是"倡导国民培养精神上之人格"的方法;舆论界的一位领袖也说:"有此一举,诚足以奋起国民之精神,恢复民族的自信。"难道世间真有这样简便的捷径吗?

我们当然赞成"培养精神上之人格","奋起国民之精神,恢复民族的自信"。但是古人也曾说过:"礼乐所由起,百年积德而后可兴也。"国民的精神,民族的信心,也是这样的;他的颓废不是一朝一夕之故,他的复兴也不是虚文口号所能做到的。"洙水桥前,大成殿上,多士济济,肃穆趋跄"(用八月二十七日《大公报》社论中语);四方城市里,政客军人也都率领着官吏士民,济济跄跄的行礼,堂堂皇皇的演说,——礼成祭毕,纷纷而散,假期是添了一日,口号是添了二十句,演讲词是多出了几篇,官吏学生是多跑了一趟,然在精神的人格与民族的自信上,究竟有丝毫的影响吗?

那一天《大公报》的社论曾有这样一段议论:

> 最近二十年,世变弥烈,人欲横流,功利思想如水趋壑,不特仁义之说为俗诽笑,即人禽之判亦几以不明,民族的自尊心与自信力既已荡然无存,不待外侮之来,国家固早已濒于精神幻灭之域。

如果这种诊断是对的,那么,我们的民族病不过起于"最近二十年",这样浅的病根,应该是很容易医治的了。可惜我们平日敬重的这位天津同业先生未免错读历史了。《官场现形记》和《二十年目睹之怪现状》描写的社会政治情形,不是中国的实情吗?是不是我们得把病情移前三十年呢?《品花宝鉴》以至《金瓶梅》描写的也不是中国的社会政治吗?这样一来,又得挪上三五百年了。那些时代,孔子是年年祭的,《论语》,《孝经》,《大学》是村学儿童人人读的,还有士大夫讲理学的风气哩!究竟那每年"洙水桥前,大成殿上,多士济济,肃穆趋跄",曾何补于当时的惨酷的社会,贪污的政治?

我们回想到我们三十年前在村学堂读书的时候,每年开学是要向孔夫子叩头礼拜的;每天放学,拿了先生批点过的习字,是要向中堂(不一定有孔子像)拜揖然后回家的。至今回想起来,那个时代的人情风尚也未见得比现在高多少。在许多方面,我们还可以确定的说:"最近二十年"比那个拜孔夫子的时代高明的多多了。这二三十年中,我们废除了三千年的太监,一千年的小脚,六百年的八股,四五百年的男娼,五千年的酷刑,这都没有借重孔子的力量。八月二十七那一天汪精卫先生在中央党部演说,也指出"孔子没有反对纳妾,没有反对蓄奴婢:如今呢,纳妾蓄奴婢,虐待之固是罪恶,善待之亦是罪恶,根本纳妾蓄奴婢便是罪恶"。汪先生的解说是:"仁是万古不易的,而仁的内容与条件是与时俱进的。"这样的解说毕竟不能抹杀历史的事实。事实是"最近"几年中,丝毫没有借重孔夫子,而我们的道德观念已进化到承认"根本纳妾蓄奴婢便是罪恶"了。

平心说来,"最近二十年"是中国进步最速的时代;无论在知识上,道德上,国民精神上,国民人格上,社会风俗上,政治组织上,民族自信力上,这二十年的进步都可以说是超过以前的任何时代。这时期中自然也有不少的怪现状的暴露,劣根性的表现,然而种种缺陷都不能减损这二十年的总进步的净赢余。这里不是我们专论这个大问题的地方。但我们可以指出这个总进步的几个大项目:

第一,帝制的推翻,而几千年托庇在专制帝王之下的城狐社鼠,——一切妃嫔,太监,贵胄,吏胥,捐纳,——都跟着倒了。

第二,教育的革新。浅见的人在今日还攻击新教育的失败,但他们若平心想想旧教育是些什么东西,有些什么东西,就可以明白这二三十年的新教育,无论在量上或质上都比三十年前进步至少千百倍了。在消极方面,因旧教育的推倒,八股,骈文,律诗等等谬制都逐渐跟着倒了;在积极方面,新教育虽然还肤浅,然而常识的增加,技能的增加,文字的改革,体育的进步,国家观念的比较普遍,这都是旧教育万不能做到的成绩。(汪精卫先生前天曾说:"中国号称以孝治天下,而一开口便侮辱人的母亲,甚至祖宗妹子等。"试问今日受过小学教育的学生还有这种开口骂人妈妈妹子的国粹习惯吗?)

第三,家庭的变化。城市工商业与教育的发展使人口趋向都会,受影响最大的是旧式家庭的崩溃,家庭变小了,父母公婆与族长的专制威风减削了,儿女宣告独立了。在这变化的家庭中,妇女的地位的抬高与婚姻制度的改革是五千年来最重大的变化。

第四,社会风俗的改革。小脚,男娼,酷刑等等,我已屡次说过了。在积极方面,如女子的解放,如婚丧礼俗的新试验,如青年对于体育运动的热心,如新医学及公共卫生的逐渐推行,这都是古代圣哲所不曾梦见的大进步。

第五,政治组织的新试验。这是帝制推翻的积极方面的结果。二十多年的试验虽然还没有做到满意的效果,但在许多方面(如新式的司法,如警察,如军事,如胥吏政治之变为士人政治)都已明白的显出几千年来所未曾有的成绩。不过我们生在这个时代,往往为成见所蔽,不肯承认罢了。单就最近几年来颁行的新民法一项而论,其中含有无数超越古昔的优点,已可说是一个不流血的绝大社会革命了。

这些都是毫无可疑的历史事实,都是"最近二十年"中不曾借重孔夫子而居然做到的伟大的进步。革命的成功就是这些,维新的成绩也就是这些。可怜无数维新志士,革命仁人,他们出了大力,冒了大险,替国家民族在二三十年中做到了这样超越前圣,凌驾百王的大进步,到头来,被几句死书迷了眼睛,见了黑旋风不认得是李逵,反倒唉声叹气,发思古之幽情,痛惜今之不如古,梦想从那"荆棘丛生,檐角倾斜"的大成殿里抬出孔圣人来"卫我宗邦,保我族类"!这岂不是天下古今最可怪笑的愚笨吗?

文章写到这里,有人打岔道:"喂,你别跑野马了。他们要的是'国民精神上之人格,民族的自信'。在这'最近二十年'里,这些项目也有进步吗?不借重孔夫子,行吗?"

什么是人格?人格只是已养成的行为习惯的总和。什么是信心?信心只是敢于肯定一个不可知的将来的勇气。在这个时代,新旧势力,中西思潮,四方八面的交攻,都自然会影响到我们这一辈人的行为习惯,所以我们很难指出某种人格是某一种势力单独造成的。但我们可以毫不迟疑的说:这二三十年中的领袖人才,正因为生活在一个新世界的新潮流里,他们的人格往往比旧时代的人物更伟大:思想更透辟,知识更丰富,气象更开阔,行为更豪放,人格更崇高。试把孙中山来比曾国藩,我们就可以明白这两个世界的代表人物的不同了。在古典文学的成就上,在世故的磨练上,在小心谨慎的行为上,中山先生当然比不上曾文正。然而在见解的大胆,气象的雄伟,行为的勇敢上,那一位理学名臣就远不如这一位革命领袖了。照我这十几年来的观察,凡受这个新世界的新文化的震撼最大的人物,他们的人格都可以上比一切时代的圣贤,不但没有愧色,往往超越前人。我且举几个已死的朋友做例子,如高梦旦先生,如蔡元培先生,如丁文江先生。他们的人格的崇高可爱敬,在中国古人中真寻不出相当的伦比。这种人格只有这个新时代才能产生,同时又都是能够给这个时代增加光耀的。

我们谈到古人的人格,往往想到岳飞,文天祥和晚明那些死在廷杖下或天牢里的东林忠臣。我们何不想想这二三十年中为了各种革命慷慨杀身的无数志士！那些年年有特别纪念日追悼的人们，我们姑且不论。我们试想想那些为排满革命而死的许多志士，那些为民十五六年的国民革命而死的无数青年，那些前两年中在上海在长城一带为抗日卫国而死的无数青年，那些为民十三以来的共产革命而死的无数青年，——他们慷慨献身去经营的目标比起东林诸君子的目标来，其伟大真不可比例了。东林诸君子慷慨抗争的是"红丸"，"移宫"，"妖书"等等米米小的问题；而这无数的革命青年慷慨献身去工作的是全民族的解放，整个国家的自由平等，或他们所梦想的全人类社会的自由平等。我们想到了这二十年中为一个主义而从容杀身的无数青年，我们想起了这无数个"杀身成仁"中国青年，我们不能不低下头来向他们致最深的敬礼；我们不能不颂赞这"最近二十年"是中国史上一个精神人格最崇高，民族自信心最坚强的时代。他们把他们的生命都献给了他们的国家和他们的主义，天下还有比这更大的信心吗？

凡是咒诅这个时代为"人欲横流，人禽无别"的人，都是不曾认识这个新时代的人：他们不认识这二十年中国的空前大进步，也不认识这二十年中整千整万的中国少年流的血究竟为的是什么。

可怜的没有信心的老革命党呵！你们要革命，现在革命做到了这二十年的空前大进步，你们反不认得它了。这二十年的一点进步不是孔夫子之赐，是大家努力革命的结果，是大家接受了一个新世界的新文明的结果。只有向前走是有希望的。开倒车是不会有成功的。

你们心眼里最不满意的现状，——你们所咒诅的"人欲横流，人禽无别"，——只是任何革命时代所不能避免的一点附产物而已。这种现状的存在，只够证明革命还没有成功，进步还不够。孔圣人是无法帮忙的;开倒车也决不能引你们回到那个本来不存在的"美德造成的黄金世界"的!养个孩子还免不了肚痛,何况改造一个国家,何况改造一个文化?别灰心了,向前走罢!

二十三,九,三夜。

个人自由与社会进步
——再谈五四运动

五月五日《大公报》的《星期论文》是张熙若先生的《国民人格之修养》。这篇文字也是纪念"五四"的,我读了很受感动,所以转载在这一期。我读了张先生的文章,也有一些感想,写在这里作今年五四纪念的尾声。

这年头是"五四运动"最不时髦的年头。前天五四,除了北京大学依惯例还承认这个北大纪念日之外,全国的人都不注意这个日子了。张熙若先生"雪中送炭"的文章使人颇吃一惊。他是政治哲学的教授,说话不离本行,他指出五四运动的意义是思想解放,思想解放使得个人解放,个人解放产出的政治哲学是所谓个人主义的政治哲学。他充分承认个人主义在理论上和事实上都有缺点和流弊,尤其在经济方面。但他指出个人主义自有它的优点:最基本的是它承认个人是一切社会组织的来源。他又指出个人主义的政治理论的神髓是承认个人的思想自由和言论自由。他说:

> 个人主义在理论上及事实上都有许多缺陷流弊,但以个人的良心为判断政治上是非之最终标准,却毫无疑义是

---

① 本文原载一九三五年五月十二日《独立评论》第一五〇号。

它的最大优点,是它的最高价值。……至少,它还有养成忠诚勇敢的人格的用处。此种人格在任何政制下(除过与此种人格根本冲突的政制)都是有无上价值的,都应该大量的培养的。……今日若能多多培养此种人材,国事不怕没有人担负。救国是一种伟大的事业,伟大的事业惟有有伟大人格者才能胜任。

张先生的这段议论,我大致赞同。他把"五四运动"一个名词包括"五四"(民国八年)前后的新思潮运动,所以他的文章里有"民国六七年的五四运动"一句话。这是五四运动的广义,我们也不妨沿用这个广义的说法。张先生所谓"个人主义",其实就是"自由主义"(Liberalism)。我们在民国八九年之间,就感觉到当时的"新思潮","新文化","新生活"有仔细说明意义的必要。无疑的,民国六七年北京大学所提倡的新运动,无论形式上如何五花八门,意义上只是思想的解放与个人的解放。蔡元培先生在民国元年就提出"循思想自由言论自由之公例,不以一流派之哲学一宗门之教义梏其心"的原则了。他后来办北京大学,主张思想自由,学术独立,百家平等。在北京大学里,辜鸿铭,刘师培,黄侃,陈独秀和钱玄同等同时教书讲学。别人颇以为奇怪。蔡先生只说:"此思想自由之通则,而大学之所以为大也。"(《言行录》页二二九)这样的百家平等,最可以引起青年人的思想解放。我们在当时提倡的思想,当然很显出个人主义的色彩。但我们当时曾引杜威先生的话,指出个人主义有两种:

(1)假的个人主义就是为我主义(Egoism),他的性质是只顾自己的利益,不管群众的利益。

(2)真的个人主义就是个性主义(Individuality),他的特性有两种:一是独立思想,不肯把别人的耳朵当耳朵,不肯把别人的眼睛当眼睛,不肯把别人的脑力当自己的脑力。二是个人对于自己思想信仰的结果要负完全责任,不怕权威,不怕监禁杀身,只认得真理,不认得个人的利害。

这后一种就是我们当时提倡的"健全的个人主义"。我们当日介绍易卜生(Ibsen)的著作,也正是因为易卜生的思想最可以代表那种健全的个人主义。这种思想有两个中心见解:第一是充分发展个人的才能,就是易卜生说的:"你要想有益于社会,最好的法子莫如把你自己这块材料铸造成器。"第二是要造成自由独立的人格,像易卜生的《国民公敌》戏剧里的斯铎曼医生那样"贫贱不能移,富贵不能淫,威武不能屈"。这就是张熙若先生说的"养成忠诚勇敢的人格"。

近几年来,五四运动颇受一班论者的批评,也正是为了这种个人主义的人生观。平心说来,这种批评是不公道的,是根据于一种误解的。他们说个人主义的人生观是资本主义社会的人生观。这是滥用名词的大笑话。难道在社会主义的国家里就可以不用充分发展个人的才能了吗? 难道社会主义的国家里就用不着有独立自由思想的个人了吗? 难道当时辛苦奋斗创立社会主义共产主义的志士仁人都是资本主义社会的奴才吗? 我们试看苏俄现在怎样用种种方法来提倡个人的努力(参看《独立》第一二九号西滢的《苏俄的青年》和蒋廷黻的《苏俄的英雄》),就可以明白这种人生观不是资本主义社会所独有的了。

还有一些人嘲笑这种个人主义,笑它是十九世纪维多利亚时代的过时思想。这种人根本就不懂得维多利亚时代是多么光华灿烂的一个伟大时代。马克思,恩格斯都生死在这个时代里,都是这个时代的自由思想独立精神的产儿。他们都是终身为自由奋斗的人。我们去维多利亚时代还老远哩。我们如何配嘲笑维多利亚时代呢!

所以我完全赞同张熙若先生说的"这种忠诚勇敢的人格在任何政治下都是有无上价值的,都应该大量的培养的"。因为这种人格是社会进步的最大动力。欧洲十八九世纪的个人主义造出了无数爱自由过于面包,爱真理过于生命的特立独行之士,方才有今日的文明世界。我们现在看见苏俄的压迫个人自由思想,但我们应该想想,当日在西伯利亚冰天雪地里受监禁拘囚的十万革命志士,是不是新俄国的先锋?我们到莫斯科去看了那个很感动人的"革命博物馆",尤其是其中展览列宁一生革命历史的部分,我们不能不深信:一个新社会,新国家,总是一些爱自由爱真理的人造成的,决不是一班奴才造成的。

张熙若先生很大胆的把五四运动和民国十五六年的国民革命运动相提并论,并且很大胆的说这两个运动走的方向是相同的。这种议论在今日必定要受不少的批评,因为有许多人决不肯承认这个看法。平心说来,张先生的看法也不能说是完全正确。民国十五六年的国民革命运动至少有两点是和民国六七八年的新运动不同的:一是苏俄输入的党纪律,一是那几年的极端民族主义。苏俄输入的铁纪律含有绝大的"不容忍"(Intoleration)的态度,不容许异己的思想,这种态度是和我们在五四前后提倡的自由主义很相反的。民国十六年的国共分离,在历史上看来,可以说是国民党对于这种不容异己的专制态度的反抗。可惜清党以来,六七年中,这种"不容忍"的态度养成的专制习惯还存在不少人的身上。刚推翻了布尔什维克的不容异己,又学会了法西斯蒂的不容异己,这是很不幸的事。

"五四"运动虽然是一个很纯粹的爱国运动,但当时的文艺思想运动却不是狭义的民族主义运动。蔡元培先生的教育主张是显然带有"世界观"的色彩的。(《言行录》页一九七)《新青年》的同人也都很严厉的批评指斥中国旧文化。其实孙中山先生也是抱着大同主义的,他是信仰"天下为公"的理想的。但中山先生晚年屡次说起鲍洛庭同志劝他特别注重民族主义的策略,而民国十四五年的远东局势又逼我们中国人不得不走上民族主义的路。十四年到十六年的国民革命的大胜利,不能不说是民族主义的旗帜的大成功。可是民族主义有三个方面:最浅的是排外,其次是拥护本国固有的文化,最高又最艰难的是努力建立一个民族的国家。因为最后一步是最艰难的,所以一切民族主义运动往往最容易先走上前面的两步。济南惨案以后,九一八以后,极端的叫嚣的排外主义稍稍减低了,然而拥护旧文化的喊声又四面八方的热闹起来了。这里面容易包藏守旧开倒车的趋势,所以也是很不幸的。

在这两点上,我们可以说,民国十五六年的国民革命运动是不完全和五四运动同一个方向的。但就大体上说,张熙若先生的看法也有不小的正确性。孙中山先生是受了很深的安格鲁撒克逊民族的自由主义的影响的,他无疑的是民治主义的信徒,又是大同主义的信徒。他一生奋斗的历史都可以证明他是一个爱自由,爱独立的理想主义者。我们看他在民国九年一月《与海外同志书》(引见上期《独立》)里那样赞扬五四运动,那样承认"思想之转变"为革命成功的条件;我们更看他在民国十三年改组国民党时那样容纳异己思想的宽大精神,——我们不能不承认,至少孙中山先生理想中的国民革命是和五四运动走同一方向的。因为中山先生相信"革命之成功必有赖于思想之转变",所以他能承认五四运动前后的"新文化运动实为最有价值的事"。思想的转变是在思想自由言论自由的条件之下个人不断的努力的产儿。个人没有自由,思想又何从转变,社会又何从进步,革命又何从成功呢?

二十四,五,六。

记辜鸿铭[①]

民国十年十月十三夜,我的老同学王彦祖先生请法国汉学家戴弥微(Mon. Demieville)在他家中吃饭,陪客的有辜鸿铭先生、法国的□先生、徐墀先生,和我;还有几位,我记不得了。这一晚的谈话,我的日记里留有一个简单的记载,今天我翻看旧日记,想起辜鸿铭的死,想起那晚上的主人王彦祖也死了,想起十三年之中,人事变迁的迅速,我心里颇有不少的感触,所以我根据我的旧日记,用记忆来补充他,写成这篇辜鸿铭的回忆。

辜鸿铭是向来反对我的主张的,曾经用英文在杂志上驳我;有一次,为了我在《每周评论》上写的一段短文,他竟对我说,要在法庭控告我。然而在见面时,他对我总很客气。

这一晚,他先到了王家,两位法国客人也到了;我进来和他握手时,他对那两位外国客人说 Here comes my learned enemy,大家都笑了。

入座之后,戴弥微的左边是辜鸿铭,右边是徐墀。大家正在喝酒吃菜,忽然辜鸿铭用手在戴弥微的背上一拍,说:"先生,你可要小心!"戴先生吓了一跳,问他为什么? 他说:"因为你坐在辜疯子和徐

[①] 本文原载一九三五年八月十一日天津《大公报》。

癫子的中间！"大家听了,哄堂大笑,因为大家都知道"Cranky Hsu"和"Crazy Ku"的两个绰号。

一会儿,他对我说:"去年张少轩(张勋)过生日,我送了他一副对子,上联是'荷尽已无擎雨盖'——下联是什么?"我当他是集句的对联,一时想不起好对句,只好问他:"想不出好对句,你对的什么?"他说:"下联是'菊残犹有傲霜枝'。"我也笑了。

他又问:"你懂得这副对子的意思吗?"我说:"'菊残犹有傲霜枝'当然是张大帅和你老先生的辫子了。'擎雨盖'是什么呢?"他说:"是清朝的大帽。"我们又大笑。

他在席上大讲他最得意的安福国会选举时他卖票的故事。这个故事,我听他亲口讲过好几次了,每回他总添上一点新花样,这也是老年人说往事的普遍毛病。

安福系当权时,颁布了一个新的国会选举法,其中有一部分的参议员,是须由一种中央通儒院票选的,凡国立大学教授,凡在国外大学得学位的,都有选举权。于是对于许多留学生之获有学士、硕士、博士文凭的,都有人来兜买。本人不必到场,自有人拿文凭去登记投票。据说当时的市价是每张文凭可卖二百元。兜卖的人拿了文凭去,还可以变化发财。譬如一张文凭上的姓名是 Wu Ting,第一次可报"武定",第二次可报"丁武",第三次可报"吴廷",第四次可说江浙方音的"丁和"。这样办法,原价二百元的,可以卖八百元了。

辜鸿铭卖票的故事确是很有风趣的。他说:"□□□来运动我投他一票,我说:'我的文凭早就丢了。'他说:'谁不认得你老人家?只要你亲自来投票,用不着文凭。'我说:'人家卖两百块钱一票,我老辜至少要卖五百元。'他说:'别人两百,你老人家三百。'我说:'四百块,少一毛钱不来,还得先付现款,不要支票。'他要还价,我叫他滚出去。他只好说:'四百块钱依你老人家。可是投票时务必请你

到场。'

"选举的前一天,□□□果然把四百元钞票和选举入场证都带来了,还再三叮嘱我明天务必到场。等他走了,我立刻出门,赶下午的列车到了天津,把四百块钱全部报效在一个姑娘——你们都知道,她的名字叫'一枝花'——的身上了。两天功夫,钱花光了,我才回北京来。

"□□□听说我回来了,赶到我家,大骂我无信义。我拿起一根棍子,指着那个留学生小政客,说:'你瞎了眼睛,敢拿钱来买我!你也配讲信义!你给我滚出去!从今以后,不要再上我门来!'那小子看见我的棍子,真个乖乖的逃出去了。"

说完了这个故事,他回过头来对我说:"你知道,有句俗话:'监生拜孔子,孔子吓一跳。'我上回听说□□的孔教会要我去祭孔子,我编了一首白话诗:

监生拜孔子,孔子吓一跳。
孔会拜孔子,孔子要上吊。

胡先生,我的白话诗好不好?"

一会儿,辜鸿铭指着那两位法国客人大发议论了。他说:"先生们,不要见怪,我要说你们法国人真有点不害羞!怎么把一个文学博士的名誉学位送给□□□①!□先生,你的□□②报上还登出□□□的照片来,坐在一张书桌边,桌上堆着一大堆书,题做《□大总统著书之图》!呃,呃,真羞煞人!我老辜向来佩服你们贵

---

① 据《胡适的日记》上册,这是指徐世昌。
② 指法国《政闻报》。

国，——La belle France!① 现在真丢尽了你们的 La belle France 的脸了！你们要是送我老辜一个文学博士，也还不怎样丢人！可怜的班乐卫先生，他把博士学位送给□□□，呃！"

那两位法国客人听了老辜的话，都很感觉不安，那位□□报的主笔尤其脸红耳赤，他不好不替他的政府辩护一两句。辜鸿铭不等他说完，就打断他的话，说：

"Monsteur□，你别说了。有一个时候，我老辜得意的时候，你每天来看我，我开口说一句话，你就说：'辜先生，你等一等。'你就连忙摸出铅笔和日记本子来，我说一句，你就记一句，一个字也不肯放过。现在我老辜倒霉了，你的影子也不上门上来了。"

那位法国记者，脸上更红了。我们的主人觉得空气太紧张了，只好提议，大家散坐。

上文说起辜鸿铭有一次要在法庭控告我，这件事我也应该补叙一笔。

在民国八年八月间，我在《每周评论》第三十三期登出了一段《随感录》：

> 《辜鸿铭》 现在的人看见辜鸿铭拖着辫子，谈着"尊王大义"，一定以为他是向来顽固的，却不知辜鸿铭当初是最先剪辫子的人；当他壮年时，衙门里拜万寿，他坐着不动。后来人家谈革命了，他才把辫子留起来。辛亥革命时，他的辫子还没有养全，他戴着假发接的辫子，坐着马车乱跑，很出风头。这种心理很可研究。当初他是"立异以

---

① 法语，意为"美丽的法兰西"。

为高",如今竟是"久假而不归"了。

这段话是高尔谦先生告诉我的,我深信高尔谦先生不说谎话,所以我登在报上。那一期出版的一天,是一个星期日,我在北京西车站同一个朋友吃晚饭。我忽然看见辜鸿铭先生同七八个人也在那里吃饭。我身边恰好带了一张《每周评论》,我就走过去,把报送给辜先生看。他看了一遍,对我说:"这段记事不很确实。我告诉你我剪辫子的故事。我的父亲送我出洋时,把我托给一位苏格兰教士,请他照管我。但他对我说:'现在我完全托了□先生,你什么事都应该听他的话。只有两件事我要叮嘱你:第一,你不可进耶稣教;第二,你不可剪辫子。'我到了苏格兰,跟着我的保护人,住了许多时。每天出门,街上小孩子总跟着我叫喊:'瞧呵,支那人的猪尾巴!'我想着父亲的教训,忍着侮辱,终不敢剪辫。那个冬天,我的保护人往伦敦去了,有一天晚上我去拜望一个女朋友。这个女朋友很顽皮,她拿起我的辫子来赏玩,说中国人的头发真黑的可爱。我看她的头发也是浅黑的,我就说:'你要肯赏收,我就把辫子剪下来送给你。'她笑了;我就借了一把剪子,把我的辫子剪下来送了给她。"

"这是我最初剪辫子的故事。可是拜万寿,我从来没有不拜的。"他说时指着同坐的几位老头子,"这几位都是我的老同事。你问他们,我可曾不拜万寿牌位?"

我向他道歉,仍回到我们的桌上。我远远的望见他把我的报纸传给同坐客人看。我们吃完了饭,我因为身边只带了这一份报纸,就走过去向他们讨回那张报纸。大概那班客人说了一些挑拨的话,辜鸿铭站起来,把那张《每周评论》摺成几叠,向衣袋里一插,正色对我说:"密斯忒胡,你在报上毁谤了我,你要在报上向我正式道歉。你若不道歉,我要向法院控告你。"

我忍不住笑了。我说:"辜先生,你说的话是开我玩笑,还是恐吓我?你要是恐吓我,请你先去告状;我要等法院判决了才向你正式道歉。"我说了,点点头,就走了。

后来他并没有实行他的恐吓,大半年后,有一次他见着我,我说:"辜先生,你告我的状子进去了没有?"他正色说:"胡先生,我向来看得起你;可是你那段文章实在写得不好!"

高梦旦先生小传[①]

民国十年的春末夏初,高梦旦先生从上海到北京来看我。他说,他现在决定辞去商务印书馆编译所所长的事,他希望我肯去做他的继任者。他说:"北京大学固然重要,我们总希望你不会看不起商务印书馆的事业。我们的意思确是十分诚恳的。"

那时我还不满三十岁,高先生已是五十多岁的人了。他的谈话很诚恳,我很受感动。我对他说:"我决不会看不起商务印书馆的工作。一个支配几千万儿童的知识思想的机关,当然比北京大学重要多了。我所虑的只是怕我自己干不了这件事。"当时我答应他夏天到上海商务印书馆去住一两个月,看看里面的工作,并且看看我自己配不配接受梦旦先生的付托。

那年暑假期中,我在上海住了四十五天,天天到商务印书馆编译所去,高先生每天他把编译所各部分的工作指示给我看,把所中的同事介绍和我谈话。每天他家中送饭来,我若没有外面的约会,总是和他同吃午饭。

我知道他和馆中的老辈张菊生先生、鲍咸昌先生、李拔可先生,对我的意思都很诚恳。但是我研究的结果,我始终承认我的性情和训练都不配做这件事。我很诚恳的辞谢了高先生。他问我意中有

[①] 本文最初发表于一九三七年一月《东方杂志》第三四卷第一号。

谁可任这事。我推荐王云五先生,并且介绍他和馆中各位老辈相见。他们会见了两次之后,我就回北京去了。

我走后,高先生就请王云五先生每天到编译所去,把所中的工作指示给他看,和他从前指示给我看一样。一个月之后,高先生就辞去了编译所所长,请王先生继他的任,他自己退居出版部部长,尽心尽力的襄助王先生做改革的事业。

民国十九年,王云五先生做了商务印书馆的总理。民国二十一年一月,商务印书馆的闸北各厂都被日本军队烧毁了。兵祸稍定,王先生决心要做恢复的工作。高先生和张菊生先生本来都已退休了,当那危急的时期,他们每天都到馆中来襄助王先生办事。两年之中,王先生苦心硬干,就做到了恢复商务印书馆的奇绩。

我特记载这个故事,因为我觉得这是一件美谈。王云五先生是我的教师,又是我的朋友,我推荐他自代,这并不足奇怪。最难能的是高梦旦先生和馆中几位老辈,他们看中了一个少年书生,就要把他们毕生经营的事业付托给他;后来又听信这个少年人的几句话,就把这件重要的事业付托给了一个他们平素不相识的人。这是老成人为一件大事业求付托人的苦心,是大政治家谋国的风度。这是值得大书深刻,留给世人思念的。

高梦旦先生,福建长乐县人,原名凤谦,晚年只用他的表字"梦旦"为名。"梦旦"是在梦梦长夜里想望晨光的到来,最足以表现他一生追求光明的理想。他早年自号"崇有",取晋人裴頠《崇有论》之旨,也最可以表现他一生崇尚实事痛恨清谈的精神。

因为他期望光明,所以他最能欣赏也最能了解这个新鲜的世界。因为他崇尚实事,所以他不梦想那光明可以立刻来临,他知道进步是一点一滴的积聚成的,光明是一线一线的慢慢来的。最要紧的条件只是人人尽他的一点一滴的责任,贡献他一分一秒的光明。

高梦旦先生晚年发表了几件改革的建议,标题引一个朋友的一句话:"都是小问题,并且不难办到。"这句引语最能写出他的志趣。他一生做的事,三十年编纂小学教科书,三十年提倡他的十三个月的历法,三十年提倡简笔字,提倡电报的改革,提倡度量衡的改革,都是他认为不难做到的小问题。他的赏识我,也是因为我一生只提出一两个小问题,锲而不舍的做去,不敢好高骛远,不敢轻谈根本改革,够得上做他的一个小同志。

高先生的做人,最慈祥,最热心,他那古板的外貌里藏着一颗最仁爱暖热的心。在他的大家庭里,他的儿子、女儿都说:"吾父不仅是一个好父亲,实兼一个友谊至笃的朋友。"他的侄儿、侄女们都说,"十一叔是圣人。"这个圣人不是圣庙里陪吃冷猪肉的圣人,是一个处处能体谅人,能了解人,能帮助人,能热烈的、爱人的、新时代的圣人。他爱朋友,爱社会,爱国家,爱世界。他爱真理,崇拜自由,信仰科学。因为他信仰科学,所以他痛恨玄谈,痛恨迷信,痛恨中医。因为他爱国家社会,所以他爱护人才真如同性命一样。他爱敬张菊生先生,就如同爱敬他的两个哥哥一样。他爱惜我们一班年轻的朋友,就如同他爱护他自己的儿女一样。

他的最可爱之处,是因为他最能忘了自己。他没有私心,没有名心,没有胜心。人都说他冲澹,其实他是浓挚热烈。在他那浓挚热烈的心里,他期望一切有力量而又肯努力的人都能成功胜利,别人的成功胜利都使他欢喜安慰,如同他自己的成功胜利一样。因为浓挚热烈,所以冲澹的好像没有自己了。

高先生生于公历一八七〇年一月二十八日,死于一九三六年七月二十三日,葬在上海虹桥公墓。葬后第四个月,他的朋友胡适在太平洋船上写这篇小传。

一九三六,十一,二十六

北京大学五十周年[①]

北京大学今年整五十岁了。在世界的大学之中,这个五十岁的大学只能算一个小孩子。欧洲最古的大学,如意大利的萨劳诺(Salerno)大学是一千年前创立的;如意大利的波罗那(Bologna)大学是九百年前创立的。如法国的巴黎大学是八百多年前一两位大师创始的。如英国的牛津大学也有八百年的历史了,剑桥大学也有七百多年的历史了。今年四月中,捷克都城的加罗林大学庆祝六百年纪念。再过十六年,波兰的克拉可(Gracow)大学,奥国的维也纳大学都要庆祝六百年纪念了。全欧洲大概至少有五十个大学是五百年前创立的。

在十二年前,我曾参加美国的哈佛大学的三百年纪念;八年前我曾参加彭州大学(University of Pennsylvania)的二百年纪念。去年到今年,普林斯敦(Princeton)大学补祝二百年纪念,清华北大都有代表参加。再过三年,耶尔大学是庆祝二百五十年纪念了。美国独立建国不过是一百六七十年前的事;可是这个新国家里满二百年的大学已有好几个。

所以在世界大学的发达史上,刚满五十岁的北京大学真是一个小弟弟,怎么配发帖子做生日,惊动朋友赶来道喜呢?

[①] 本文选自一九四八年北平版《北京大学五十周年纪念特刊》。

我曾说过,北京大学是历代的"太学"的正式继承者,如北大真想用年岁来压倒人,他可以追溯"太学"起于汉武帝元朔五年(西历纪元前一二四年)公孙弘奏请为博士设弟子员五十人。那是历史上可信的"太学"的起源,到今年是两千零七十二年了。这就比世界上任何大学都年高了!

但北京大学向来不愿意承认是汉武帝以来的太学的继承人,不愿意卖弄那二千多年的高寿。自从我到了北大之后,我记得民国十二年(一九二三)北大纪念二十五周年,廿七年纪念四十周年,都是承认戊戌年是创立之年。北大也可以追溯到同治初年同文馆的设立,那也可以把校史拉长二十多年。但北大好像有个坚定的遗规,只承认戊戌年"大学堂"的设立是北大历史的开始。

这个小弟弟年纪虽不大,着实有点志气!他在这区区五十年之中,已经过了许多次的大灾难,吃过了不少的苦头。他是"戊戌新政"的产儿,但他还没生下地,那百日的新政早已短命死了,他就成了"新政"遗腹子。他还不满两周岁,就遇着义和拳的大乱,牺牲了两年的生命。辛亥革命起来时,他还只是一个十三岁的小孩子。民国成立的初期,他也受了政治波浪的影响,换了许多次校长。直到蔡元培蒋梦麟两位先生相继主持北大的三十年之中,北大才开始养成一点持续性,才开始造成一个继续发展的学术中心。可是在这三十年之中,北大也经过不少的灾难。北大的三十周年(民国十七年,一九二八)纪念时,他也变成北平大学的一个学院了。他的四十周年(民国廿七年,一九三八)纪念是在昆明流离时期举行的。

我今天要特别叙说北大遭遇的最大的一次危机,并且要叙述北大应付那危机的态度。

话说民国二十年一月,蒋梦麟先生受了政府的新任命,回到北大来做校长。他有中兴北大的决心,又得到了中华教育文化基金董事会的研究合作费国币一百万圆的援助,所以他能放手做去,有魄力,有担当,他对我们三个院长说:"辞退旧人,我去做;聘请新人,你们去做。"

蒋校长和他的同事们费了整整八个月的工夫筹备北大的革新。我们准备九月十七日开学,全国教育界也颇注意北大的中兴,都预料九月十七日北大的新阵容确可以"旌旗变色",建立一个"新北大"的底子。

民国二十年(一九三一)九月十七日,新北大开学了。蒋校长和全体师生都很高兴。可怜第二天就是"九一八"!那晚上日本的军人在沈阳闹出了一件震惊全世界的事件,造成了第二次世界大战的序幕!

我们北大同人只享受了两天的高兴。九月十九日早晨我们知道沈阳的大祸,我们都知道空前的国难已到了我们的头上,我们的敌人决不容许我们从容努力建设一个新的国家。我们那八个月辛苦筹备的"新北大",不久也就要被摧毁了!

但我们在那个时候,都感觉一种新的兴奋,都打定主意,不顾一切,要努力把这个学校办好,努力给北大打下一个坚实可靠的基础。所以北大在那最初六年的困难之中,工作最勤,从没有间断。现在的地质馆、图书馆、女生宿舍都是那个时期里建筑的。现在北大的许多白发教授,都是那个时期埋头苦干的少壮教授。

我讲这段故事,是要说明北大这个多灾多难的孩子实在有点志气,能够在很危险、很艰苦的情形之下努力做工,努力奋斗。我觉得这个"国难六年中继续苦干"的故事在今日是值得我们北大全体师生记忆回念的,——也许比"五四""六三"等等故事还更有意味。

现在我们又在很危险的艰苦的环境里给北大做五十岁生日,

我用很沉重的心情叙述他多灾多难的历史,祝福他长寿康强,祝他能安全的渡过眼前的危难正如同他渡过五十年中许多次危难一样!

        一九四八年十二月十三日

自由主义[①]

孙中山先生曾引一句外国成语："社会主义有五十七种，不知哪一种是真的"。其实"自由主义"也可以有种种说法，人人都可以说他的说法是真的，今天我说的"自由主义"，当然只是我的看法，请大家指教。

自由主义最浅显的意思是强调的尊重自由，现在有些人否认自由的价值，同时又自称是自由主义者。自由主义里没有自由，那就好像长坂坡里没有赵子龙，空城计里没有诸葛亮，总有点叫不顺口罢！据我的拙见，自由主义就是人类历史上那个提倡自由，崇拜自由，争取自由，充实并推广自由的大运动。"自由"在中国古文里的意思是："由于自己"，就是不由于外力，是"自己作主"。在欧洲文字里，"自由"含有"解放"之意，是从外力裁制之下解放出来，才能"自己作主"。在中国古代思想里，"自由"就等于自然，"自然"是"自己如此"，"自由"是"由于自己"，都有由于外力拘束的意思。陶渊明的诗："久在樊笼里，复得返自然"，这里"自然"二字可以说是完全同"自由"一样。王安石的诗："风吹瓦堕屋，正打破我头……我终不嗔渠，此瓦不自由。"这就是说，这片瓦的行动是被风吹动的，不是由于自己的力量。中国古人太看重"自由"，"自然"的"自"字，所以往往

[①] 本文原载一九四八年九月五日北平《世界日报》。

看轻外面的拘束力量,也许是故意看不起外面的压迫,故意回向自己内心去求安慰,求自由。这种回向自己求内心的自由,有几种方式,一种是隐遁的生活——逃避外力的压迫,一种是梦想神仙的生活——行动自由,变化自由——正如庄子说,列子御风而行,还是"有待","有待"还不是真自由,最高的生活是事人无待于外,道教的神仙,佛教的西天净土,都含有由自己内心去寻求最高的自由的意义。我们现在讲的"自由",不是那种内心境界,我们现在说的"自由",是不受外力拘束压迫的权利,是在某一方面的生活不受外力限制束缚的权利。

在宗教信仰方面不受外力限制,就是宗教信仰自由。在思想方面就是思想自由,在著作出版方面,就是言论自由,出版自由。这些自由都不是天生的,不是上帝赐给我们的,是一些先进民族用长期的奋斗努力争出来的。

人类历史上那个自由主义大运动实在是一大串解放的努力。宗教信仰自由只是解除某个某个宗教威权的束缚,思想自由只是解除某派某派正统思想威权的束缚。在这些方面……在信仰与思想的方面,东方历史上也有很大胆的批评者与反抗者。从墨翟,杨朱,到桓谭,王充,从范缜,傅奕,韩愈,到李贽,颜元,李塨,都可以说是为信仰思想自由奋斗的东方豪杰之士,很可以同他们的许多西方同志齐名比美,我们中国历史上虽然没有抬出"争自由"的大旗子来做宗教运动,思想运动,或政治运动,但中国思想史与社会政治史的每一个时代都可以说含有争取某种解放的意义。

我们的思想史的第一个开山时代,就是春秋战国时代——就有争取思想自由的意义。

古代思想的第一位大师老子,就是一位大胆批评政府的人。他说:

天下多忌讳,而民弥贫。
　　法令滋彰,盗贼多有。
　　民之饥,以其上食税之多,是以饥。
　　民之难治,以其上之有为,是以难治。
　　民之轻死,以其求生之厚,是以轻死。
　　天之道损有余,而补不足。
　　人之道则不然,损不足以奉有余。

老子同时的邓析是批评政府而被杀的。另一位更伟大的人就是孔子,他也是一位偏向左的"中间派",他对于当时的宗教与政治,都有大胆的批评,他的最大胆的思想是在教育方面:

有教无类,"类"是门类,是阶级民族,"有教无类",是说:"有了教育,就没有阶级民族了。"

从老子,孔子打开了自由思想的风气,二千多年的中国思想史,宗教史,时时有争自由的急先锋,有时还有牺牲生命的殉道者。孟子的政治思想可以说是全世界的自由主义的最早一个倡导者。孟子提出的"大丈夫"是"贫贱不能移,富贵不能淫,威武不能屈"。这是中国经典里自由主义的理想人物。在二千多年历史上,每到了宗教与思想走进了太黑暗的时代,总有大思想家起来奋斗,批评,改革。

汉朝的儒教太黑暗了,就有桓谭,王充,张衡起来,作大胆的批评。后来佛教势力太大了,就有齐梁之间的范缜,唐朝初年的傅奕,唐朝后期的韩愈出来,大胆的批评佛教,攻击那在当时气焰熏天的佛教。大家都还记得韩愈攻击佛教的结果是:"一封朝奏九重天,夕贬潮阳路八千。"佛教衰落之后,在理学极盛时代,也曾有多少次批评正统思想或反抗正统思想的运动。王阳明的运动就是反抗朱子的正统思想的。李卓吾是为了反抗一切正宗而被拘捕下狱,他在监狱里自杀的,他死在北京,葬在通州,这个七十六岁的殉道者的坟墓,至今存在,他的书经过多少次禁止,但至今还是很流行的。北方的颜李学派,也是反对正统的程朱思想的,当时,这个了不得的学派很受正统思想的压迫,甚至于不能公开的传授。这三百年的汉学运动,也是一种争取宗教自由思想自由的运动。汉学是抬出汉朝的书做招牌,来掩护一个批评宋学的大运动。这就等于欧洲人抬出圣经来反对教会的权威。

但是东方自由主义运动始终没有抓住政治自由的特殊重要性,所以始终没有走上建设民主政治的路子。西方的自由主义绝大贡献正在这一点。他们觉悟到只有民主的政治方才能够保障人民的基本自由,所以自由主义的政治意义是强调的拥护民主。一个国家的统治权必须放在多数人民手里,近代民主政治制度是安格罗撒克逊民族的贡献居多,代议制度是英国人的贡献,成文而可以修改的宪法是英美人的创制,无记名投票是澳洲人的发明,这就是政治的自由主义应该包含的意义。我们古代也曾有"天视自我民视,天听自我民听","民为邦本","民为贵,社稷次之,君为轻"的民主思想。我们也曾在二千年前就废除了封建制度,做到了大一统的国家,这个大一统的帝国里,我们也曾建立一种全世界最久的文官考试制度,使全国才智之士有参加政府的平等制度。但,我们始终没有法可以解决君主专制的问题,始终没有建立一个制度来限制君主的专制大权,世界只有安格罗撒克逊民族在七百年中逐渐发展出好几种民主政治的方式与制度,这些制度可以用在小国,也可用在大国。(1)代议政治,起源很早,但史家指一二九五年为正式起始。(2)成文宪,最早的一二一五年的大宪章,近代的是美国宪法(一七八九年)。(3)无记名投票(政府预备选举票,票上印各党候选人的姓名,选民秘密填记)是一八五六年 South Austlilia 最早采有的。自由主义在这两百年的演进史上,还有一个特殊的,空前的政治意义,就是容忍反对党,保障少数人的自由权利。向来政治斗争不是东风压了西风,就是西风压了东风,被压的人是没有好日子过的。但近代西方的民主政治却渐渐养成了一种容忍异己的度量与风气。因为政权是多数人民授予的,在朝执政权的党一旦失去了多数人民的支持,就成了在野党了,所以执政权的人都得准备下台时坐冷板凳的生活,而个个少数党都有逐渐变成多数党的可能。甚至于极少数人的信仰与主张,

> 好像一粒芥子,在各种种子里是顶小的,等到他生长起来,却比各种菜蔬都大,竟成了小树,空中的飞鸟可以来停在他的枝上。(《新约·马太福音》十四章,圣地的芥菜可以高到十英尺。)

人们能这样想,就不能不存容忍别人的态度了,就不能不尊重少数人的基本自由了。在近代民主国家里,容忍反对党,保障少数人的权利,久已成了当然的政治作风,这是近代自由主义里最可爱慕而又最基本的一个方面。我做驻美大使的时期,有一天我到费城去看我的一个史学老师白尔教授,他平生最注意人类争自由的历史,这时候他已八十岁了。他对我说:"我年纪越大,越觉得容忍比自由还更重要。"这句话我至今不忘记。为什么容忍比自由还更要紧呢?因为容忍就是自由的根源,没有容忍,就没有自由可说了。至少在现代,自由的保障全靠一种互相容忍的精神,无论是东风压了西风,还是西风压了东风,都是不容忍,都摧残自由。多数人若不

能容忍少数人的思想信仰,少数人当然不会有思想信仰的自由,反过来说,少数人也得容忍多数人的思想信仰,因为少数人要时常怀着"有朝一日权在手,杀尽异教方罢休"的心理,多数人也就不能不行"斩草除根"的算计了。最后我要指出,现代的自由主义,还含有"和平改革"的意思。

和平改革有两个意义,第一就是和平的转移政权,第二就是用立法的方法,一步一步的做具体改革,一点一滴的求进步。容忍反对党,尊重少数人权利,正是和平的政治社会改革的唯一基础。反对党的对立,第一是为政府树立最严格的批评监督机关,第二是使人民可以有选择的机会,使国家可以用法定的和平方式来转移政权,严格的批评监督,和平改换政权,都是现代民主国家做到和平革新的大路。近代最重大的政治变迁,莫过于英国工党的执掌政权,英国工党在五十多年前,只能选择出十几个议员,三十年后,工党两次执政,但还站不长久,到了战争胜利之年(1945年),工党得到了绝对多数的选举票,故这次工党的政权,是巩固的,在五年之内,谁都不能推翻他们,他们可以放手改革英国的工商业,可以放手改革英国的经济制度,这样重大的变化,——从资本主义的英国变到社会主义的英国,——不用流一滴血,不用武装革命,只靠一张无记名的选举票,这种和平的革命基础,只是那容忍反对党的雅量,只是那保障少数人自由权利的政治制度,顶顶小的芥子不曾受摧残,在五十年后居然变成大树了。自由主义在历史上有解除束缚的作用,故有时不能避免流血的革命,但自由主义的运动,在最近百年中最大成绩,例如英国自从一九三二年以来的政治革新,直到今日的工党政府,都是不流血的和平革新,所以在许多人的心目中自由主义竟成了"和平改革主义"的别名,有些人反对自由主义,说它是"不革命主义",也正是如此。我们承认现代的自由主义正应该有"和平改革"

的含义,因为在民主政治已上了轨道的国家里,自由与容忍铺下了和平改革的大路,自由主义者也就不觉得有暴力革命的必要了。这最后一点,有许多没有忍耐心的年青人也许听了不满意,他们要"彻底改革",不要那一点一滴的立法,他们要暴力革命,不要和平演进。我要很诚恳的指出,近代一百六七十年的历史,很清楚的指示我们,凡主张彻底改革的人,在政治上没有一个不走上绝对专制的路,这是很自然的,只有绝对的专制政权可以铲除一切反对党,消灭一切阻力,也只有绝对的专制政治可以不择手段,不惜代价,用最残酷的方法做到他们认为根本改革的目的。他们不承认他们的见解会有错误,他们也不能承认反对的人会有值得考虑的理由,所以他们绝对不能容忍异己,也绝对否能容许自由的思想与言论。所以我很坦白地说,自由主义为了尊重自由与容忍,当然反对暴力革命,与暴力革命必然引起来的暴力专制政治。

总结起来,自由主义的第一个意义是自由,第二个意义是民主,第三个意义是容忍——容忍反对党,第四个意义是和平的渐进的改革。

序跋编

《尝试集》再版自序

这一点小小的"尝试",居然能有再版的荣幸,我不能不感谢读这书的人的大度和热心。

近来我颇自己思想,究竟这本小册子有没有再版的需要?现在我决意再版了,我的理由是:

第一,这本书含有点历史的兴趣,我做白话诗,比较的可算最早,但是我的诗变化最迟缓。从第一编的《尝试篇》、《赠朱经农》、《中秋》,……等诗变到第二编的《威权》、《应该》、《关不住了》、《乐观》、《上山》,等诗;从那些很接近旧诗的诗变到很自由的新诗,——这一个过渡时期在我的诗里最容易看得出。第一编的诗,除了《蝴蝶》和《他》两首之外,实在不过是一些刷洗过的旧诗。做到后来的《朋友篇》,简直又可以进《去国集》了!第二编的诗,虽然打破了五言七言的整齐句法,虽然改成长短不整齐的句子,但是初做的几首,如《一念》、《鸽子》、《新婚杂诗》、《四月二十五夜》,都还脱不了词曲的气味与声调。在这个时期里,《老鸦》与《老洛伯》要算是例外的了。就是七年十二月的《奔丧到家》诗的前半首,还只是半阕添字的《沁园春》词。故这个时期,——六年秋天到七年年底——还只是一个自由变化的词调时期。自此以后,我的诗方才渐渐做到"新诗"的地位。"关不住了"一首是我的"新诗"成立的纪元。《应该》一首,用一个人的"独语"(Monologue)写三个人的境地,是一种创体;古诗中只有"上山采蘼芜"略像这个体裁。以前的《你莫忘记》也是一个人"独语",但没有《应该》那样曲折的心理情境。自此以后,《威权》、《乐观》、《上山》、《周岁》、《一颗遭劫的星》,都极自由,极自然,可算得我自己的"新诗"进化的最高一步。如初版最末一首的第一段:

> 热极了!
> 更没有一点风!
> 那又轻又细的马缨花须,
> 动也不动一动!

这才是我久想做到的"白话诗"。我现在回头看我两年前做的诗,如:

> 到如今,待双双登堂拜母,
> 只剩得荒草孤坟,斜阳凄楚!
> 最伤心,不堪重听,灯前人诉,阿母临终语!

真如同隔世了!

不料居然有一种守旧的批评家一面夸奖《尝试集》第一编的诗,一面嘲笑第二编的诗;说《中秋》、《江上》、《寒江》,……等诗是诗,第二编最后的一些诗不是诗;又说,"胡适之上了钱玄同的当,全国少年又上了胡适之的当!"我看了这种议论,自然想起一个很相类的故事。当梁任公先生的《新民丛报》最风行的时候,国中守旧的古文家谁肯承认这种文字是"文章"?后来白话文学的主张发生了,那班守旧党忽然异口同声的说道:"文字改革到了梁任公的文章就很好了,尽够了。何必去学白话文呢？白话文如何算得文学呢？"好在我的朋友康白情和别位新诗人的诗体变的比我更快,他们的无韵"自由诗"已很能成立。大概不久就有人要说:"诗的改革到了胡适之的《乐观》、《上山》、《一颗遭劫的星》,也尽够了。何必又去学康白情的《江南》和周启明的《小河》呢？"……只怕那时我自己又已上康白情的当了！

以上说的是第一个理由。

第二,我这几十首诗代表二三十种音节上的试验,也许可以供新诗人的参考。第一编的诗全是旧诗的音节,自不须讨论。这二编里,我最初爱用词曲的音节,例如《鸽子》一首,竟完全是词。《新婚杂诗》的(二)(五)也是如此。直到去年四月,我做"送叔永回四川"诗的第二段：

> 记得江楼同远眺,云影渡江来,惊起江头鸥鸟？
> 记得江边石上,同坐看潮回,浪声遮断人笑？
> 记得那回同访友,日冷风横,林里陪他听松啸！

这三句都是从三种词调里出来的。这种音节,未尝没有好处,如上文引的三句,懂音节的自然觉得有一种悲音含在写景里面。我有时又想用双声叠韵的法子来帮助音节的谐婉。例如：

> 我不能呢呢喃喃讨人家的欢喜。

这一句里有两个双声。又如：

> 看他们三三两两,

> 回环来往,夷犹如意!

三,环,叠韵(今韵);两,往,叠韵;夷,意,叠韵;回,环,双声;夷,犹,意,双声;如字读我们徽州音,也与夷,犹,意,为双声。如又:

> 我望遍天边,寻不见一点半点光明;
> 回转头来,
> 只有你在那杨柳高头,依旧亮晶晶地!

遍,天,边,见,点,半,点,七字叠韵;头,有,柳,头,旧,五字叠韵;遍,边,半,双声;你,那,双声;有,杨,依,双声。又如:

> 也想不相思,可免相思苦。
> 几次细思量,情愿相思苦!

这诗近来引起了许多讨论,我且借这个机会说明几句。这诗原稿本是:

> 也想不相思,免得相思苦。
> 几度细思量,情愿相思苦!

> (原稿曾载《每周评论》二十九号)

原稿用的"免得"确比改稿"可免"好。朱执信先生论此诗,说"免"字太响又太重要了,前面不当加一个同样响亮的"可"字。这话极是,我当初也这样想;第二句第一个"免"字与第四句第二个"愿"字为韵,本来也可以的,古诗"文王曰咨,咨汝殷商",便是一例。但我后来又怕读的人不懂得这种用韵法,故勉强把"免"字移为第二个字,不料还有人说这首诗没有韵!我现在索性在此处更正,改用"免得"罢。至于第三句由"度"字,何以后来我自己改为"次"字呢?我因为几,细,思,三字都是"齐齿"音,故加一个"齐齿"的次字,使四个字都成"齐齿"音;况且这四个字之中,下三字的声母又都是"齿头"一类:故"几次细思量"一句,读起来使人不能不发生一种"咬紧牙齿忍痛"的感觉。这是一种音节上的大胆试验。姜白石的词有:

瞑入西山,渐唤我一叶夷犹乘兴。

"一叶夷犹"四字使人不能不发生在平湖上荡船,"画桡不点明镜"的感觉,也是用这个法子。

这种双声叠韵的玩意儿,偶然顺手拈来,未尝不能增加音节上的美感。如康白情的"滴滴琴泉,听听他滴的是甚么调子?"十四个字里有十二个双声,故音节非常谐美。但这种玩意儿,只可以偶然遇着,不可以强求:偶然遇着了,略改一两个字,——如康君这一句,原稿作"试听",后改为"听听",——是可以的。若去勉强做作,便不是做诗了。唐宋诗人做的双声诗和叠韵诗,都只是游戏,不是做诗。

所以我极赞成朱执信先生说的"诗的音节是不能独立的"。这话的意思是说:诗的音节是不能离开诗的意思而独立的。例如"生查子"词的正格是:

仄仄仄平平,仄仄平平仄。
仄仄仄平平,仄仄平平仄。

下半阕也是如此。但宋人词:

> 去年元夜时,花市灯如昼。
> 月上柳梢头,人约黄昏后。
> 今年元夜时,花市灯如旧。
> 不见去年人,泪湿春衫袖。

第一句与第五句都不合正格,但我们读这词,并不觉得他不合音节,这是因为他依着词意的自然音节的缘故。又如我的"生查子"词,第七、八两句是:

> 从来没见他,梦也如何做?

第七句也不合正格,但读起来也不见得音节不好。这也是因为他是依着意思的自然音节的。

所以朱君的话可换过来说:"诗的音节必须顺着诗意的自然曲折,自然轻重,自然高下。"再换一句说:"凡能充分表现诗意的自然曲折,自然轻重,自然高下的,便是诗的最好音节。"古人叫做"天籁"的,译成白话,便是"自然音节"。我初做诗以来,经过了十几年"冥行索涂"的苦况;又因旧文学的习惯太深,故不容易打破旧诗词的圈套;最近这两三年,玩过了多少种的音节试验,方才渐渐有点近于自然的趋势。如《关不住了》的第三段:

> 一屋里都是太阳光,
> 这时候爱情有点醉了,
> 他说,"我是关不住的,

我要把你的心打碎了!"

又如:

雪消了,
枯叶被春风吹跑了。

又如:

热极了!
更没有一点风!
那又轻又细的马缨花须
动也不动一动!

又如:

上面果然是平坦的路,
有好看的野花,
有遮阴的老树。
*
但是我可倦了,
衣服都被汗湿遍了,
两条腿都软了。
*
我在树下睡倒,
闻着那扑鼻的草香,

> 便昏昏沉沉的睡了一觉。

这种诗的音节,不是五七言旧诗的音节,也不是词的音节,也不是曲的音节,乃是"白话诗"的音节。

以上说的是第二个理由。

我因为这两个理由,所以敢把《尝试集》再版。

有人说,"你这篇再版自序又犯了你们徽州人说的'戏台里喝采'的毛病,你自己说你自己那几首诗好,那几首诗不好,未免太不谦虚了。"这话说的也有理。但我自己也有不得已的苦心。我本来想让看戏的人自己去评判。但这四个月以来,看戏的人喝的采很有使我自己难为情的:我自己觉得唱工做工都不佳的地方,他们偏要大声喝采;我自己觉得真正"卖力气"的地方,却只有三四个真正会听戏的人叫一两声好!我唱我的戏,本可以不管戏台下喝采的是非。我只怕那些乱喝采的看官把我的坏处认做我的好处,拿去咀嚼仿做,那我就真贻害无穷,真对不住列位看官的热心了!因此,我老着面孔,自己指出那几首诗是旧诗的变相,那几首诗是词曲的变相,那几首诗是纯粹的白话新诗,我刻诗的目的本来是要"请大家都来尝试"。但是我曾说过,尝试的结果"告人此路不通行,可使脚力莫浪费"。这便是我不得不做这篇序的苦心。"戏台里喝采"是很难为情的事;但是有时候,戏台里的人,实在有忍不住喝采的心境,请列位看官不要见笑。

总结一句话,我自己承认《老鸦》、《老洛伯》、《你莫忘记》、《关不住了》、《希望》、《应该》、《一颗星儿》、《威权》、《乐观》、《上山》、《周岁》、《一颗遭劫的星》、《许怡荪》、《一笑》——这十四篇是"白话新诗"。其余的,也还有几首可读的诗,两三首可读的词,但不是真正白话的新诗。

这书初写定时,全靠我的朋友章洛声替我校钞写定;付印后又全靠他细心校对几遍。这书初版没有一个错字,全是他的恩惠。我借这个机会很诚恳的谢谢他。

> 民国九年八月四日　胡适
> 序于南京高等师范学校的梅庵

这半年以来,我做的诗很少。现在选了六首,加在再版里。

> 适　九·八·十五

《吴虞文录》序①

凡是到过北京的人,总忘不了北京街道上的清道夫。那望不尽头的大街上,迷漫扑人的尘土里,他们抬着一桶水,慢慢的歇下来,一勺一勺的洒到地上去,洒的又远又均匀。水洒着的地方,尘土果然不起了。但那酷烈可怕的太阳光,偏偏不肯帮忙,他只管火也似的晒在那望不尽头的大街上。那水洒过的地方,一会儿便晒干了;一会儿风吹过来或汽车走过去,那迷漫扑人的尘土又飞扬起来了!洒的尽管洒,晒的尽管晒。但那些蓝袄蓝裤露着胸脯的清道夫,并不因为太阳和他们作对就不洒水了。他们依旧一勺一勺的洒将去,洒的又远又均匀,直到日落了,天黑了,他们才抬着空桶,慢慢的走回去,心里都想道,"今天的事做完了!"

吴又陵先生是中国思想界的一个清道夫。他站在那望不尽头的长路上,眼睛里,嘴里,鼻子里,头颈里,都是那迷漫扑人的孔渣孔滓的尘土,他自己受不住了,又不忍见那无数行人在那孔渣孔滓的尘雾里撞来撞去,撞的破头折脚。因此,他发愤做一个清道夫,常常挑着一担辛辛苦苦挑来的水,一勺一勺的洒向那孔尘迷漫的大街上。他洒他的水,不但拿不着工钱,还时时被那无数吃惯孔尘的老头子们跳着脚痛骂,怪他不识货,怪他不认得这种孔渣孔滓的美味,

---

① 本文最初发表于一九二一年六月二十日至二十一日《晨报副刊》。

怪他挑着水拿着勺子在大路上妨碍行人！他们常常用石头掷他,他们哭求那些吃孔尘羹饭的大人老爷们,禁止他挑水,禁止他清道。但他毫不在意,他仍旧做他清道的事。有时候,他洒的疲乏了,失望了,忽然远远的觑见那望不尽头的大路的那一头好像也有几个人在那里洒水清道,他的心里又高兴起来了,他的精神又鼓舞起来了。于是他仍旧挑了水来,一勺一勺的洒向那旋洒旋干的长街上去。

这是吴先生的精神。吴先生和我的朋友陈独秀是近年来攻击孔教最有力的两位健将。他们两人,一个在上海,一个在成都,相隔那么远,但精神上很有相同之点。独秀攻击孔丘的许多文章(多载在《新青年》第二卷)专注重"孔子之道不合现代生活"的一个主要观念。当那个时候,吴先生在四川也做了许多非孔的文章,他的主要观念也只是"孔子之道不合现代生活"的一个观念。吴先生是学过法政的人,故他的方法与独秀稍不同。吴先生自己说他的方法道：

不佞丙午游东京,曾有数诗,注中多非儒之说。归蜀后,常以六经,《五礼通考》,《唐律疏义》,《满清律例》,及诸史中议礼议狱之文,与老,庄,孟德斯鸠,甄克思,穆勒约翰,斯宾塞尔,远藤隆吉,久保天随诸家之著作,及欧美各国宪法,民法,刑法,比较对勘。十年以来,粗有所见。

吴先生用这个方法的结果,他的非孔文章大体都注重那些根据孔道的种种礼教,法律,制度,风俗。他先证明这些礼法制度都是根据于儒家的基本教条的,然后证明这种种礼法制度都是一些吃人的礼教和一些坑陷人的法律制度。他又从思想史的方面,指出自老子以来也有许多古人不满意于这些欺人吃人的礼制,使我们知道儒教所极力拥护的礼制在千百年前早已受思想家的批评与攻击了,何况在现今这种大变而特变的社会生活之中呢?

吴先生的方法,我觉得是很不错的。我们对于一种学说或一种宗教,应该研究他在实际上发生了什么影响:"他产生了什么样子的礼法制度? 他所产生的礼法制度发生了什么效果? 增长了或是损害了人生多少幸福? 造成了什么样子的国民性? 助长了进步吗? 阻碍了进步吗?"这些问题都是批评一种学说或一种宗教的标准。用这种实际的效果去批评学说与宗教,是最严厉又最平允的方法。吴先生虽不曾明说他用的是这种实际主义的标准,但我想他一定很赞成我这个解释。

那些"卫道"的老先生们也知道这种实际标准的厉害,所以他们想出一个躲避的法子来。他们说:"这种种实际的流弊都不是孔老先生的本旨,都是叔孙通董仲舒刘歆程颢朱熹……等人误解孔道的结果。你们骂来骂去,只骂着叔孙通董仲舒刘歆程颢朱熹一班人,却骂不着孔老先生。"于是有人说《礼运》大同说是真孔教(康有为先生);又有人说四教,四绝,三慎,是真孔教(顾实先生)。关于这种遁辞,独秀说的最痛快:

> 足下分汉宋儒者以及今之孔道孔教诸会之孔教,与真正孔子之教为二,且谓孔教为后人所坏。愚今所欲问者,汉唐以来诸儒,何以不依傍道法杨墨,而人亦不以道法杨墨称之? 何以独与孔子为缘而复败坏之也? 足下可深思其故矣。(《新青年》二卷四号)

这个道理最明显:何以那种种吃人的礼教制度都不挂别的招牌,偏爱挂孔老先生的招牌呢? 正因为二千年吃人的礼教法制都挂着孔丘的招牌,故这块孔丘的招牌——无论是老店,是冒牌——不能不拿下来,捶碎,烧去!

我给各位中国少年介绍这位"四川省只手打孔家店"的老英雄——吴又陵先生!

十,六,十六

《蕙的风》序[①]

我的少年朋友汪静之把他的诗集《蕙的风》寄来给我看,后来他随时做的诗,也都陆续寄来。他的集子在我家里差不多住了一年之久;这一年之中,我觉得他的诗的进步着实可惊。他在一九二一,二,三,做的《雪花——棉花》,有这样的句子:

> 你还以为我孩子瞎说吗?
> 你不信到门前去摸摸看,
> 那不是棉花?
> 那不是棉花是什么?
> 妈,你说这是雪花,
> 我说这是顶好的棉花,
> 比我们前天望见棉花铺子里的还好的多多。
> ……

这确是很幼稚的。但他在一年之后——一九二二,一,一八——做的《小诗》,如:

[①] 本文原载一九二二年九月二十四日《努力周报》二十一期。

> 我冒犯了人们的指谪,
> 一步一回头地瞟我意中人,
> 我怎样欣慰而胆寒呵。

这就是很成熟的好诗了。

我读静之的诗,常常有一个感想:我觉得他的诗在解放一方面比我们做过旧诗的人更彻底的多。当我们在五六年前提倡做新诗时,我们的"新诗"实在还不曾做到"解放"两个字,远不能比元人的小曲长套,近不能比金冬心的自度曲。我们虽然认清了方向,努力朝着"解放"做去,然而当日加入白话诗的尝试的人,大都是对于旧诗词用过一番工夫的人,一时不容易打破旧诗词的镣铐枷锁。故民国六、七、八年的"新诗",大部分只是一些古乐府式的白话诗,一些《击壤集》式的白话诗,一些词式和曲式的白话诗,——都不能算是真正新诗。但不久就有许多少年的"生力军"起来了。少年的新诗人之中,康白情、俞平伯起来最早;他们受的旧诗的影响,还不算很深(白情《草儿》附的旧诗,很少好的),所以他们的解放也比较更容易。自由(无韵)诗的提倡,白情、平伯的功劳都不小。但旧诗词的鬼影仍旧时时出现在许多"半路出家"的新诗人的诗歌里。平伯的《小劫》,便是一例:

> 云皎洁,我的衣,
> 霞烂漫,他的裙裾,
> 终古去翱翔,
> 随着苍苍的大气;
> 为什么要低头呢?
> 哀哀我们的无俦侣。

> 去低头！低头看——看下方；
> 看下方啊,吾心震荡；
> 看下方啊,
> 撕碎吾身荷芰的芳香。

这词的音调,字面,境界,全是旧式诗词的影响。直到最近一两年内,又有一班少年诗人出来;他们受的旧诗词的影响更薄弱了,故他们的解放也更彻底。静之就是这些少年诗人之中的最有希望一个。他的诗有时未免有些稚气,然而稚气究竟远胜于暮气;他的诗有时未免太露,然而太露究竟远胜于晦涩。况且稚气总是充满着一种新鲜风味,往往有我们自命"老气"的人万想不到的新鲜风味。如静之的《月夜》的末章:

> 我那次关不住了,
> 就写封爱的结晶的信给伊。
> 但我不敢寄去,
> 怕被外人看见了；
> 不过由我的左眼寄给右眼看,
> 这右眼就是代替伊了。……

这是稚气里独有的新鲜风味,我们"老"一辈的人只好望着欣羡了。我再举一个例:

> 浪儿张开他的手腕,
> 一叠一叠滚滚地拥挤着,
> 搂着砂儿怪亲密地吻着。

刚刚吻了一下,
却被风推他回去了。
他不忍去而去,
似乎怒吼起来了。
呀,他又刚愎愎地势汹汹地赶来了!
他抱着那靠近砂边的小石塔,
更亲密地用力接吻了。
他爬上那小石塔了。
雪花似的浪花碎了,——喷散着。
笑了,他快乐的大声笑了。
但是风又把他推回去了。
海浪呀,
你歇歇罢!
你已经留给伊了——
你的爱的痕迹统统留给伊了。
你如此永续地忙着,
也不觉得倦吗?(《海滨》)

这里确有稚气,然而可爱呵,稚气的新鲜风味!

至于"太露"的话,也不能一概而论,诗固有浅深,倒也不全在露与不露。李商隐一派的诗,吴文英一派的词,可谓深藏不露了,然而究竟遮不住他们的浅薄。《三百篇》里:

取彼谮人,
投畀豺虎;
豺虎不食,

投畀有北；
有北不受，
投畀有昊！

这是很露的了，然而不害其为一种深切的感情的表现。如果真有深厚的内容，就是直截流露的写出，也正不妨。古人说的"含蓄"，并不是不求人解的不露，乃是能透过一层，反觉得直说直叙不能达出诗人的本意，故不能不脱略枝节，超过细目，抓住了一个要害之点，另求一个"深入而浅出"的方法。故论诗的深度，有三个阶级：浅入而浅出者为下，深入而深出者胜之，深入而浅出者为上。静之的诗，这三个境界都曾经过。如前年做的《怎敢爱伊》：

我本很爱伊，——
 十二分爱伊。
我心里虽爱伊，
 面上却不敢爱伊。
我倘若爱了伊，
 怎样安置伊？
他不许我爱伊，
 我怎敢爱伊？

这自然是受了我早年的诗的余毒，未免"浅入而浅出"的毛病。但同样题目，他去年另有一个写法：

愿你不要那般待我，
 这是不得已的，

因你已被他霸占了。
我们别无什么,
只是光明磊落真诚恳挚的朋友;
但他总抱着无谓的疑团呢。
他不能了解我们,
这是怎样可憎的隔膜呀!
你给我的信——
里面还搁着你的真心——
已被他妒恨地撕破了。
……
他凶残地怨责你,
不许你对我诉衷曲,
他冷酷地刻薄我,
我实难堪这不幸的遭际呀!
因你已被他霸占了,
这是不得已的,
愿你不要那般待我——
一定的,
一定不要呀!(《非心愿的要求》)

这就是"深入而深出"的写法了。露是很露的,但这首诗究竟可算得一首赤裸裸的情诗。过了一年,他的见解似乎更进步了,他似乎能超过那笨重的事实了,所以他今年又换了一种写法:

我愿把人间的心,
一个个都聚拢来,

共总熔成了一个；
像月亮般挂在清的天上，
给大家看个明明白白。

我愿把人间的心，
一个个都聚拢来，
用仁爱的日光洗洁了；
重新送还给人们，
使误解从此消散了。(《我愿》)

这种写法,可以算是"深入而浅出"的了。我不知别人读此诗作何感觉,但我读了此诗,觉得里面含着深刻的悲哀,觉得这种诗是"诗人之诗"了。

静之的诗,也有一些是我不爱读的。但这本集子里确然有很多的好诗。我很盼望国内读诗的人不要让脑中的成见埋没了这本小册子。成见是人人都不能免的;也许有人觉得静之的情诗有不道德的嫌疑,也许有人觉得一个青年人不应该做这种呻吟宛转的情诗,也许有人嫌他的长诗太繁了,也许有人嫌他的小诗太短了,也许有人不承认这些诗是诗。但是,我们应该承认我们的成见是最容易错误的,道德的观念是容易变迁的,诗的体裁是常常改换的,人的情感是有个性的区别的。况且我们受旧诗词影响深一点的人,戴上了旧眼镜来看新诗,更容易陷入成见的错误。我自己常常承认是一个缠过脚的妇人,虽然努力放脚,恐怕终究不能恢复那"天足"的原形了。我现在看着这些彻底解放的少年诗人,就像一个缠过脚后来放脚的妇人望着那些真正天足的女孩子们跳来跳去,妒在眼里,喜在心头。

他们给了我许多"烟土披里纯",我是很感谢的。四五年前,我们初做新诗的时候,我们对社会只要求一个自由尝试的权利;现在这些少年新诗人对社会要求的也只是一个自由尝试的权利。为社会的多方面的发达起见,我们对于一切文学的尝试者,美术的尝试者,生活的尝试者,都应该承认他们的尝试的自由。这个态度,叫做容忍的态度(Tolerance)。容忍上加入研究的态度,便可到了解与赏识。社会进步的大阻力是冷酷的不容忍。静之自己也曾有一个很动人的呼告:

> 被损害的莺哥大诗人,
> 将要绝气的时候,
> 对着他的朋友哭告道:
> 牺牲了我不要紧的;
> 只愿诸君以后千万要防备那暴虐者,
> 好好地奋发你们青年的花罢!(《被损害的》)

十一·六·六

《科学与人生观》序[①]

亚东图书馆主人汪孟邹先生,近来把散见国内各种杂志上的讨论科学与人生观的文章搜集印行,总名为《科学与人生观》。我从烟霞洞回到上海时,这部书已印了一大半了。孟邹要我做一篇序。我觉得,在这回空前的思想界大笔战的战场上,我要算一个逃兵了。我在本年三四月间,因为病体未复原,曾想把《努力周报》停刊,当时丁在君先生极不赞成停刊之议,他自己做了几篇长文,使我好往南方休息一会。我看了他的《玄学与科学》,心里很高兴,曾对他说,假使《努力》以后向这个新方向去谋发展,——假使我们以后为科学作战,——《努力》便有了新生命,我们也有了新兴趣,我从南方回来,一定也要加入战斗的。然而我来南方以后,一病就费去了六个多月的时间,在病中我只做了一篇很不庄重的《孙行者与张君劢》,此外竟不曾加入一拳一脚,岂不成了一个逃兵了?我如何敢以逃兵的资格来议论战场上各位武士的成绩呢?

但我下山以后,得遍读这次论战的各方面的文章,究竟忍不住心痒手痒,究竟不能不说几句话。一来呢,因为论战的材料太多,看这部大书的人不免有"目迷五色"的感觉,多作一篇综合的序论也许可以帮助读者对于论点的了解。二来呢,有几个重要的争点,或者

[①] 本文选自上海亚东图书馆一九二三年版《科学与人生观》。

不曾充分发挥,或者被埋没在这二十五万字的大海里,不容易引起读者的注意,似乎都有特别点出的需要。因此,我就大胆地作这篇序了。

一

这三十年来,有一个名词在国内几乎做到了无上尊严的地位;无论懂与不懂的人,无论守旧和维新的人,都不敢公然对他表示轻视或戏侮的态度。那名词就是"科学"。这样几乎全国一致的崇信,究竟有无价值,那是另一问题。我们至少可以说,自从中国讲变法维新以来,没有一个自命为新人物的人敢公然毁谤"科学"的,直到民国八九年间梁任公先生发表他的《欧游心影录》,科学方才在中国文字里正式受了"破产"的宣告。

梁先生说:

> 要而言之,近代人因科学发达,生出工业革命,外部生活变迁急剧,内部生活随而动摇,这是很容易看得出的。……依着科学家的新心理学,所谓人类心灵这件东西,就不过物质运动现象之一种。……这些唯物派的哲学家,托庇科学宇下建立一种纯物质的纯机械的人生观。把一切内部生活外部生活都归到物质运动的"必然法则"之下。……不惟如此,他们把心理和精神看成一物,根据实验心理学,硬说人类精神也不过一种物质,一样受"必然法则"所支配。于是人类的自由意志不得不否认了。意志既不能自由,还有什么善恶的责任?……现今思想界最大的危机就在这一点。宗教和旧哲学既已被科学打得个旗靡

帜乱,这位"科学先生"便自当仁不让起来,要凭他的试验发明个宇宙新大原理。却是那大原理且不消说,敢是各科的小原理也是日新月异,今日认为真理,明日已成谬见。新权威到底树立不来,旧权威却是不可恢复了。所以全社会人心,都陷入怀疑沉闷畏惧之中,好像失了罗针的海船遇着风雾,不知前途怎生是好。既然如此,所以那些什么乐利主义,强权主义愈发得势。死后既没有天堂,只好尽这几十年尽情地快活,善恶既没有责任,何妨尽我的手段来充满我个人的欲望。然而享用的物质增加速率,总不能和欲望的升腾同一比例,而且没有法子令他均衡。怎么好呢?只有凭自己的力量自由竞争起来,质而言之,就是弱肉强食。近年来甚么军阀,甚么财阀,都是从这条路产生出来。这回大战争,便是一个报应。……

总之,在这种人生观底下,那么千千万万人前脚接后脚的来这世界走一趟住几十年,干什么呢?独一无二的目的就是抢面包吃。不然就是怕那宇宙间物质运动的大轮子缺了发动力,特自来供给他燃料。果真这样,人生还有一毫意味,人类还有一毫价值吗?无奈当科学全盛时代,那主要的思潮,却是偏在这方面,当时讴歌科学万能的人,满望着科学成功,黄金世界便指日出现。如今功总算成了,一百年物质的进步,比从前三千年所得还加几倍。我们人类不惟没有得着幸福,倒反带来许多灾难。好像沙漠中失路的旅人,远远望见个大黑影,拚命往前赶,以为可以靠他向导,那知赶上几程,影子却不见了,因此无限凄惶失望。影子是谁,就是这位"科学先生"。欧洲人做了一场科学万能的大梦,到如今却叫起科学破产来。(《梁任公近著》第一辑上卷,页一九一二三。)

梁先生在这段文章里很动情感地指出科学家的人生观的流毒:他很明显地控告那"纯物质的纯机械的人生观"把欧洲全社会"都陷入怀疑沉闷畏惧之中",养成"弱肉强食"的现状,——"这回大战争,便是一个报应"。他很明白地控告这种科学家的人生观造成"抢面包吃"的社会,使人生没有一毫意味,使人类没有一毫价值,没有给人类带来幸福,"倒反带来许多灾难",叫人类"无限凄惶失望"。梁先生要说的是欧洲"科学破产"的喊声,而他举出的却是科学家的人生观的罪状;梁先生摭拾了一些玄学家诬蔑科学人生观的话头,却便加上了"科学破产"的恶名。

梁先生后来在这一段之后,加上两行自注道:

> 读者切勿误会,因此菲薄科学,我绝不承认科学破产,不过也不承认科学万能罢了。

然而谣言这件东西,就同野火一样,是易放而难收的。自从《欧游心影录》发表之后,科学在中国的尊严就远不如前了。一般不曾出国门的老先生很高兴地喊着,"欧洲科学破产了!梁任公这样说的"。我们不能说梁先生的话和近年同善社、悟善社的风行有什么直接的关系;但我们不能不说梁先生的话在国内确曾替反科学的势力助长不少的威风。梁先生的声望,梁先生那枝"笔锋常带情感"的健笔,都能使他的读者容易感受他的言论的影响。何况国中还有张君劢先生一流人,打着柏格森,倭铿,欧立克……的旗号,继续起来替梁先生推波助澜呢?

我们要知道,欧洲的科学已到了根深柢固的地位,不怕玄学鬼来攻击了。几个反动的哲学家,平素饱餍了科学的滋味,偶尔对科学发几句牢骚话,就像富贵人家吃厌了鱼肉,常想尝尝咸菜豆腐的风味:这种反动并没有什么大危险。那光焰万丈的科学,决不是这几个玄学鬼摇撼得动的。一到中国,便不同了。中国此时还不曾享着科学的赐福,更谈不到科学带来的"灾难"。我们试睁开眼看看:这遍地的乩坛道院,这遍地的仙方鬼照相,这样不发达的交通,这样不发达的实业,——我们哪里配排斥科学?至于"人生观",我们只有做官发财的人生观,只有靠天吃饭的人生观,只有求神问卜的人生观,只有《安士全书》的人生观,只有《太上感应篇》的人生观——中国人的人生观还不曾和科学行见面礼呢!我们当这个时候,正苦科学的提倡不够,正苦科学的教育不发达,正苦科学的势力还不能扫除那迷漫全国的乌烟瘴气,——不料还有名流学者出来高唱"欧洲科学破产"的喊声,出来把欧洲文化破产的罪名归到科学身上,出来菲薄科学,历数科学家的人生观的罪状,不要科学在人生观上发生影响!信仰科学的人看了这种现状,能不发愁吗?能不大声疾呼出来替科学辩护吗?

这便是这一次"科学与人生观"的大论战所以发生的动机。明白了这个动机,我们方才可以明白这次大论战在中国思想史上占的地位。

二

张君劢的《人生观》原文的大旨是:

> 人生观之特点所在,曰主观的,曰直觉的,曰综合的,曰自由意志的,曰单一性的。惟其有此五点,故科学无论

如何发达,而人生观问题之解决,决非科学所能为力,惟赖诸人类之自身而已。

君劢叙述那五个特点时,处处排斥科学,处处用一种不可捉摸的语言——"是非各执,绝不能施以一种试验","无所谓定义,无所谓方法,皆其身良心之所命起而主张之","若强为分析,则必失其真义","皆出于良心之自动,而决非有使之然者"。这样一个大论战,却用一篇处处不可捉摸的论文作起点,这是一件大不幸的事。因为原文处处不可捉摸,故驳论与反驳都容易跳出本题。战线延长之后,战争本意反不很明白了。(我常想,假如当日我们用了梁任公先生的《科学万能之梦》一篇作讨论的基础,我们定可以使这次论争的旗帜格外鲜明,——至少可以免去许多无谓的纷争。)我们为读者计,不能不把这回论战的主要问题重说一遍。

君劢的要点是"人生观问题之解决,决非科学所能为力"。我们要答复他,似乎应该先说明科学应用到人生观问题上去,会产生什么样子的人生观;这就是说,我们应该先叙述"科学的人生观"是什么,然后讨论这种人生观是否可以成立,是否可以解决人生观的问题,是否像梁先生说的那样贻祸欧洲,流毒人类。我总观这二十五万字的讨论,终觉得这一次为科学作战的人——除了吴稚晖先生——都有一个共同的错误,就是不曾具体地说明科学的人生观是什么,却去抽象地力争科学可以解决人生观的问题。这个共同的错误原因,约有两种:第一,张君劢的导火线的文章内并不曾像梁任公那样明白指斥科学家的人生观,只是笼统地说科学对于人生观问题不能为力。因此,驳论与反驳论的文章也都走上那"可能与不可能"的笼统讨论上去了。例如丁在君的"玄学与科学"的主要部分只是要证明:

> 凡是心理的内容,真的概念推论,无一不是科学的材料。

然而他却始终没有说出什么是"科学的人生观"。从此以后,许多参战的学者都错在这一点上。如张君劢《再论人生观与科学》只主张:

> "人生观超于科学以上","科学决不能支配人生"。

如梁任公的《人生观与科学》只说:

> 人生关涉理智方面的事项,绝对要用科学方法来解决;关于情感方面的事项,绝对的超科学。

如林宰平的《读丁在君先生的玄学与科学》只是一面承认"科学的方法有益于人生观",一面又反对科学包办或管理"这个最古怪的东西"——人类。如丁在君《答张君劢》也只是说明:

> 这种(科学)方法,无论用在知识界的哪一部分,都有相当的成绩,所以我们对于知识的信用,比对于没有方法的情感要好;凡有情感的冲动都要想用知识来指导他,使他发展的程度提高,发展的方向得当。

如唐擘黄《心理现象与因果律》只证明:

一切心理现象都是有因的。

他的《一个痴人的说梦》只证明：

> 关于情感的事项，要就我们的知识所及，尽量用科学方法来解决的。

王抚五的《科学与人生观》也只是说：

> 科学是凭藉"因果"和"齐一"两个原理而构造起来的；人生问题无论为生命之观念，或生活之态度，都不能逃出这两个原理的金刚圈，所以科学可以解决人生问题。

直到最后范寿康的《评所谓科学与玄学之争》，也只是说：

> 伦理规范——人生观——一部分是先天的，一部分是后天的。先天的形式是由主观的直觉而得，决不是科学所能干涉。后天的内容应由科学的方法探讨而定，决不是主观所应妄定。

综观以上各位的讨论，人人都在那里笼统地讨论科学能不能解决人生问题或人生观问题。几乎没有一个人明白指出，假使我们把科学适用到人生观上去，应该产生什么样子的人生观，然而这个共同的错误大都是因为君劢的原文不曾明白攻击科学家的人生观，却只悬空武断科学决不能解决人生观问题。殊不知，我们若不先明白科学应用到人生观上去时发生的结果，我们如何能悬空评判科学能不能解决人生观呢?

这个共同的错误——大家规避"科学的人生观是什么"的问题——怕还有第二个原因,就是一班拥护科学的人虽然抽象地承认科学可以解决人生问题,却终不愿公然承认那具体的"纯物质,纯机械的人生观"为科学的人生观。我说他们"不愿",并不是说他们怯懦不敢,只是说他们对于那科学家的人生观还不能像吴稚晖先生那样明显坚决的信仰,所以还不能公然出来主张。这一点确是这一次大论争的一个绝大的弱点。若没有吴老先生把他的"漆黑一团"的宇宙观和"人欲横流"的人生观提出来做个押阵大将,这一场大战争真成了一场混战,只闹得个一哄散场!

关于这一点,陈独秀先生的序里也有一段话,对于作战的先锋大将丁在君先生表示不满意。

独秀说:

> 他(丁先生)自号存疑的唯心论,这是沿袭赫胥黎,斯宾塞诸人的谬误;你既承认宇宙间有不可知的部分而存疑,科学家站开,且让玄学家来解疑。此所以张君劢说,"既已存疑,则研究形而上界之玄学,不应有丑诋之词。"其实我们对于未发见的物质固然可以存疑,而对于超物质而独立存在并且可以支配物质的什么心(心即是物之一种表现),什么神灵与上帝,我们已无疑可存了。说我们武断也好,说我们专制也好,若无证据给我们看,我们断然不能抛弃我们的信仰。

关于存疑主义的积极的精神,在君自己也曾有明白的声明(《答张君劢》,页二——二三)。"拿证据来!"一句话确然是有积极精神的。但赫胥黎等在当用这种武器时,究竟还只是消极的防御居多。在十九世纪的英国,在那宗教的权威不曾打破的时代,明明是无神论者也不得不挂一个"存疑"的招牌。但在今日的中国,在宗教信仰向来比较自由的中国,我们如果深信现有的科学证据只能叫我们否认上帝的存在和灵魂的不灭,那么,我们正不妨老实自居为"无神论者"。这样的自称并不算是武断;因为我们的信仰是根据于证据的:等到有神论的证据充足时,我们再改信有神论,也还不迟。我们在这个时候,既不能相信那没有充分证据的有神论,心灵不灭论,天人感应论,……又不肯积极地主张那自然主义的宇宙观,唯物的人生观,……怪不得独秀要说"科学家站开!且让玄学家来解疑"了。吴稚晖先生便不然。他老先生宁可冒"玄学鬼"的恶名,偏要冲到那"不可知的区域"里去打一阵,他希望"那不可知区域里的假设,责成玄学鬼也带着论理色彩去假设着"(《宇宙观及人生观》,页九)。这个态度是对的。我们信仰科学的人,正不妨做一番大规模的假设。只要我们的假设处处建筑在已知的事实之上,只要我们认我们的建筑不过是一种最满意的假设,可以跟着新证据修正的,——我们带着这种科学的态度,不妨冲进那不可知的区域里,正如姜子牙展开了杏黄旗,也不妨冲进十绝阵里去试试。

三

我在上文说的,并不是有意挑剔这一次论战场上的各位武士。我的意思只是要说,这一篇论战的文章只做了一个"破题",还不曾做到"起讲"。至于"余兴"与"尾声",更谈不到了。破题的工夫,自然是很重要的。丁在君先生的发难,唐擘黄先生等的响应,六个月的时间,二十五万字的煌煌大文,大吹大擂地把这个大问题捧了出来，叫乌烟瘴气的中国知道这个大问题的重要，——这件功劳真不在小处！

可是现在真有做"起讲"的必要了。吴稚晖先生的"一个新信仰的宇宙观及人生观"已给我们做下一个好榜样。在这篇《科学与人生观》的"起讲"里，我们应该积极地提出什么叫作"科学的人生观"，应该提出我们所谓"科学的人生观"，好教将来的讨论有个具体的争点。否则你单说科学能解决人生观，他单说不能，势必至于吴稚晖先生说的"张丁之战，便延长了一百年，也不会得到究竟"。因为若不先有一种具体的科学人生观作讨论的底子，今日泛泛地承认科学有解决人生观的可能，是没有用的。等到那"科学的人生观"的具体内容拿出来时，战线上的组合也许要起一个大大的变化。我的朋友朱经农先生是信仰科学"前程不可限量"的，然而他定不能承认无神论是科学的人生观。我的朋友林宰平先生是反对科学包办人生观的，然而我想他一定可以很明白地否认上帝的存在。到了那个具体讨论的时期，我们才可以说是真正开战。那时的反对，才是真反对。那时的赞成，才是真赞成。那时的胜利，才是真胜利。

我还要再进一步说：拥护科学的先生们，你们虽要想规避那"科学的人生观是什么"的讨论，你们终于免不了的。因为他们早已正式对科学的人生观宣战了。梁任公先生的《科学万能之梦》，早已明白攻击那"纯物质的，纯机械的人生观"了。他早已把欧洲大战祸的责任加到那"科学家的新心理学"上去了。张君劢先生在《再论人生观与科学》里，也很笼统地攻击"机械主义"了。他早已说"关于人生之解释与内心之修养，当然以唯心派之言为长"了。科学家究竟何去何从？这时候正是科学家表明态度的时候了。

因此，我们十分诚恳地对吴稚晖先生表示敬意，因为他老先生在这个时候很大胆地把他信仰的宇宙观和人生观提出来，很老实地宣布他的"漆黑一团"的宇宙观和"人欲横流"的人生观。

他在那篇大文章里,很明白地宣言:

> 那种骇得煞人的显赫的名词,上帝呀,神呀,还是取销了好。(页十二)

很明白地

> 开除了上帝的名额,放逐了精神元素的灵魂。(页二九)

很大胆地宣言:

> 我以为动植物且本无感觉,皆止有其质力交推,有其辐射反应,如是而已。譬之于人,其质构而为如是之神经系,即其力生如是之反应。所谓情感,思想,意志等等,就种种反应而强为之名,美其名曰心理,神其事曰灵魂,质直言之曰感觉,其实统不过质力之相应。(页二二—二三)

他在《人生观》里,很"恭敬地又好像滑稽地"说:

> 人便是外面止剩两只脚,却得到了两只手,内面有三斤二两脑髓,五千零四十八根脑筋,比较占有多额神经系质的动物。(页三九)
> 生者,演之谓也,如是云尔。(页四十)
> 所谓人生,便是用手用脑的一种动物,轮到"宇宙大剧

场"的第亿垓八京六兆五万七千幕,正在那里出台演唱。
(页四七)

　　他老先生五年的思想和讨论的结果,给我们这样一个"新信仰的宇宙观及人生观"。他老先生很谦逊地避去"科学的"的尊号,只叫他做"柴积上,日黄中的老头儿"的新信仰。他这个新信仰正是张君劢先生所谓"机械主义",正是梁任公先生所谓"纯物质的,纯机械的人生观"。他一笔勾销了上帝,抹煞了灵魂,戳穿了"人为万物之灵"的玄秘。这才是真正的挑战。我们要看那些信仰上帝的人们出来替上帝向吴老先生作战。我们要看那些信仰灵魂的人们出来替灵魂向吴老先生作战。我们要看那些信仰人生的神秘的人们出来向这"两手动物演戏"的人生观作战。我们要看那些认爱情为玄秘的人们出来向这"全是生理作用,并无丝毫微妙"的爱情观作战。这样的讨论,才是切题的,具体的讨论。这才是真正开火。这样战争的结果,不是科学能不能解决人生的问题了,乃是上帝的有无,鬼神的有无,灵魂的有无,……等等人生切要问题的解答。

　　只有这种具体的人生切要问题的讨论才可以发生我们所希望的效果,——才可以促进思想上的刷新。

　　反对科学的先生们！你们以后的作战,请向吴稚晖的《新信仰的宇宙观及人生观》作战。

　　拥护科学的先生们！你们以后的作战,请先研究吴稚晖的《新信仰的宇宙观及人生观》：完全赞成他的,请准备替他辩护,像赫胥黎替达尔文辩护一样；不能完全赞成他的,请提出修正案,像后来的生物学者修正达尔文主义一样。

　　从此以后,科学与人生观的战线上的押阵老将吴老先生要倒转来做先锋了！

四

说到这里,我可以回到张丁之战的第一个"回合"了。张君劢说:

"天下古今之最不统一者,莫若人生观。"(《人生观》页一)

丁在君说:

人生观现在没有统一是一件事,永久不能统一又是一件事,除非你能提出事实理由来证明他是永远不能统一的,我们总有求他统一的义务。(《玄学与科学》页三)

玄学家先存了一个成见,说科学方法不适用于人生观;世界上的玄学家一天没有死完,自然一天人生观不能统一。(页四)

"统一"一个字,后来很引起一些人的抗议。例如林宰平先生就控告丁在君,说他"要把科学来统一一切",说他"想用科学的武器来包办宇宙"。这种控诉,未免过于张大其词了。在君用的"统一"一个字,不过是沿用君劢文章里的话;他们两位的意思大概都不过是大同小异的一致罢了。依我个人想起来,人类的人生观总应该有一个最低限度的一致的可能。唐擘黄先生说的最好:

人生观不过是一个人对于万物同人类的态度,这种态度是随着一个人的神经构造,经验,知识等而变的。神经构造等就是人生观之因。我举一二例来看。

无因论者以为叔本华(Schopenhauer),哈德门(Hartmann)的人生观是直觉的,其实他们自己并不承认这事。他们都说根据经验阅历而来的。叔本华是引许多经验作证的,哈德门还要说他的哲学是从归纳法得来。

人生观是因知识而变的。例如,柯白尼"太阳居中说",同后来的达尔文的"人猿同祖说"发明以后,世界人类的人生观起绝大变动,这是无可疑的历史事实。若人生观是直觉的,无因的,何以随自然界的知识而变更呢?

我们因为深信人生观是因知识经验而变换的,所以深信宣传与教育的效果可以使人类的人生观得着一个最低限度的一致。

最重要的问题是:拿什么东西来做人生观的"最低限度的一致"呢?

我的答案是:拿今日科学家平心静气的,破除成见的,公同承认的"科学的人生观"来做人类人生观的最低限度的一致。

宗教的功效已曾使有神论和灵魂不灭论统一欧洲(其实何止欧洲?)的人生观至千余年之久。假使我们信仰的"科学的人生观"将来靠教育与宣传的功效,也能有"有神论"和"灵魂不灭论"在中世欧洲那样的风行,那样的普遍,那也可算是我所谓"大同小异的一致"了。

我们若要希望人类的人生观逐渐做到大同小异的一致,我们就应该准备替这个新人生观作长期的奋斗。我们所谓"奋斗",并不是像林宰平先生形容的"摩哈默得式"的武力统一;只是用光明磊落的态度,诚恳的言论,宣传我们的"新信仰",继续不断的宣传,要使今日少数人的信仰逐渐变成将来大多数人的信仰。我们也可以说这是"作战",因为新信仰总免不了和旧信仰冲突的事;但我们总希望作战的人都能尊重对方人格,都能承认那些和我们信仰不同的人不一定都是笨人与坏人,都能在作战之中保持一种"容忍"(Toleration)的态度;我们总希望那些反对我们的新信仰的人,也能用"容忍"的态度来对我们,用研究的态度来考察我们的信仰。我们要认清:我们的真正敌人不是对方;我们的真正敌人是"成见",是"不思想"。我们向旧思想和旧信仰作战,其实只是很诚恳地请求旧思想和旧信仰势力之下的朋友们起来向"成见"和"不思想"作战。凡是肯用思想来考察他的成见的人,都是我们的同盟!

五

总而言之,我们以后的作战计划是宣传我们的新信仰,是宣传我们的新人生观(我所谓"人生观",依唐擘黄先生的界说,包括吴稚晖先生所谓"宇宙观")。这个新人生观的大旨,吴稚晖先生已宣布过了。我们总括他的大意,加上一点扩充和补充,在这里再提出这个新人生观的轮廓:

一,根据于天文学和物理学的知识,叫人知道空间的无穷之大。

二,根据于地质学及古生物学的知识,叫人知道时间的无穷之长。

三,根据于一切科学,叫人知道宇宙及其中万物的运行变迁皆是自然的,自己如此的,——正用不着什么超自然的主宰或造物者。

四,根据于生物的科学的知识,叫人知道生物界的生存竞争的浪费与惨酷,——因此,叫人更可以明白那"有好生之德"的主宰的假设是不能成立的。

五，根据于生物学，生理学，心理学的知识，叫人知道人不过是动物的一种，他和别种动物只有程度的差异，并无种类的区别。

六，根据于生物的科学及人类学，人种学，社会学的知识，叫人知道生物及人类社会演进的历史和演进的原因。

七，根据于生物的及心理的科学，叫人知道一切心理的现象都是有因的。

八，根据于生物学及社会学的知识，叫人知道道德礼教是变迁的，而变迁的原因都是可以用科学方法寻求出来的。

九，根据于新的物理化学的知识，叫人知道物质不是死的，是活的；不是静的，是动的。

十，根据于生物学及社会学的知识，叫人知道个人——"小我"——是要死灭的；而人类——"大我"——是不死的，不朽的；叫人知道"为全种万世而生活"就是宗教，就是最高的宗教；而那些替个人谋死后的"天堂"，"净土"的宗教，乃是自私自利的宗教。

这种新人生观是建筑在二三百年的科学常识之上的一个大假设，我们也许可以给他加上"科学的人生观"的尊号。但为避免无谓的争论起见，我主张叫他做"自然主义的人生观"。

在那个自然主义的宇宙里，在那无穷之大的空间里，在那无穷之长的时间里，这个平均高五尺六寸，上寿不过百年的两手动物——人——真是一个藐乎其小的微生物了。在那个自然主义的宇宙里，天行是有常度的，物变是有自然法则的，因果的大法支配着他——人——的一切生活，生存竞争的惨剧鞭策着他的一切行为，——这个两手动物的自由真是很有限的了。然而那个自然主义的宇宙里的这个渺小的两手动物却也有他的相当的地位和相当的价值。他用的两手和一个大脑，居然能做出许多器具，想出许多方法，造成一点文化。他不但驯服了许多禽兽，他还能考究宇宙间的自然法则,利用这些法则来驾驭天行,到现在他居然能叫电气给他赶车,以太给他送信了。他的智慧的长进就是他的能力的增加;然而智慧的长进却又使他的胸襟扩大,想象力提高。他也曾拜物拜畜生,也曾怕神怕鬼,但他现在渐渐脱离了这种种幼稚的时期,他现在渐渐明白:空间之大只增加他对于宇宙的美感;时间之长只使他格外明了祖宗创业之艰难;天行之有常只增加他制裁自然界的能力。甚至于因果律的笼罩一切,也并不见得束缚他的自由,因为因果律的作用一方面使他可以由因求果,由果推因,解释过去,预测未来;一方面又使他可以运用他的智慧,创造新因以求新果。甚至于生存竞争的观念也并不见得就使他成为一个冷酷无情的畜生,也许还可以格外增加他对于同类的同情心,格外使他深信互助的重要,格外使他注重人为的努力以减免天然竞争的惨酷与浪费。——总而言之,这个自然主义的人生观里,未尝没有美,未尝没有诗意,未尝没有道德的责任,未尝没有充分运用"创造的智慧"的机会。

我这样粗枝大叶的叙述,定然不能使信仰的读者满意,或使不信仰的读者心服。这个新人生观的满意的叙述与发挥,那正是这本书和这篇序所期望能引起的。

十二,十一,二十九 在上海

《词选》自序[①]

《词选》的工作起于三年之前,中间时有间断,然此书费去的时间却已不少。我本想还搁一两年,等我的见解更老到一点,方才出版。但今年匆匆出国,归国之期遥遥不可预定,有些未了之事总想作一结束,使我在外国心里舒服一点。所以我决计把这部书先行付印。有些地方,本想改动;但行期太匆忙,我竟无法细细修改,只好留待将来再版时候了。

我本想作一篇长序,但去年写了近两万字,一时不能完功,只好把其中的一部分——《词的起源》——抽出作一个附录,其余的部分也须待将来补作了。

今天从英国博物院里回来,接着王云五先生的信,知道此书已付印,我想趁此机会写一篇短序,略略指出我选词的意思。有许多见解,已散见于各词人的小传之中了;我在此地要补说的,只是我这部书里选择去取的大旨。

我深信,凡是文学的选本都应该表现选家个人的见解。近年朱彊邨邮先生选了一部《宋词三百首》,那就代表朱先生个人的见解;我这三百多首的五代宋词,就代表我个人的见解。我是一个有历史癖的人,所以我的《词选》就代表我对于词的历史的见解。

[①] 本文原载一九二七年一月的《小说月报》十八卷一期。

我以为词的历史有三个大时期：

第一时期：自晚唐到元初（八五〇——一二五〇），为词的自然演变时期。

第二时期：自元到明清之际（一二五〇——一六五〇），为曲子时期。

第三时期：自清初到今日（一六五〇——一九〇〇），为模仿填词的时期。

第一个时期是词的"本身"的历史。第二个时期是词的"替身"的历史，也可说是他"投胎再世"的历史。第三个时期是词的"鬼"的历史。

词起于民间，流传于倡女歌伶之口，后来才渐渐被文人学士采用，体裁渐渐加多，内容渐渐变丰富。但这样一来，词的文学就渐渐和平民离远了。到了宋末的词，连文人都看不懂了，词的生气全没有了。词到了宋末，早已死了。但民间的倡女歌伶仍继续变化他们的歌曲，他们新翻的花样就是"曲子"。他们先有"小令"，次有"双调"，次有"套数"。套数一变就成了"杂剧"；"杂剧"又变为明代的剧曲。这时候，文人学士又来了；他们也做"曲子"，也做剧本；体裁又变复杂了，内容又变丰富了。然而他们带来的古典，搬来的书袋，传染来的酸腐气味又使这一类新文学渐渐和平民离远，渐渐失去生气，渐渐死下去了。

清朝的学者读书最博，离开平民也最远。清朝的文学，除了小说之外，都是朝着"复古"的方面走的。他们一面做骈文，一面做"词的中兴"的运动。陈其年，朱彝尊以后，二百多年之中很出了不少的词人。他们有学《花间》的，有学北宋的，有学南宋的；有学苏辛的，有学白石，玉田的，有学清真的，有学梦窗的。他们很有用全力做词的人，他们也有许多很好的词，这是不可完全抹杀的。然而词的时代早过去了,过去了四百年了。天才与学力终归不能挽回过去的潮流,三百年的清词,终逃不出模仿宋词的境地。所以这个时代可说是词的鬼影的时代;潮流已去,不可复返,这不过是一点之回波,一点之浪花飞沫而已。

我的本意想选三部长短句的选本:第一部是《词选》,表现词的演变;第二部是《曲选》,表现第二时期的曲子;第三部是《清词选》,代表清朝一代才人借词体表现的作品。

这部《词选》专表现第一个大时期。这个时期,也可分作三个段落。

(1)歌者的词,

(2)诗人的词,

(3)词匠的词。

苏东坡以前,是教坊乐工与倡家妓女歌唱的词;东坡到稼轩,后村,是诗人的词;白石以后,直到宋末元初,是词匠的词。

《花间集》五百首,全是为倡家歌者作的,这是无可疑的。不但《花间集序》明明如此说;即看其中许多科举的鄙词,如《喜迁莺》,《鹤冲天》之类,便可明白。此风直到北宋盛时,还不曾衰歇。柳耆卿是长住在倡家,专替妓女乐工作词的。晏小山的词集自序也明明说他的词是作了就交与几个歌妓去唱的。这是词史的第一段落。这个时代的词有一个特征:就是这二百年的词都是无题的;内容都很简单,不是相思,便是离别,不是绮语,便是醉歌,所以用不着标题;题底也许别有寄托,但题面仍不出男女的艳歌,所以也不用特别标出题目。南唐李后主与冯延巳出来之后,悲哀的境遇与深刻的感情自然抬高了词的意境,加浓了词的内容;但他们的词仍是要给歌者去唱的,所以他们的作品始终不曾脱离平民文学的形式。北宋的词人继续这个风气,所以晏氏父子与欧阳永叔的词都还是无题的。

他们在别种文艺作品上,尽管极力复古,但他们作词时,总不能不采用乐工倡女的语言声口。

这时代的词还有一个特征:就是大家都接近平民的文学,都采用乐工倡女的声口,所以作者的个性都不充分表现,所以彼此的作品容易混乱。冯延巳的词往往混作欧阳修的词;欧阳修的词也往往混作晏氏父子的词。(周济选词,强作聪明,说冯延巳小人,决不能作某首某首《蝶恋花》!这是主观的见解;其实"几日行云何处去"一类的词可作忠君解,也可作得患失解。)

到了十一世纪的晚年,苏东坡一班人以绝顶的天才,采用这新起的词体,来作他们的"新诗"。从此以后,词便大变了。东坡作词,并不希望拿给十五六岁的女郎在红氍毹上袅袅婷婷地去歌唱。他只是用一种新的诗体来作他的"新体诗"。词体到了他手里,可以咏古,可以悼亡,可以谈禅,可以说理,可以发议论。同时的王荆公也这样做;苏门的词人黄山谷,秦少游,晁补之,也都这样做。山谷,少游都还常常给妓人作小词;不失第一时代的风格。稍后起的大词人周美成也能作绝好的小词,但风气已开了,再关不住了;词的用处推广了,词的内容变复杂了,词人的个性也更显出了。到了朱希真与辛稼轩,词的应用的范围,越推越广大;词人的个性的风格越发表现出来。无论什么题目,无论何种内容,都可以入词。悲壮,苍凉,哀艳,闲逸,放浪,颓废,讥弹,忠爱,游戏,诙谐,……这种种风格都呈现在各人的词里。

这一段落的词是"诗人的词"。这些作者都是有天才的诗人;他们不管能歌不能歌,也不管协律不协律;他们只是用词体作新诗。这种"诗人的词",起于荆公,东坡,至稼轩而大成。

这个时代的词也有他的特征。第一,词的题目不能少了,因为内容太复杂了。第二,词人的个性出来了;东坡自是东坡,稼轩自是稼轩，希真自是希真，不能随便混乱了。

但文学史上有一个逃不了的公式。文学的新方式都是出于民间的。久而久之，文人学士受了民间文学的影响，采用这种新体裁来做他们的文艺作品。文人的参加自有他的好处：浅薄的内容变丰富了，幼稚的技术变高明了，平凡的意境变高超了。但文人把这种新体裁学到手之后，劣等的文人便来模仿；模仿的结果，往往学得了形式上的技术，而丢掉了创作的精神。天才堕落而为匠手，创作堕落而为机械。生气剥丧完了，只剩下一点小技巧，一堆烂书袋，一套烂调子！于是这种文学方式的命运便完结了，文学的生命又须另向民间去寻新方向发展了。

四言诗如此，楚辞如此，乐府如此，词的历史也是如此。词到了稼轩，可算是到了极盛的时期。姜白石是个音乐家，他要向音律上去做工夫。从此以后，词便转到音律的专门技术上去。史梅溪，吴梦窗，张叔夏都是精于音律的人；他们都走到这条路上去。他们不惜牺牲词的内容来迁就音律上的和谐。例如张叔夏《词源》里说他的父亲作了一句"琐窗幽"，觉得不协律，遂改为"琐窗深"，还觉得不协律，后来改写"琐窗明"，才协律了。"幽"改为"深"还不差多少；"幽"改为"明"，便是恰相反的意义了。究竟那窗子是"幽暗"呢，还是"明敞"呢？这上面，他们全不计较！他们只求音律上的谐婉，不管内容的矛盾！这种人不是词人，不是诗人，只可叫做"词匠"。

这个时代的词叫做"词匠"的词！这个时代的词也有几种特征。第一是重音律而不重内容。词起于歌，而词不必可歌，正如诗起于乐府而诗不必都是乐府，又正如戏剧起于歌舞而戏剧不必都是歌舞。这种单有音律而没有意境与情感的词，全没有文学上的价值。第二，这时代的词侧重"咏物"，又多用古典。他们没有情感，没有意境，却要作词，所以只好作"咏物"的词。这种词等于文中的八股，诗中的试帖；这是一班词匠的笨把戏，算不得文学。在这个时代，张叔夏以南宋功臣之后，身遭亡国之痛，还偶然有一两首沉痛的词（如《高阳台》）。但"词匠"的风气已成，音律与古典压死了天才与情感，词的末运已不可挽救了。

这是我对于词的历史的见解，也就是我选词的标准。我的去取也许有不能尽满人意之处，也许有不能尽满我自己意思之处。但我自信我对于词的四百年历史的见地是根本不错的。

这部《词选》里的词，大都是不用注解的。我加的注解大都是关于方言或文法的。关于分行及标点，我要负完全责任。《词律》等书，我常用作参考，但我往往不依他们的句读。有许多人的词，例如东坡，是不能依《词律》去点读的。

顾颉刚先生为我校读一遍，并替我加上一些注，我很感谢他的好意。

十五，九，三十夜伦敦

跋《白屋文话》[1]

刘大白先生的《白屋文话》虽有十几条,他的大旨只是要正名责实,要革掉"文言"的头衔,叫它做"古白话文"(简称"古话文"),或叫它做"鬼话文";要改正"白话文"的名称,叫它做"今白话文"(简称"今话文"),或叫它做"人话文"。

我是个实验主义者,向来反对"名教";因为我深信"名"是最可以给人们用做欺骗的工具的。"偶然题作'木居士',便有无穷求福人",这是古往今来的通例。所以我们在这十几年来也曾想矫正向来许多不正当的名词。例如古来的白话小说,向来都叫做"俗话"或"俚语"的作品,我们便叫它做"白话文学","活文学"。古文的作品,无论是骈偶的,或散文的,我们都叫它做"死文学"。

但我们仍旧沿用了"古文","白话"两个名词。我们的理由是:(1)"古"字在我们心目中就是"已死"的意思;(2)"白话"是个"中立"的名词,既不含褒贬,又可包括国语的同方言的作品。

我们在这里却不免小看了这几个名词在人们心理上的作用。我们尽管把"古"字当作"死"字看,一般人却把"古"字当作"美"字看。我们尽管说"白话"不含褒贬,一般人却总想,"既是白话,便不成文"。

---

[1] 本文原载上海世界书局一九二九年八月版《白屋文话》。

刘大白先生是痛恨死文学而提倡活文学的一个急先锋,所以他要更进一步,做点正名责实的工夫,把古文叫做"鬼话文",把白话文叫做"人话文"。人们不嫌"作古",但总不愿被人喊做"鬼"。古人的病魅咒里往往说:

  吾知汝姓字,得汝姓名。不得久停,急去他方。(《佛说咒魅经》)

刘先生做的正名工夫只是要严分人鬼的界限;对那说鬼话的人们说:

  你们是活死人,你们是活鬼;你们的原形已现,不得久停,速回坟墓里去!

刘先生在这十几篇短文里竭力形容那班努力说鬼话的人的种种丑态,他的苦心只是要读者厌恶鬼话,努力做人。他的话都有历史的根据,说的又很痛快,我读了自然十分高兴,十分赞成。

但我也有点小意见,随笔写在这里,请刘先生指教。

刘先生说,今日鬼话文的余孽并不曾扫除净尽,依然在那里滋蔓着,而且声势浩大,猖獗非常。刘先生这句话并不是过虑。我们试看近时中央与各省政府发出来的许多"不成话"的骈俪电报,再看各地报纸上的鬼话社论,和"社会新闻"栏里许多肉麻的鬼话,便可以知道鬼话文的残余势力还不可轻视。我们对于这种事实,应该采取什么救济的方法呢?刘先生在这十几篇里提出了一个方法,便是学孔二先生的正名方法,来做一个打鬼的钟馗。这是方法一。

刘先生们在浙江大学大学区里颁行了许多提倡人话文的政策,

如小学禁止用古话文,如初中入学试验不得用古话文。这种政策的影响已不限于浙江一省了。今年全国教育会议通过了一些同样的议案,浙江的几位代表(刘先生在内)也出了不少的力。这样用政府的工具来实行铲除鬼话文在教育上的势力,这是方法二。

但刘先生说过:

> 文学历史中新主义起来推翻旧主义,新艺术手段起来夺取旧艺术手段的位置,这才是文学革命。而用人腔来代鬼腔,只可以叫作文腔革命。

文腔革命是要把文学的中心从鬼话移到人话,正如歌白尼把地球中心的宇宙观变作太阳中心的宇宙观一样。文腔革命自然是文学革命的最重要一步。但十年来的新文学的成绩并不能算是满意,新文学的前途也未可十分乐观。这也是很自然的。一来,时间太短,我们不可太没有耐心。二来,时局纷乱,生活困难,作者没有闲暇做文学的创作。虽然古人有"文穷而益工"的话,其实这话是不可靠的;经济的压迫也许压不死一两个特殊的天才,但大多数的作家在"等米下锅"的环境内是不会有耐久的作品出来的。

刘先生提倡正名的方法,只是加力拥护那人话中心的文学革命;他们在他们的势力所能及的区域里提倡今话文的教学,只是给文学革命培养将来的人才,希望从今日的中小学生里有一些能做道地人话文的作家出来代替我们这一代做蓝青人话文的文人。但根本的救济方法还在竭力鼓励文学的创作。鬼话文同鬼话诗不是单靠孔二先生的正名方法就能完全扫除的。等到中国人话文学里有了伏尔太,福禄贝,莫泊桑,易卜生,契诃夫,萧伯纳,贝里……一流的作家,鬼话文学自然回到坟墓里去了。人话文学也不是单靠中小学的教学就能发达的。试翻开今日的中学教本,那一册里不是充满着我们一班熟人在这十年中等米下锅时的译作与创作?没有无数伟大的耐久的创作造成一种活文学的空气,这几本选本是不会养成将来的文学家的。

故我对于刘先生的打鬼精神虽然很佩服,但我总觉得鬼的猖獗是由于人的不努力,鬼话文学的继续存在是因为人话文学的实力还不够打倒那残余的鬼话文学。只有真有价值真有生命的人话文学才可以服人之口,服人之心;如赤日当空,一切鬼影都自然消灭了。

十七,九,二十二

《人权论集》序[①]

这几篇文章讨论的是中国今日人人应该讨论的一个问题,——人权问题。前三篇讨论人权与宪法。第四篇讨论我们要的是什么人权。第五六篇讨论人权中的一个重要部分,——思想和言论的自由。第七篇讨论国民党中的反动思想,希望国民党的反省。第八篇讨论孙中山的知难行易说。这两篇只是"思想言论自由"的实例:因为我们所要建立的是批评国民党的自由和批评孙中山的自由。上帝我们尚且可以批评,何况国民党与孙中山?

第九篇与第十篇讨论政治上两个根本问题,收在这里做个附录。

周栎园《书影》里有一则很有意味的故事:

> 昔有鹦武飞集陀山。山中大火,鹦武遥见,入水濡羽,飞而洒之。
>
> 天神言,"尔虽有志意,何足云也?"对曰,"尝侨居是山,不忍见耳。"

[①] 本文原载于新月书店一九三〇年版的《人权论集》。

今天正是大火的时候,我们骨头烧成灰终究是中国人,实在不忍袖手旁观。我们明知小小的翅膀上滴下的水点未必能救火,我们不过尽我们的一点微弱的力量,减少良心上的一点谴责而已。

十八,十二,十三

《四十自述》自序[①]

我在这十几年中,因为深深的感觉中国最缺乏传记的文学,所以到处劝我的老辈朋友写他们的自传。不幸得很,这班老辈朋友虽然都答应了,终不肯下笔。最可悲的一个例子是林长民先生,他答应了写他的五十自述作他五十岁生日的纪念;到了生日那一天,他对我说:"适之,今年实在太忙了,自述写不成了;明年生日我一定补写出来。"不幸他庆祝了五十岁的生日之后,不上半年,他就死在郭松龄的战役里。他那富于浪漫意味的一生就成了一部人间永不能读的逸书了!

梁启超先生也曾同样的允许我。他自信他的体力精力都很强,所以他不肯开始写他的自传。谁也不料那样一位生龙活虎一般的中年作家只活了五十五岁!虽然他的信札和诗文留下了绝多的传记材料,但谁能有他那"笔锋常带情感"的健笔来写他那五十五年最关重要又最有趣味的生活呢!中国近世历史与中国现代文学就都因此受了一桩无法补救的绝大损失了。

我有一次见着梁士诒先生,我很诚恳的劝他写一部自叙,因为我知道他在中国政治史与财政史上都曾扮演过很重要的脚色,所以我希望他替将来的史家留下一点史料。我也知道他写的自传也许

[①] 本文原载于一九三一年三月的《新月》三卷三号上。

是要替他自己洗刷他的罪恶;但这是不妨事的,有训练的史家自有防弊的方法;最要紧的是要他自己写他心理上的动机,黑幕里的线索,和他站在特殊地位的观察。前两个月,我读了梁士诒先生的讣告,他的自叙或年谱大概也就成了我的梦想了。

此外,我还劝过蔡元培先生,张元济先生,高梦旦先生,陈独秀先生,熊希龄先生,叶景葵先生。我盼望他们都不要叫我失望。

前几年,我的一位女朋友忽然发愤写了一部六七万字的自传,我读了很感动,认为是中国妇女的自传文学的破天荒的写实创作。但不幸她在一种精神病态中把这部稿本全烧了。当初她每写成一篇寄给我看时,我因为尊重她的意思,不曾替她留一个副本,至今引为憾事。

我的《四十自述》,只是我的"传记热"的一个小小的表现。这四十年的生活可分作三个阶段,留学以前为一段,留学的七年(一九一〇——九一七)为一段,归国以后(一九一七——九三一)为一段。我本想一气写成,但因为种种打断,只写成了这第一段的六章。现在我又出国去了,归期还不能确定,所以我接受了亚东图书馆的朋友们的劝告,先印行这几章。这几章都先在《新月》月刊上发表过,现在我都从头校改过,事实上的小错误和文字上的疏忽,都改正了。我的朋友周作人先生,葛祖兰先生,和族叔堇人先生,都曾校正我的错误,都是我最感谢的。

关于这书的体例,我要声明一点。我本想从这四十年中挑出十来个比较有趣味的题目,用每个题目来写一篇小说式的文字,略如第一篇写我的父母的结婚。这个计划曾经得死友徐志摩的热烈的赞许,我自己也很高兴,因为这个方法是自传文学上的一条新路子,并且可以让我(遇必要时)用假的人名地名描写一些太亲切的情绪方面的生活。但我究竟是一个受史学训练深于文学训练的人,写完了第一篇,写到了自己的幼年生活,就不知不觉的抛弃了小说的体裁,回到了谨严的历史叙述的老路上去了。这一变颇使志摩失望,但他读了那写家庭和乡村教育的一章,也曾表示赞许;还有许多朋友写信来说这一章比前一章更动人。从此以后,我就爽性这样写下去了。因为第一章只是用小说体追写一个传说,其中写那太子会颇有用想象补充的部分,虽经堇人叔来信指出,我也不去更动了。但因为传闻究竟与我自己的亲见亲闻有别,所以我把这一章提出,称为"序幕"。

我的这部《自述》虽然至今没写成,几位旧友的自传,如郭沫若先生的,如李季先生的,都早已出版了。自传的风气似乎已开了。我很盼望我们这几个三四十岁的人的自传的出世,可以引起一班老年朋友的兴趣,可以使我们的文学里添出无数的可读而又可信的传记来。我们抛出几块砖瓦,只是希望能引出许多块美玉宝石来;我们赤裸裸的叙述我们少年时代的琐碎生活,为的是希望社会上做过一番事业的人也会赤裸裸的记载他们的生活,给史家做材料,给文学开生路。

二二,六,二七　在太平洋上

《师门五年记》序[①]

我的朋友罗尔纲先生曾在我家住过几年,帮助我做了许多事,其中最繁重的一件工作是抄写整理我父亲铁花先生的遗著。他绝对不肯收受报酬,每年还从他家中寄钱来供他零用。他是我的助手,又是孩子们的家庭教师,但他总觉得他是在我家做"徒弟",除吃饭住房之外,不应该再受报酬了。

这是他的狷介。狷介就是在行为上不苟且,就是古人说的"非其义也,非其道也,一介不以与人,一介不以取诸人"。(古人说"一介"的介是"芥"字借用,我猜想"一介"也许是指古代曾作货币用的贝壳?)我很早就看重尔纲这种狷介的品行。我深信凡在行为上能够"一介不苟取,一介不苟与"的人在学问上也必定可以养成一丝一毫不草率不苟且的工作习惯。所以我很早就对他说,他那种一点一画不肯苟且放过的习惯就是他最大的工作资本。这不是别人可以给他的,这是他自己带来的本钱。我在民国二十年秋天答他留别的信,曾说:

> 你这种"谨慎勤敏"的行为,就是我所谓"不苟且"。古

[①] 本文原载一九五八年十二月胡适的学生罗尔纲著的《师门五年记》。

人所谓"执事敬",就是这个意思。你有美德,将来一定有成就。

第二年他在贵县中学教国文,寄了两条笔记给我看,一条考定李清照《金石录后序》的"王妫"是"王涯"之误;一条是考定袁枚《祭妹文》的"诺己"二字出于《公羊传》,应当连读,——我回他的信,也说:

> 你的两段笔记都很好。读书作文如此矜慎,最可有进步。你能继续这种精神,——不苟且的精神,无论在什么地方,都可有大进步。古人所谓"于归而求之,有余师",真可以转赠给你。

我引这两封信,要说明尔纲做学问的成绩是由于他早年养成的不苟且的美德。如果我有什么帮助他的地方,我不过随时唤醒他特别注意:这种不苟且的习惯是需要自觉的监督的。偶然一点不留意,偶然松懈一点,就会出漏洞,就会闹笑话。我要他知道,所谓科学方法,不过是不苟且的工作习惯,加上自觉的批评与督责。良师益友的用处也不过是随时指点出这种松懈的地方,帮助我们做点批评督责的工作。

尔纲对于我批评他的话,不但不怪我,还特别感谢我。我的批评,无论是口头,是书面,尔纲都记录下来。有些话是颇严厉的,他也很虚心地接受。有他那样一点一画不敢苟且的精神,加上虚心,加上他那无比的勤劳,无论在什么地方,他都会有良好的学术成绩。

他现在写了这本自传,专记载他跟我做"徒弟"的几年生活。我一口气读完了这本小书,很使我怀念那几年的朋友乐趣。我是提倡传记文学的,常常劝朋友写自传。尔纲这本自传,据我所知,好像是自传里没有见过的创体。从来没有人这样坦白详细的描写他做学问的经验,从来也没有人留下这样亲切的一幅师友切磋乐趣的图画。

一九四八年八月三日

《梁任公先生年谱长编初稿》序[①]

梁任公先生死在民国十八年一月十九日。那天晚上我从上海到北平,很想见他一面,不料我刚下火车就听见说任公先生已死了八个钟头了。次日,任公先生的遗体在广慧寺大殓,我和丁在君先生,任叔永先生,陈寅恪先生,周寄梅先生,去送他入殓。任公先生的许多老朋友,如贵州蹇季常先生等,都是两眼噙着热泪。在君和我也都掉泪了。

二月初,在任公先生的追悼会上,大家都注意到丁在君的一副挽联:

> 生我者父母,知我者鲍子。
> 在地为河岳,在天为日星。

这副挽联最可以写出在君对任公先生的崇敬,也最可以表示任公先生和在君的友谊。

梁先生死后,许多朋友都盼望丁在君担任写任公传记的事。在君自己也有决心写一部新式的《梁启超传记》。为了搜集这部大传记的资料,在君替梁氏家属计划向任公先生的朋友征求任公一生的

[①] 本文原载一九五八年七月十六日中国台北《自由中国》十九卷二期。

书札。这个征求遗札的计划的大旨是请任公的朋友把他的书札真迹借给梁家抄副本,或照相片送给梁家。

当时征求到的任公先生遗札,加上他的家信,总计大概有近一万封之多。这样的大成功是由于几个原因:第一,任公先生早岁就享大名,他的信札多被朋友保存,是很自然的。第二,他的文笔可爱,他的字也很可爱,他的信札都是纸精,墨好,字迹秀逸,值得收藏的。第三,当时国中没有经过大乱,名人的墨迹容易保存。

这近万封的信札,就是这部《梁任公先生年谱长编初稿》的最重要的一批原料。此外,这部年谱还充分采用了许多同时人的记录,如《南海先生自编年谱》,如任公的兄弟仲策(启勋)的《曼殊室戊辰笔记》等等。这些记录在当时只有稿本,到现在往往还没有印本流传,都是不易得的材料。(戊辰是民国十七年,梁仲策先生这部《戊辰笔记》作于任公先生死之前一年,是一部很可靠的传记材料。)可惜这部稿本后来已失落了。我举仲策此书为例,要人知道在君编的这部年谱里保存了不少现在已很难得或已不可得的资料。

在君开始聚集任公先生的传记材料的时候,他是一个很忙的人,不能用全力来写任公先生的传记。民国十八年到十九年之间,在君领导了一个大规模的"西南地质调查队",直到十九年夏天才从西南回到北平。民国二十年他做了北京大学的地质系研究教授。从二十年秋季开学起,到二十三年六月,他在北大教了三年书。从二十三年六月起,他接任中央研究院的总干事。二十四年十二月他在湖南衡阳得病,二十五年一月五日,他死在长沙。

梁任公先生的年谱是在君先生在北京大学做教授时期开始编纂的。在君自己是主编人,他请了一位青年学者赵丰田先生做他的助手,帮助他整理编写他在那几年里搜集的资料。因为材料实在很多,又因为在君自己实在太忙,所有这部年谱有些地方还可以看出这是一部草稿,没有经过最后的整理写定。例如页五二引《李宜龚与丁在君书》,本文说是《李宜龚氏给编者的一封信》。这是很清楚的在君自称"编者"。但页十二引梁思成《致在君先生书》,本文说是《梁思成先生给丁在君文江先生的一封信》,页十六也说是《梁思成致丁在君先生书》。这两处都不称"编者"了。

在君死后,他的朋友翁咏霓把这部没有经过最后整理修改的初稿本油印了几十部,分送给任公先生的家属和朋友,请他们仔细审查一遍,附加评注,然后寄回——寄回给谁作综合的整理修改,我现在已记不清楚了。我当年也收到一部油印本,后来好像是寄给梁家了。事隔多年,我仿佛记得是梁令娴女士,思成,思永两先生,思庄女士,各位汇集收到的油印本上签注的意见,然后由他们决定请一位老辈朋友担任修改这部初稿的巨大工作。丁月波先生(文渊)在此书的《前言》里曾提及林宰平先生"正在整理这部著作"。很可能的,林宰平先生就是梁家姊妹弟兄委托修改此稿的人。

油印本好像是题作《梁任公先生年谱长编初稿》,这个题名可能是翁咏霓改题的,也可能是在君的本意。在君最初的意思是要写一部现代式的《梁启超传记》,年谱不过是传记的"长编"而已;不过是传记的原料依照年月的先后编排着,准备为写传记之用。

油印本的底本就是中央研究院历史语言研究所保藏的这部初稿本。这部初稿本原藏地质调查所,后来归史语所收藏。

丁月波先生在他的《前言》里,曾称此本为"晒蓝本",那是不很正确的。这部《初稿》本是一部毛笔清钞本。但其中引用的信件,或任公先生的诗文,或他种文件,都是剪粘的晒蓝本。当初编纂的计划必定是把准备引用的传记资料,如信札及他种文件,一概都用晒蓝复写,以便剪下来分粘在各个稿本里。最早的草稿本的引文必定也是晒蓝剪粘的。后来这部清钞本的引文也就照样用晒蓝的资料剪粘了。

月波又说,"其中经(在君)二哥修改的笔迹,都历历可考。"我细看全部《初稿》清钞本,上面只有涂抹的笔迹,没有修改的文字,实在无法可以指定那毛笔的钩抹是在君的笔迹,大概这部初稿清钞本的底本必是在君先生和赵丰田先生的草稿本,上面必定有在君亲自修改的笔迹。据我的记忆,那部草稿本是送还给任公先生的家属了。

这部《长编初稿》的主编人是丁文江,编纂助理人是赵丰田。全部书有一致的编纂体例。除了最早几年之外,每年先有一段本年的大事纲领,然后依照各事的先后,分节叙述。凡引用文件,各注明原件的来源。因为文件是晒蓝剪粘的,故偶有模糊不能辨认的字。又因为原料实在太多,赵君句读标点也不免偶有小错误。

但这部《长编初稿》是大致完成了的一部大书。其中最后的一小部分可能是在君死后才赶完成的。(这是我的追忆,我不能断定那一部分是在君死后才完成的。最后一年记任公先生之死,以及身后情形,都很潦草,显然不像是在君看过的。)这部《长编初稿》保存了许多没有经过最后删削的原料,所以任公先生的儿女们在当时都感觉,这一大批原料应该再经一遍删削,方才可以付印流传。

但我们在二十多年后,不能不承认,正因为这是一部没有经过删削的《长编初稿》,所以是最可宝贵的史料,最值得保存,最值得印行。

世界书局的杨家骆先生受了丁文渊先生生前的委托,费了大力量把这部清钞本重钞了一部,用钞本排印流传,这件大工作费了两年的时间,这是梁任公先生的朋友和丁在君先生的朋友们都应该诚心感谢的!任公先生的儿女们在当时也许有种种的顾虑,不愿意把这部没有经过最后修改的原料长编印行出来。但在梁任公死后二十九年,丁在君死后二十二年,还没有一部根据这部《长编初稿》写出来的《梁任公年谱》定本,或《梁任公传记》,——我们不应该再等候了。我们感谢杨家骆先生把这一大部《梁任公先生年谱长编初稿》排印出来。我们相信这部大书的出版可以鼓励我们的史学者和传记学者去重新研究任公先生,去重新研究任公和他的朋友们所代表的那个曾经震荡中国知识分子至几十年之久的大运动。我们盼望,这部原料《长编》出版之后不久,就可以有新的,好的《梁启超传记》著作出来。

我们最感觉悲哀的是为这部稿本的流传曾出了大力的丁月波先生竟不能亲自看见这部大书的出版了!

一九五八,六,十

书信编

致胡近仁[1]

近仁老叔足下：

适负老叔深矣。比年以来屡欲作长函奉复数次来书，而人事卒卒，终未如愿。久之积书既多，益不能即复。因循复因循，而适积欠日益深，譬之负债之家，债负日积，则益不易偿还，其不至于倒账者幸矣。今日偶有暇晷，决计与老叔为长夜之谈，以赎前愆。

老叔近有志于著小说，来书中屡言及之，今愿为老叔一陈所见。

小说在今日为文学中一大分子，其价值功用早为世所公认。吾国文人向视为小道，今世风所趋亦不能不认附庸为大国。二十年来，林琴南之译本，李伯元、吴趼人之著书，皆足为吾国文学界开一新殖民地，此大幸事也。在今日文学过渡时代，著小说者殊乏异材，李南亭之《官场现形记》乃《儒林外史》之脱胎，《文明小史》亦不出此窠臼。此二书虽于世道有关，其铸鼎照奸之苦心虽不可没，然二书皆零碎不完，结构极劣。吴趼人自是今代第一作手，其书以《九命奇冤》、《恨海》、《目睹之怪现状》为最。《怪现状》，亦是《儒林外史》一派，以用心命意见长，而布局极松，《九命奇冤》可称近世一杰作，《恨海》亦自非凡品，二书皆有深意，布局又佳，可传之作也。此外则《老残游记》、《禽海石》皆近世名著，《孽海花》则稍逊矣。此外则自

---

[1] 此信写于一九一五年。

桧以下无讥焉矣。近出之小说（著本）如来书所称之《玉梨魂》，均未寓目不敢妄为月旦。译本则林译之迭更司①之《滑稽外史》、《块肉余生》、《贼史》，司各得之《十字军英雄记》、《撒克逊劫后英雄略》，小仲马之《茶花女》，皆世界名著，有志小说者不可不三复读之。君朔译之大仲马之《侠隐记》、《续记》、《法宫秘史》（三书是一部大书）亦可诵。

今之作小说者，须取法两途：一复古；一介新。小说中得力不少，故其所著书乃是中国文学，非如近日之小说家如蒋景缄之流，但能作一二书假充译本而已。

古小说中，下列之书都可不朽：

《水浒》第一，看其写生状物置之司各得、迭更司书中何有愧色？

《儒林外史》第二，看其写人物之逼真及其用意之高，眼光之远（如科举之毒）。

《石头记》第三，看其状物叙事，看其写纤屑细事何等精密，看其写贵族社会之荡逸淫奢，何等婉而尽。

《镜花缘》第四，看其见识之高。此书全书为女子抱不平，看其写女儿国一段何等眼光，何等魅力。看其政治思想之新。

介新云者，取法于西方大家名著，如上所述诸书足备一斑矣。复古云者，以新眼光读吾国旧小说，撷其精华，法其写生之真透，布局之雄奇，用意之高苦，然后以之施诸今日之社会，得古人之精髓，发为当代之文章，是之谓复古。吴趼人、李南亭、洪都百练生皆自奇特，此乃吾国希有之理想小说也。

《西游记》第五，此书奇处在其无中生有，说鬼话滔滔不绝，其想象力之奇可叹。

---

① 今译作狄更斯。

《七侠五义》第六，此书文学家多不屑道之，余独赏识之，以为杰作。看其用土语写生写人物，为后世开苏白粤话之先河，看其人物如蒋平、智化何等生动。

《儿女英雄传》第七，看其布局之奇。

此外则无足道矣，《品花宝鉴》亦有佳处，《金瓶梅》则一无足道，人之誉之实过当也。

上所举七书作小说者不可不熟读，正如作文者之于《左传》、《史记》、韩、柳、欧、苏也，正如作诗者之于《三百篇》、汉、魏、李、杜也。

唐人小说如《虬髯传》、《红线隐娘》诸篇皆吾国杰作，不可不读。

老叔如有志小说，不可不取法乎上。取法乎上，无他道，远取诸古小说，近取诸欧西名著而已矣。

小说之宗旨有二：一以娱人，一以淑世。《西游记》、《七侠五义》娱人之作也；《儒林外史》、《镜花缘》淑世之作也；司各得、仲马父子娱人之作也；迭更司淑世之作也。李伯元、吴趼人其志皆在淑世，故其书甚有关世道，其人皆可附以不朽。老叔将何择乎？

无论娱人淑世，小说之法不出两端：一在状物写生，一在布局叙事。吾国小说盖以状物写生胜，西方小说则兼二者之胜。今当以西方之结构，补吾之不足。前所举各书中布局最奇者，莫如《撒克逊英雄略》，写生最工者莫如《水浒》，《儒林外史》次之。

布局非多读书苦思不可，写生状物非多阅历不可。

短篇小说尤不易为，年来译有二三篇，最近有《柏林之围》一篇载《甲寅》第四号，乃法国名著也，曾见之否？手头无有此本，否则当以寄呈矣。

大著《刀笔吏》及《柔情记》，近已有出版处否，甚欲一读之。来书以初次寄稿被退回，即欲废然掷笔，此大不可。古人怀刺三年，字漫灭而不已。西方文人往往屡投稿而不获刊行经年而不倦，一书不售再作他书,若一击手不中,即飘然远飏,则未免近乎悻悻器小之流,非所望于老叔也。

老叔耻于投稿他家,此亦非久计。适有时有所著作投一家不受,则另投一家,此不足耻也。今以文字糊口者日众,而杂志业未发达,自难无遗珠之憾。然苟文章有价值终有知音之人,望老叔勿遽尔灰心也。近颇作诗否?适去国日久,文学荒废不少,间有时偶作诗词,写意而已,不能佳也。附呈数章,即乞教正之。所寄数诗内之《自杀篇》,自谓在今日文学界可占一席,沾沾自喜之私,老叔得勿笑其狂妄乎!

今之文士结"南社",自命为文学坛坫而流品极滥,屡邀适入社不愿应之也。吴草庐注本《老子》已觅得一本,乞叔勿再抄。老叔为适觅书事煞费苦心,感谢不尽。字典诚如来书所云,无有善本,商务书馆新出《词源》一书可谓空前绝作,曾见之否?

来书感叹身世,读之慨然。吾乡文献坠绝,今日椽笔端推老叔一人,甚望终始努力,修德进学,为桑梓光宠天下。何事不可为不朽之计者,文章特其一端耳。教育童蒙亦足以报国;尽力桑梓,亦足以报国;分功易事,正是此理。儿时与观宗祠祭事,每闻唱曰:"执事者各司其事",今十余年不与祭事矣,而此七字历历犹在耳中。今人但患不尽职于所习之事耳,若官忠于其职,士忠于其学,民忠于其业,天下更有何患乎?

老叔今虽无用武之地,然教授童蒙乃今日第一大事业。老叔虽屈居乡里,未尝无救国淑世之机会也。

今日吾乡私塾尚用旧法教授否?适幼时得讲书之力不少。今私塾中为儿童讲书否?窃谓旧法高声朗诵不解字义,直是误人子弟,一无用处。今日私塾教师不可不急改良。识字不在多,在通字义。若儿童入学数年而不通字义,则教师之罪不可赎也。若谓讲书太费时刻,则宜用分班之法,令诸生同读一书者,同时上书,同时听讲书,则不费时矣。其实,教人子弟不宜惜时,私塾教师之天职在教书,其他皆外务,非其本分也。本分之外而有余力乃可以作他事。吾国内地塾师多为私事分心,殊非社会之福也。此意偶尔感触而发,适去乡十余年,亦不知桑梓现状,正如村夫野老说朝廷事,可笑。

适近思往哥仑比亚大学肄业,其迁校理由见第十一号家书。适尚有一年之留,一年后归来亦不知作何事业,能得一教席或报馆撰述,便可安身,不作奢念也。现尚不能预为归国后糊口之计,去国已久,情形隔膜,一无把握。老叔其何以教我乎?

舍间多承照拂,令游子得安心远游,此意非语言所能道谢,惟当铭之心腑,俟他日面谢耳。

菊坪夫人想安好,膝下儿女无恙耶?适数月前得冬秀一书,词旨通畅,颇疑为老叔拟稿,乞老叔有以释吾疑也。

适客中平安,可告慰。匆匆即祝

为故人珍重加餐。

适白 七月十三日夜

寄陈独秀[①]

独秀先生左右：

今晨得《新青年》第六号，奉读大著《文学革命论》，快慰无似！足下所主张之三大主义，适均极赞同。适前著《文学改良刍议》之私意，不过欲引起国中人士之讨论，征集其意见，以收切磋研究之益耳。今果不虚所愿，幸何如之！此期内有通信数则，略及适所主张。惟此诸书，似皆根据适寄足下最初一书（见第二号），故未免多误会鄙意之处。今吾所主张之八事，已各有详论（见第五号），则此诸书，当不须一一答复。中惟钱玄同先生一书，乃已见第五号之文而作者，此后或尚有继钱先生而讨论适所主张八事及足下所主张之三主义者。此事之是非，非一朝一夕所能定，亦非一二人所能定。甚愿国中人士能平心静气与吾辈同力研究此问题！讨论既熟，是非自明。吾辈已张革命之旗，虽不容退缩，然亦决不敢以吾辈所主张为必是而不容他人之匡正也。

顷见林琴南先生新著《论古文之不当废》一文，喜而读之，以为定足供吾辈攻击古文者之研究，不意乃大失所望。林先生之言曰：

> 知腊丁之不可废，则马班韩柳亦自有其不宜废者。吾

[①] 此信写于一九一七年。

识其理,乃不能道其所以然,此则嗜古者之痼也。

"吾识其理,乃不能道其所以然",此正是古文家之大病。古文家作文,全由熟读他人之文,得其声调口吻,读之烂熟,久之亦能仿效,却实不明其"所以然"。此如留声机器,何尝不能全像留声之人之口吻声调?然终是一副机器,终不能"道其所以然"也。今试举一例以证之。林先生曰:

> 呜呼!有清往矣!论文者独数方姚,而攻踣之者麻起,而方姚卒不之踣。

此中"而方姚卒不之踣"一句不合文法,可谓"不通"。所以者何?古文凡否定动词之止词,若系代名词,皆位于"不"字与动词之间。如"不我与","不吾知也","未之有也","未之前闻也",皆是其例!然"踣"字乃是内动词,其下不当有止词,故可言"而方姚卒不踣",亦可言"方姚卒不因之而踣",却不可言"方姚卒不之踣"也。林先生知"不之知""未之有"之文法,而不知"不之踣"之不通,此则学古文而不知古文之"所以然"之弊也。

林先生为古文大家,而其论"古文之不当废","乃不能道其所以然",则古文之当废也,不亦既明且显耶?

钱玄同先生论足下所分中国文学之时期,以为有宋之文学不独承前,尤在启后,此意适以为甚是。足下分北宋以承前,分南宋以启后,似尚有可议者。盖二程子之语录,苏、黄之诗与词,皆启后之文学,故不如直以全宋与元为一时期也。足下以为何如?总之,文学史与他种史同具一古今不断之迹,其承前启后之关系,最难截断。今之妄人论诗,往往极推盛唐,一若盛唐之诗,真从天而下者。不知六朝人如阴铿,其律诗多与摩诘、工部相敌(工部屡言得力于阴铿,其赠李白诗,亦言"李侯有佳句,往往似阴铿"。则太白亦得力于此也),则六朝之诗与盛唐固不可截断也。此意甚微,非一书所能尽,且俟他日更为足下作文详言之耳。

白话诗乃蒙选录,谢谢。适去秋因与友人讨论文学,颇受攻击,一时感奋,自誓三年之内专作白话诗词。私意欲借此实地试验,以观白话之是否可为韵文之利器。盖白话之可为小说之利器,已经施耐庵、曹雪芹诸人实地证明,不容更辩;今惟有韵文一类,尚待吾人之实地试验耳(古人非无以白话作诗词者。自杜工部以来,代代有之;但尚无人以全副精神专作白话诗词耳)。自立此誓以来,才六七月,课余所作,居然成集。因取放翁诗"尝试成功自古无"之语,名之曰《尝试集》。尝试者,即吾所谓实地试验也。试验之效果,今尚不可知,本不当遽以之问世。所以不惮为足下言之者,以自信此尝试主义,颇有一试之价值,亦望足下以此意告国中之有志于文学革命者,请大家齐来尝试尝试耳。归国之期不远,相见有日,不尽所欲言。

       胡适白　四月九日作于美国纽约

答钱玄同

玄同先生：

前奉读"二十世纪第十七年七月二日"的长书，至今尚未答复。此中原因，想蒙原谅。先生对于吾前书所作答语，大半不须我重行答复。仅有数事，略有鄙见，欲就质正：

（4）（数目字指三卷第六号中原书之各条）《三国演义》一书，极为先生所不喜。然先生于吾原书所云，似有误会处。吾谓此书"能使今之妇人女子皆痛恨曹孟德，亦可见其魔力之大"。吾并非谓此书于曹孟德、刘备诸人褒贬得当。吾但谓以小说的魔力论，此书实具大魔力耳。先生亦言："《说岳》既出，不甚有何等之影响。《三国演义》既出，于是关公，关帝，关夫子，闹个不休。"此可见《说岳》之劣而《三国演义》之优矣。平心而论，《三国演义》之褒刘而贬曹，不过是承习凿齿、朱熹的议论，替他推波助澜，并非独抒己见。况此书于曹孟德，亦非一味丑诋。如白门楼杀吕布一段，写曹操人品实高于刘备百倍。此外写曹操用人之明，御将之能，皆远过于刘备、诸葛亮。无奈中国人早中了朱熹一流人的毒，所以一味痛骂曹操。戏台上所演《三国演义》的戏，不是《逼宫》，便是《战宛城》，凡是曹操的好处，一概不编成戏，此则由于编戏者之不会读书，而《三国演义》之罪实不如是之甚也。先生又谓此书"写刘备成一庸懦无用的人,写诸葛亮成一阴险诈伪的人"。此则非关作者"文才笨拙",乃其所处时代之影响也。彼所处之时代,固以庸懦无能为贤,以阴险诈伪为能,故其写刘备、诸葛亮,亦只如此。此如古人以"杀人不眨眼""喝酒三四十大碗"为英雄,今人如张春帆之徒以能"吊膀子"为风流。故《水浒传》之武松,自西人观之,必诋为无人道;而《九尾龟》之章秋谷,自吾与先生观之,必诋为淫人。此与吾前书所言《品花宝鉴》不知男色为恶事,同一道理。此理于读书甚有益,故不惮重言之。即如孔子时代,原不以男女相悦为非,故叔梁纥与徵在"野合而生孔子"(见《史记》),时人不以此遂轻孔子。及孔子选诗,其三百篇中,大半皆情诗也。即如《关雎》一篇,明言男子恋一女子,至于"寤寐思服","辗转反侧",害起"单思病"来了。孔子不以为非,却说"《关雎》乐而不淫,哀而不伤"。又如"陟彼南山,言采其蕨。未见君子,忧心惙惙。亦既见止,亦既觏止,我心则说",明言女子与男子期会于野。凡此诸诗,所以能保存者,正以春秋时代本不以男女私相恋爱为恶德耳。后之腐儒,不明时代之不同,风尚之互异,遂想出种种谬说来解《诗经》。诗之真价值遂历二千余年而不明,则皆诸腐儒之罪也。更举一例,白香山的《琵琶行》,本是写实之诗。后之腐儒不明风俗之变迁,以为朝廷命官岂可深夜登有夫之妇之舟而张筵奏乐。于是强为之语,以为此诗全是寓言。不知唐代人士之自由,固有非后世腐儒所能梦见者矣。先生以为然否?

(5)先生与独秀先生所论《金瓶梅》诸语,我殊不敢赞成。我以为今日中国人所谓男女情爱,尚全是兽性的肉欲。今日一面正宜力排《金瓶梅》一类之书,一面积极译著高尚的言情之作,五十年后,或稍有转移风气之希望。此种书即以文学的眼光观之,亦殊无价值。何则?文学之一要素,在于"美感"。请问先生读《金瓶梅》,作何美感？

又先生屡称苏曼殊所著小说。吾在上海时，特取而细读之，实不能知其好处。《绛纱记》所记，全是兽性的肉欲。其中又硬拉入几段绝无关系的材料，以凑篇幅，盖受今日几块钱一千字之恶俗之影响者也。《焚剑记》直是一篇胡说。其书尚不可比《聊斋志异》之百一，有何价值可言耶？

以上答先生见答之语竟。

先生论吾所作白话诗，以为"未能脱尽文言窠臼"。此等诤言，最不易得。吾于去年（五年）夏秋初作白话诗之时，实力屏文言，不杂一字。如《朋友》、《他》、《尝试篇》之类皆是。其后忽变易宗旨，以为文言中有许多字尽可输入白话诗中。故今年所作诗词，往往不避文言。吾曾作《白话解》，释白话之义，约有三端：

（一）白话的"白"，是戏台上"说白"的白，是俗语"土白"的白。故白话即是俗话。

（二）白话的"白"，是"清白"的白，是"明白"的白。白话但须要"明白如话"，不妨夹几个文言的字眼。

（三）白话的"白"，是"黑白"的白。白话便是干干净净没有堆砌涂饰的话，也不妨夹入几个明白易晓的文言字眼。

但是先生今年十月三十一日来书所言，也极有道理。先生说："现在我们着手改革的初期，应该尽量用白话去做才是。倘使稍怀顾忌，对于'文'的一部分不能完全舍去，那么便不免存留旧污，于进行方面，很有阻碍。"我极以这话为然。所以在北京所做的白话诗，都不用文言了。

先生与刘半农先生都不赞成填词，却又都赞成填西皮二簧。古来作词者，仅有几个人能深知音律。其余的词人，都不能歌。其实词不必可歌。由诗变而为词，乃是中国韵文史上一大革命。五言七

言之诗,不合语言之自然,故变而为词。词旧名长短句,其长处正在长短互用,稍近语言之自然耳。即如稼轩词:

> 落日楼头,断鸿声里,江南游子,把吴钩看了,阑干拍遍,无人会,登临意。

此决非五言七言之诗所能及也。故词与诗之别,并不在一可歌而一不可歌,乃在一近言语之自然而一不近言语之自然也。作词而不能歌之,不足为病。正如唐人绝句大半可歌,然今人不能歌亦不妨作绝句也。

词之重要,在于其为中国韵文添无数近于言语自然之诗体。此为治文学史者所最不可忽之点。不会填词者,必以为词之字字句句皆有定律,其束缚自由必甚。其实大不然。词之好处,在于调多体多,可以自由选择。工词者,相题而择调,并无不自由也。人或问既欲自由,又何必择调?吾答之曰,凡可传之词调,皆经名家制定,其音节之谐妙,字句之长短,皆有特长之处。吾辈就已成之美调,略施裁剪,便可得绝妙之音节,又何乐而不为乎?(今人作诗往往不讲音节。沈尹默先生言,作白话诗尤不可不讲音节,其言极是。)

然词亦有二短:(一)字句终嫌太拘束;(二)只可用以达一层或两层意思,至多不过能达三层意思。曲之作,所以救此两弊也。有衬字,则字句不嫌太拘;可成套数,则可以作长篇。故词之变为曲,犹诗之变为词,皆所以求近语言之自然也。

最自然者,终莫如长短无定之韵文。元人之小词,即是此类。今日作"诗"(广义言之),似宜注重此种长短无定之体。然亦不必排斥固有之诗词曲诸体;要各随所好,各相题而择体,可矣。

至于皮簧,则殊无谓。皮簧或十字为句,或七字为句,皆不近语言之自然。能手为之,或亦可展舒自如,不限于七字十字之句,如《空城计》之城楼一段是也。然不如直作长短句之更为自由矣。

以上所说,皆拉杂不成统系,尚望有以教正之。

民国六年十一月二十夜　胡适

答朱经农

经农足下:

在美国的朋友久不和我打笔墨官司了。我疑心你们以为适之已得了不可救药的证候,尽可不用枉费医药了。不料今天居然接到你这封信,不但讨论的是"文学革命",并且用的白话文体。我的亲爱的经农,你真是"不我遐弃"的了!

来信反对第四种文字革命(把文言白话都废了,采用罗马字母的文字作为国语)的话,极有道理,我没有什么驳回的话。且让我的朋友钱玄同先生来回答罢。

第三种文字革命(保存白话,用拼音代汉字),是将来总该办到的,此时决不能做到。但此种主张,根本上尽可成立(赵元任君曾在前年《留美学生月报》上详细讨论,为近人说此事最精密的讨论)。即如来信所说诗,丝,思,司,私,师等字,在白话里,都不成问题。为什么呢?因为白话里这些字差不多都成了复音字,如"蚕丝","思想","思量","司理","职司","自私","私下里","私通","师傅","老师",翻成拼音字,有何妨碍?又如"诗"字,虽是单音字,却因上下文的陪衬,也不致误听。例如说,"你近来做诗吗?""我写一首诗给你看",这几句话里的"做诗"、"一首诗",也不致听错的。平常人往往把语言中的字看作一个一个独立的东西。其实这是大错的。言语全是上下文的(Contextural),即如英文的 Rite、Right、Write 三个同音字,从来不会听错,也只是因为这个原故。

来书论第一二种文字革命(改良文言与改用白话)的话,你以为我"听了狠不高兴",其实我并没有不高兴的理由。你这篇议论,宗旨已和我根本相同,但略有几个误解的论点,不能不辩个明白。

第一,来书说,"古人所作的文言,也有长生不死的",你所说的"死",和我所说的"死",不是一件事。我也承认《左传》、《史记》,在文学史上,有"长生不死"的位置。但这种文学是少数懂得文言的人的私有物,对于一般通俗社会便同"死"的一样。我说《左传》、《史记》是"死"的,与人说希腊文、拉丁文是"死"的是同一个意思。你说《左传》、《史记》是"长生不死"的,与希腊学者和拉丁学者说 Euripides 和 Virgil 的文学是"长生不死"的是同一个意思。《左传》、《史记》,在"文言的文学"里,是活的;在"国语的文学"里,便是死的了。这个分别,你说对不对?

第二,来书所主张的"文学的国语","并非白话,亦非文言,须吸收文言(原文作"文字",疑是笔误)之精华,弃却白话的糟粕,另成一种雅俗共赏的活文学"。这是狠含糊的话。什么叫做"文言之精华"?什么叫做"白话的糟粕"?这两个名词含混得狠,恐怕老兄自己也难下一个确当的界说。我自己的主张可用简单的话说明如下:

我所主张的"文学的国语",即是中国今日比较的最普通的白话。这种国语的语法文法,全用白话的语法文法。但随时随地不妨采用文言里两音以上的字。

这种规定,——白话的文法,白话的文字,加入文言中可变为白话的文字,——可不比"精华"、"糟粕"……等等字样明白得多了吗?至于来书说的"雅俗共赏"四个字,也是含糊的字。什么叫做"雅"?什么叫做"俗"?《水浒》说,"你这与奴才做奴才的奴才!"请问这是雅是俗?《列子》说,"设令发于余窍,子亦将承之"。这一句字字皆古,请问是雅是俗？若把雅俗两字作人类的阶级解,说"我们"是雅,"他们"小百姓是俗,那么说来,只有白话的文学是"雅俗共赏"的,文言的文学只可供"雅人"的赏玩,决不配给"他们"领会的。

来书末段论白话诗,未免有点偏见。老兄初次读我的"两个黄蝴蝶"的时候,也说"有些看不下去"。如今看惯了,故觉得我的白话诗"是狠好的"。老兄若多读别人的白话诗,自然也会看出他们的好处。就如《新青年》四卷一号所登沈尹默先生的"霜风呼呼的吹着"一首,几百年来,哪有这种好诗！老兄一笔抹煞,未免太不公了。

来书又说,"白话诗应该立几条规则"。这是我们极不赞成的。即以中国文言诗而论,除了"近体"诗之外,何尝有什么规则？即以"近体"诗而论,王维,孟浩然,李白,杜甫的律诗,又何尝处处依着规则去做？我们做白话诗的大宗旨,在于提倡"诗体的解放"。有什么材料,做什么诗；有什么话,说什么话；把从前一切束缚诗神的自由的伽锁镣铐,拢统推翻：这便是"诗体的解放"。因为如此,故我们极不赞成诗的规则。还有一层,凡文的规则和诗的规则,都是那些《古文笔法》、《文章轨范》、《诗学入门》、《学诗初步》的人所定的。从没有一个文学家自己定下做诗做文的规则。我们做的白话诗,现在不过在尝试的时代,我们自己也还不知什么叫做白话诗的规则。且让后来做《白话诗入门》、《白话诗轨范》的人去规定白话诗的规则罢！

七年七月十四日　胡适

给沈尹默[①]

尹默：

我读了你的旧式诗词，觉得我完全是一个门外汉，不配"赞一词"；至于拣选去留，那更不用说了。但是我是一个最爱说话的人，又是一个最爱说"外行话"的人。我以为有许多事，"内行"见惯了的，反不去寻思里面的意味；倒是"门外汉"伸头向里一望，有时还能找出一点意义。这是我于今敢来说外行话的理由。

我常说那些转湾子的感事诗与我们平常做的"打油诗"，有同样的性质。为什么呢？因为我们做"打油诗"往往使用个人的"事实典故"，如"黄加披肩鸟从比"之类，正如做寄托诗的人往往用许多历史的，或文学的，或神话的，或艳情的典故套语。这两种诗同有一种弱点：只有个中人能懂得，局外人便不能懂得。局外人若要懂得，还须请个人详加注释。因此，世间只有几首"打油诗"可读，也只有几首寄托诗可读。

所以我以为寄托诗须要真能"言近而旨远"。这五字被一般妄人用烂了便失了意味。我想"言近而旨远"是说：从文字表面上看来，写的是一件人人可懂的平常实事；若再进一步，却还可寻出一个寄托的深意。譬如山谷的"江水西头隔烟树，望不见江东路。思量

[①] 本文原载上海亚东图书馆一九二一年版《胡适文存》第一集。

只有梦来去,更不怕,江拦住"一首,写的是相思,寄托的是"做官思想"。又如稼轩的"宝钗分,桃叶渡"一首词,写的是闺情,寄托的是感时(如"点点飞红,都无人管"之类)感身世(如"试把灯花卜归期"之类)。"言近"则越"近"(浅近)越好。"旨远"则不妨深远。言近,须要不倚赖寄托的远旨也能独立存在,有文学的价值。

有许多寄托诗是"言远而旨近"的。怎么叫做"言远而旨近"呢?本是极浅近的意思,却用了许多不求人解的僻典。若不知道他寄托的意思,便成全无意识七凑八凑的怪文字。这种诗不能独立存在,在当时或有不得已的理由,在后世或有历史上的价值,但在文学上却不能有什么价值。

以上所说是一个门外汉研究这种诗的标准观念。依此观念来看老兄的诗,则《珠馆》,《出游见落花》(二首),《春日感赋》(起二句稍弱),《无题》,《久雨》,皆可存。《文儒咏》,《北史儒林传》,《咏史》,《杂歌》诸诗,则仅可供读史者参考之资料了。

若从摹古一方面论之,则《补梅(今酉皿)》(一,二),《三月廿六日》,《杂感》(二,五,七,八),《二月廿三日》,《咏史》,《珠馆》,皆极佳。

词中小令诸阕皆佳,长调稍差。老兄以为何如?适最爱"更寻高处倚危阑,闲看垂杨风里老"两句,这也是"红老之学"的表示了。"天气薄晴如中酒",以文法绳之,颇觉少一二字。

我生平不会做客观的艳诗艳词。不知何故。例如"推锦枕,垂翠袖,独自香销时候。帘不卷,有谁知?泪痕红满衣"。即使杀了我,我也做不出来。今夜仔细想来,大概由于我受"写实主义"的影响太深了,所以每读这种诗词,但觉其不实在,但觉其套语的形式(如"锦枕","翠袖","香销","卷帘","泪痕"之类),而不觉其所代表的情味。往往须力逼此心,始看得下去;否则读了与不曾读一样。

既不喜这种诗,自然不会做了。若要去了套语,又不能有真知灼见的闺情知识可写,所以一生不曾做一首闺情的诗。

写到这里,忽然想起玄同来。他若见了此上一段,一定说我有意挖苦你老兄的套词语。其实不然。我近来颇想到中国文学套语的心理学。有许多套语(竟可说一切套语)的缘起,都是极正当的。

凡文学最忌用抽象的字(虚的字),最宜用具体的字(实的字)。例如说"少年",不如说"衫青鬓绿";说"老年",不如说"白发","霜鬓";说"女子",不如说"红巾翠袖";说"春",不如说"姹紫嫣红","垂杨芳草";说"秋",不如说"西风红叶","落叶疏林"。……初用时,这种具体的字最能引起一种浓厚实在的意象;如说"垂杨芳草",便真有一个具体的春景;说"枫叶芦花",便真有一个具体的秋景,这是古文用这些字眼的理由,是极正当的,极合心理作用的。但是后来的人把这些字眼用得太烂熟了,便成了陈陈相因的套语。成了套语,便不能发生引起具体意象的作用了。

所以我说,"但觉其套语的形式,而不觉其所代表的情味"。所以我单说"不用套语",是不行的。须要从积极一方面着手,说明现在所谓"套语",本来不过是具体的字,有引起具体的影像的目的。须要使学者从根本上下手,学那用具体的字的手段。学者能用新的具体字,自然不要用那陈陈相因的套语了。例如古人说"河桥酒幔青",今人说"火车气笛响";古人说"红巾翠袖",今人可说"□□□□";古人说"衫青鬓绿",今人可说"燕尾鼠须"了!——以上所说,似乎超出本题,既然动手写了,且送与老兄一看。

(十年)六月十夜

致郭沫若、郁达夫

沫若、达夫两位先生：

我这回南来，本想早日来看你们两位，不幸在南方二十天，无一日不病，已有十天不曾出门一步了。病中读到《创造》二卷一号，使我不能不写这封信同你们谈谈我久想面谈的话。

我最注意的是达夫在一五二页上说的："因为我在杂志上发表了一篇旧作的文字，淘了许多无聊的闲气。更有些忌刻我的恶劣分子，就想以此来作我的葬歌，纷纷的攻击我起来。"

我很诚恳地希望达夫的第二句话里不含有与我有关的意义。我是最爱惜少年天才的人；对于新兴的少年同志，真如爱花的人望着鲜花怒放，心里只有欢欣，绝无丝毫"忌刻"之念。但因为我爱惜他们，我希望永远能作他们的诤友，而不至于仅作他们的盲徒。

至于我对你们两位的文学上的成绩，虽然也常有不能完全表同情之点，却只有敬意，而毫无恶感。我是提倡大胆尝试的人，但我自知"提倡有心，而实行无力"的毛病，所以对于你们的尝试，只有乐观的欣喜，而无丝毫的恶意与忌刻。

至于我的《骂人》一条短评，如果读者平心读之，应该可以看出我在那一条里只有诤言，而无恶意。我的意思只是要说译书有错算不得大罪，而达夫骂人为粪蛆，则未免罚浮于罪。至于末段所谓"我们初出学堂门的人",稍平心的读者应明白"我们"是包括我自己在内的,并不单指"你们",尤其不是摆什么架子。

后来达夫做了一篇短文,内中全不提起译文,而说我所以强出头,是因为原文有跟着外国学者跑来跑去的话,而我是曾跟杜威做翻译的,所以借题雪恨。这篇文章,他寄给北京《晨报》社,社中记者给我看了,我劝他不要登。他说,他因为要表示作者的人格的堕落,所以主张登出。我说:"正因为我爱惜作者的人格,所以不愿你登出。"后来他回信赞成我的态度,所以不登了。——然而此文终于在别处发表了。——我追叙这一段故事,只是要你们知道我对于你们,只有爱惜,而无恶意。

后来你们和几位别人,做了许多文章,很有许多意气的话,但我始终不曾计较。因为有许多是"节外生枝"的话,徒伤感情与日力,没有什么益处,我还是退避为妙。

至于就译书一事的本题而论,我还要劝你们多存研究态度而少用意气。在英文的方面,我费了十几年的苦功,至今只觉其难,不见其易。我很诚恳地希望你们宽恕我那句"不通英文"的话,只当是一个好意的诤友无意中说的太过火了。如果你们不爱听这种笨拙的话,我很愿意借这封信向你们道歉。——但我终希望你们万一能因这两句无礼的信的刺激而多读一点英文;我尤其希望你们要明白我当初批评达夫的话里,丝毫没有忌刻或仇视的恶意。

如果你们不见怪,我很诚恳地盼望你们对我个人的不满意,不要迁怒到"考据学"上去。你们做文学事业,也许有时要用得着考据的帮助。例如译 Omar 的诗,多用几种本子作考据,也许可以帮助本文的了解。考据是一种公开的学问,我们不妨指出某个人的某种考据的错误,而不必悬空指斥考据学的本身。

最后，我盼望那一点小小的笔墨官司不至于完全损害我们旧有的或新得的友谊。

胡适　十二,五,十五

致鲁迅、周作人、陈源

豫才、启明、通伯三位先生：

昨天在天津旅馆里读鲁迅的《热风》，在页三三—三四上读到这一段：

> 所以我时常害怕，愿中国青年都摆脱冷气，只是向上走，不必听自暴自弃者流的话。能做事的做事，能发声的发声。有一分热，发一分光；就令萤火一般，也可以在黑暗里发一点光，不必等候炬火。此后如竟没有炬火，我便是唯一的光。倘若有了炬火，出了太阳，我们自然心悦诚服的消失，不但毫无不平，而且还要随喜赞美这炬火或太阳；因为他照了人类，连我都在内。
>
> 我又愿中国青年都只是向上走，不必理会这冷笑和暗箭。尼采说：
>
> "真的，人是一个浊流。应该是海了，能容这浊流使他干净。
>
> "咄，我教你们超人：这便是海，在他这里，能容下你们的大侮蔑。"
>
> 纵令不过一洼浅水，也可以学学大海；横竖都是水，可以相通。几粒石子，任他们暗地里掷来；几滴秽水，任他们

从背后泼来就是了。

这一段有力的散文使我很感动。我昨夜一夜不能好好的睡,时时想到这段文章,又想到在北京时半农同我谈的话。今天再忍不住了,所以写这封信给你们三位朋友。

你们三位都是我很敬爱的朋友;所以我感觉你们三位这八九个月的深仇也似的笔战是朋友中最可惋惜的事。我深知道你们三位都自信这回打的是一场正谊之战;所以我不愿意追溯这战争的原因与历史,更不愿评论此事的是非曲直。我最惋惜的是,当日各本良心的争论之中,不免都夹杂着一点对于对方动机上的猜疑;由这一点动机上的猜疑,发生了不少笔锋上的情感;由这些笔锋上的情感,更引起了层层猜疑,层层误解。猜疑愈深,误解更甚。结果便是友谊上的破裂,而当日各本良心之主张就渐渐变成了对骂的笔战。

我十月到上海时,一班少年朋友常来问我你们争的是什么;我那时还能约略解释一点。越到了后来,你们的论战离题越远,不但南方的读者不懂得你们说的什么话,连我这个老北京也往往看不懂你们用的什么"典",打的什么官司了。我们若设身处地,为几千里外或三五年后的读者着想,为国内崇敬你们的无数青年着想,他们对于这种"无头"官司有何意义? 有何兴趣?

我觉得我们现在应该做的事业多着咧! 耶稣说的好,"收成是很丰足的,可惜作工的人太少了!"国内只有这些些可以作工的人,大家努力"有一分热,发一分光",还怕干不了千万分之一的工作,——我们岂可自己相猜疑,相残害,减损我们自己的光和热吗?

我是一个爱自由的人,——虽然别人也许嘲笑自由主义是十九世纪的遗迹,——我最怕的是一个猜疑、冷酷、不容忍的社会。我深深地感觉你们的笔战里双方都含有一点不容忍的态度,所以不知不觉地影响了不少的少年朋友,暗示他们朝着冷酷、不容忍的方向走!这是最可惋惜的。

所以我不能忘记《热风》里那一段文章:

> 这便是海,在他这里,能容下你们的大侮蔑。
>
> 纵令不过一洼浅水,也可以学学大海;横竖是水,可以相通。几粒石子,任他们暗地里掷来;几滴秽水,任他们从背后泼来就是了。

敬爱的朋友们,让我们都学学大海。"大水冲了龙王庙,一家人不认得一家人。""他们"的石子和秽水,尚且可以容忍;何况"我们"自家人的一点子误解,一点子小猜嫌呢?

亲爱的朋友们,让我们从今以后,都向上走,都朝前走,不要回头睬那伤不了人的小石子,更不要回头来自相践踏。我们的公敌是在我们的前面;我们进步的方向是朝上走。

我写这信时,怀抱着无限的友谊的好意,无限的希望。

适之十五,五,廿四,天津,裕中饭店

致刘公任

公任同学：

谢谢你的两信，你的卷子很好，我很高兴。

你的失望，我很能了解。但我要对你说，爱情不过是人生的一件事，同其他生活有同样的命运，有成功，也有失败。我们要当得起成功，更要耐得住失败；凡耐不住失败的，什么大事都不能做。

你只有两条路，一是继续爱她，被弃而不怨，被骗而不怨。本不求报，何怨？何怨？爱情岂是做买卖吗？一是不再爱她，朋友仍是朋友，"亲者毋失其为亲也，故者毋失其为故也"。若宣布于世，以谋报复，那是悻悻小人之所为，不是君子做的事。

何况你这一次恋爱的人，依你所说是不值得你的爱情的。若果如此，则你的失败，只是盲目的爱的失败，失败正是幸福。

况且你既然尊重女子的人格，便应该承认她的自由。她自有自由，自有不爱你的自由，——无论你如何爱她。

真爱情是不一定求报答的。她不爱你，你不能勉强她，不应该勉强她。

你最好走开去玩玩，跑十天八天的山水，再回来努力做一件有趣味的工作，叫工作赶跑你的烦闷。回来之时，请来寻我谈谈。

近来最荒谬的言论，是说恋爱是人生第一大事。恋爱只是生活的一件事，同吃饭，睡觉，做学问等事比起来，恋爱是不很重要的事，人不可以不吃饭,但不一定要有恋爱。学问欲强的人,更不必要有恋爱。孔德(Comte)有恋爱,适足为他一生之累。康德(Kant)终身无恋爱,于他有何损伤?

        适之　十八,八,八夜

致胡祖望

祖望：

你这么小小年纪,就离开家庭,你妈和我都很难过。但我们为你想,离开家庭是最好办法。第一使你操练独立的生活;第二使你操练合群的生活;第三使你自己感觉用功的必要。

自己能照应自己,服事自己,这是独立的生活。饮食要自己照管,冷暖要自己知道。最要紧的是做事要自己负责任。你工课做的好,是你自己的光荣;你做错了事,学堂记你的过,惩罚你,是你自己的羞耻。做的好,是你自己负责任。做的不好,也是你自己负责任。这是你自己独立做人的第一天,你要凡事小心。

你现在要和几百人同学了,不能不想想怎么样才可以同别人合得来。人同人相处,这是合群的生活。你要做自己的事,但不可妨害别人的事。你要爱护自己,但不可妨害别人。能帮助别人,须要尽力帮助人,但不可帮助别人做坏事。如帮人作弊,帮人犯规则,都是帮人作坏事,千万不可做。

合群有一条基本规则,就是时时要替别人想想,时时要想想"假使我做了他,我应该怎样?""我受不了的,他受得了吗？我不愿意的,他愿意吗?"你能这样想,便是好孩子。

你不是笨人,工课应该做得好。但你要知道世上比你聪明的人多的很。你若不用功,成绩一定落后。功课及格,那算什么？在一班要赶在一班的最高一排。在一校要赶在一校的最高一排。工课要考最优等,品行要列最优等,做人要做最上等的人,这才是有志气的孩子。但志气要放在心里,要放在工夫里,千万不可放在嘴上,千万不可摆在脸上。无论你志气怎样高,对人切不可骄傲。无论你成绩怎么好,待人总要谦虚和气。你越谦虚和气,人家越敬你爱你。你越骄傲,人家越恨你,越瞧不起你。

儿子,你不在家中,我们时时想念你,你自己要保重身体。你是徽州人,要记得"徽州朝奉,自己保重"。

你要记得下面的几件事:

(1)不要买摊头上的食物,微生物可怕!

(2)不要喝生水冷水,微生物可怕!

(3)不要贪凉。身体受了寒冷,如同水冰了不流,如同汽车上汽油冻住了汽车便开不动。许多病是这样来的。

(4)有病赶快寻医生。头痛是发热的表示,赶快试验温度表(寒暑表),看看有无热度。

(5)两脚走路觉得吃力时,赶快请医生验看,怕是脚气病。脚气病是学堂里常有的,最可怕,最危险。

(6)学校饮食里的滋养料不够,故每日早起须吃麦精一匙。可试用麦精代替糖浆,涂在面包上吃吃看。这几条都是很要紧的,千万不要忘记。

你寄信给我们,也须编号数,用一本簿子记上,如下式:

家信　苏州第一号　〇月〇〇日寄

　　　苏州第二号　〇月〇〇日寄

你收的家信,也记在簿上:

爸爸　苏州第一号　八月廿七日收

爸爸　苏州第二号　〇月〇〇日收

妈妈　第三号　　　　〇月〇〇日收
儿子,不要忘记我们,我们不会忘记你。努力做一个好孩子。

　　　　　　　　　　　　　　　　爸爸　十八年八月廿六夜

复吴晗

春晗同学：

你的信使我很高兴，蒋（廷黻）、张（子高）诸公之厚意最可感谢，甚盼你见他们时为我道谢。

蒋先生期望你治明史，这是一个最好的劝告。秦、汉时代材料太少，不是初学所能整理，可让成熟的学者去工作。材料少则有许多地方须用大胆的假设，而证实甚难。非有丰富的经验，最精密的方法，不能有功。

晚代历史，材料较多，初看去似甚难，其实较易整理。因为处处脚踏实地，但肯勤劳，自然有功。凡立一说，进一解，皆容易证实，最可以训练方法。

你问的几项，大致可以解答如下：

①应先细细点读《明史》，同时读《明史纪事本末》一遍或两遍。《实录》可在读《明史》后用来对勘。此是初步工作。于史传中之重要人的姓名、字、号、籍贯、谥法，随笔记出，列一表备查，将来读文集、杂记等书便不感觉困难。读文集中之碑传，亦须用此法。

②满洲未入关以前的历史，有人专门研究，可先看孟森（心史）《清开国史》（商务）一类的书。你此时暂不必关心。此是另一专门之学。谢国桢君有此时期史料考，已由北平图书馆出版。（孟心史现在北大。）

③已读得一代史之后,可以试作"专题研究"之小论文(Monographs)。题目越小越好,要在"小题大做",可以得训练。千万不可作大题目。

④札记最有用。逐条必须注明卷册页数,引用时可以复检。许多好"专题研究"皆是札记的结果。

⑤明代外人记载尚少,但如"倭寇问题",西洋通商问题,南洋问题,耶稣会教士东来问题,皆有日本及西洋著述可资参考。蒋廷黻先生必能指导你,我是全外行。

以上匆匆答复,定不能满意。

胡适　二十,九,十二

致徐志摩

志摩：

我读了《诗刊》第一期，心里很高兴，曾有信给你们说我的欢喜。我觉得新诗的前途大可乐观，因为《诗刊》的各位诗人都抱着试验的态度，这正是我在十五年前妄想提倡的一点态度。只有不断的试验，才可以给中国的新诗开无数的新路，创无数的新形式，建立无数的新风格。若抛弃了这点试验的态度，稍有一得，便自命为"创作"，那是自己画地为牢，我们可以断定这种人不会有多大前途的。

实秋给你的信（创刊号），我读了颇有一点意见，今天写出来请你和实秋、一多诸位朋友指教。

实秋说"新诗实际就是中文写的外国诗"，又说我"对于诗的基本观念大概是颇受外国文学的影响的"。对于后一句话，我自然不能否认。但我是有历史癖的人，我在中国文学史上得着一个基本观念，就是：中国文学有生气的时代多是勇于试验新体裁和新风格的时代；从大胆尝试退到模仿与拘守，文学便没有生气了。所以我当时用"尝试"做诗集的名称，并在自序里再三说明这试验的态度。

但我当时的希望却不止于"中文写的外国诗"。我当时希望——我至今还继续希望的是用现代中国语言来表现现代中国人的生活，思想，情感的诗。这是我理想中的"新诗"的意义，——不仅是"中文写的外国诗"，也不仅是"用中文来创造外国诗的格律来装进外国式的诗意"的诗。

所以我赞成实秋最后的结论:"唯一的希望就是你们写诗的人自己创造格调","要创造新的合于中文的诗的格调。"他说:"在这点上我不主张模仿外国诗的格调,……用中文写 Sonnet 永远写不像。"其实不仅是写的像不像的问题。Sonnet 是拘束很严的体裁,最难没有凑字的毛病。我们刚从中国小脚解放出来,又何苦去裹外国小脚呢?

这一封未完的信,本预备再写下去,中间一搁就已是半年多了,收信的志摩已死去二十天了。我今天检看原稿,不忍再续下去了,所以把已写成的一段送给《诗刊》发表。

胡适 二〇,十二,九

答陈英斌

英斌先生:

我真对不住你,到今天才能回你的信。

你的信使我很感动。我不懂得日本最近的留学情形,我怕不能对于你的问题有多大的帮助。但我是不反对留学的,也不反对青年人出国留学。中国文化现在还是事事不如人,青年人应该努力学外国的长处。只要你认定你的使命是求学,你就可以明白求学是愈早愈好,愈年轻愈有成就的希望。"和本国文化离开"也无大害处,因为本国的文化的环境实在太坏了,可以坑死不少的有用青年。青年人能脱离这种空气,是福不是祸。

既要求学,必须要埋头先学那求学的工具,就是语言文字。必须要把语言文字学到十分纯熟的地步。

其次,既来求学,须知学不完全靠课堂课本,一切家庭、习惯、社会、风俗、政治、组织、人情、人物,都是时时在在可以供我们学的。若在庆应,就应该研究庆应六十年的历史,并应该研究创办人的人格。若在早稻田,就应该研究大隈的传记。

最要紧的是不要存轻视日本文化之心理。日本人是我们最应该研究的。他们有许多特别长处,为世界各民族所没有的:第一是爱洁净,遍于上下各阶级;第二是爱美,遍于上下各阶级;第三是轻死,肯为一个女人死,也肯为一个主义死;第四是肯低头学人的好处,肯拚命模仿人家。

能如此存心,你在日本留学一定可以得益处。

胡适　廿四,七,廿四

致罗尔纲(三札)

一

尔纲：

我在《史学》(《中央日报》)第十一期上看见你的《清代士大夫好利风气的由来》，很想写几句话给你。

这种文章是做不得的。这个题目根本就不能成立。管同，郭嵩焘诸人可以随口乱道，他们是旧式文人，可以"西汉务利、东汉务名、唐人务利、宋人务名"一类的胡说。我们做新式史学的人，切不可这样胡乱作概括论断。西汉务利，有何根据？东汉务名，有何根据？前人但见东汉有党锢、清议等风气，就妄下断语以为东汉重气节。然卖官鬻爵之制，东汉何尝没有？"铜臭"之故事，岂就忘之？

名利之求，何代无之？后世无人作"货殖传"，然岂可就说后代无陶朱、猗顿了吗？西汉无太学清议，唐与元亦无太学党锢，然岂可谓西汉、唐、元之人不务名耶？

要知杨继盛、高攀龙诸人固然是士大夫，严嵩、严世蕃、董其昌诸人以及那无数歌颂魏忠贤的人，独非"士大夫"乎？

凡清议最激昂的时代，往往恰是政治最贪污的时代，我们不能说东林代表明代士大夫,而魏忠贤门下的无数干儿子孙子就不代表士大夫了。

明代官绅之贪污,稍治史者多知之。贫士一旦中进士,则奸人滑吏纷纷来投靠,土地田宅皆可包庇抗税,"士大夫"恬然视为故常,不以为怪。务利固不自清代始也。

你常作文字,固是好训练,但文字不可轻作,太轻易了就流为"滑",流为"苟且"。

我近年教人,只有一句话:"有几分证据,说几分话"。有一分证据只可说一分话。有三分证据,然后可说三分话。治史者可以作大胆的假设,然而决不可作无证据的概论也。

又在《益世报·史学》二十九期见"幼梧"之《金石萃编唐碑补订偶记》,似是你作的?此种文字可以作,作此种文字就是训练。

偶尔冲动,哓哓至几百字,幸勿见怪。

适之 廿五,六,廿二

二

尔纲:

我那封短信竟使你写那么长的回信,我很不安。

你的回信使我很高兴。我猜想"幼梧"是你,果然不错。

你的轻视武亿(一七四五——一七九九)、王昶(一七二四——一八〇六)诸人,却是不应该的。要知道你所凭藉的,不是看碑的眼光,乃是一份拓的最精的拓本,和一个许你专力作此事的机关。我读你已发表的诸条,只觉得条条都使我深刻的赏识艺风堂此份拓本之精工,远过于武亿、王昶诸人所见的本子。王昶、缪荃孙(一八四三——一九一九)诸人都不能以全力作整理金石之事,他们的校录收了绝大的数目,其中有一些错误,是不能免的,是可以宽恕的。

我劝你挑选此项金石补订笔记之最工者,陆续送给《国学季刊》发表,用真姓名。此项文字可以给你一个学术的地位,故应用真姓名。又你的职务,在北大是整理此项拓本,故也应用真姓名。

我劝你以后应该减轻编辑《史学》的职务。一个人编两个学术的周刊,是很辛苦的。

《洪大泉考》我很爱读,因不曾带到医院中来,故今日不能评论此文。出医院后,当再写信。

《研究清代军制计划》,我是外行,恐不配批评。但我读你的计划,微嫌它条理太好,系统太分明。此系统的中心是湘军以前,兵为国有;湘军以后,兵为将有。凡治史学,一切太整齐的系统,都是形迹可疑的,因为人事从来不会如此容易被装进一个太整齐的系统里去。前函所论"西汉重利,东汉重名;唐人务利,宋人务名"等等,与此同例。

最好的手续是不要先编湘军志,且把湘军一段放下来,先去看看湘军以前是否真没有"兵为将有"的情形,我可以大胆告诉你:一定有的。你试看《罗壮勇公年谱》,便知打白莲教时已是如此了。至于湘军以前,是否"兵为国有",也须研讨,不可仅仅依据制度条文即下结论。

今日在医院中检查身体,早起写此信,即问
安好。

适之　二十五,六,二十九

三

尔纲：

今天写了一信,想已收到。

关于清代军制事,鄙意研究制度应当排除主观的见解,尽力去搜求材料来把制度重行构造起来。此与考古学家从一个牙齿构造起一个原人一样,都可称为"再造"Reconstruct 工作。

研究制度的目的是要知道那个制度,究竟是个什么样子；平时如何组成,用时如何行使；其上承袭什么,其中含有何种新的成分,其后发生什么,如此才是制度史。

你的"新湘军志计划",乃是湘军小史,而不是湘军军制的研究。依此计划做去,只是一篇通俗的杂志文章而已。其中第二、三、四章尤为近于通俗报章文字。

我劝你把这个计划暂时搁起,先搜集材料,严格的注重湘军的本身,尤其是关于：

一,湘军制度的来历(例如戚继光的《纪效新书》)。

二,乡勇团练时期的制度。

三,逐渐演变与分化。

四,水师。

五,饷源与筹饷方法。

六,将领的来源与选拔升迁方法。"幕府"可归入此章或另立一章。

七,纪律(纸上的与实际的)。

八,军队的联络,交通,斥候等等。(曾国藩日记中记他每日在军中上午下午都卜一二卦,以推测前方消息?)

九,战时的组织与运用。

十,遣散的方法。

我是门外汉,所见如此,不知有可以供你的考虑的吗?

    适之　二五,六,二九夜(协和医院)

致吴健雄

健雄女士：

昨夜在马宅相见，颇出意外，使我十分高兴。

今日下午船竟不开，晚间得消息，似此次罢工也许要延长扩大。同行旅客有赶往 Vancouver 改乘 Canadian 汽船回国的。我则九十二日劳顿之余，颇感疲乏，行李又有一部分已上胡佛船了，故决定留此等待两三天再说。

此次在海外见着你，知道抱着很大的求学决心，我很高兴。昨夜我们乱谈的话，其中实有经验之谈，值得留意。凡治学问，功力之外，还需要天才。龟兔之喻，是勉励中人以下之语，也是警惕天才之语，有兔子的天才，加上乌龟的功力，定可无敌于一世。仅有功力，可无大过，而未必有大成功。

你是很聪明的人，千万珍重自爱，将来成就未可限量。这还不是我要对你说的话。我要对你说的是希望你能利用你的海外住留期间，多留意此邦文物，多读文史的书，多读其他科学，使胸襟阔大，使见解高明。我不是要引诱你"改行"回到文史路上来；我是要你做一个博学的人。前几天，我在 Pasadena 见着 Dr. Robert A. Milhkan。他带我去参观各种研究室，他在 Geretics 研究室中指示室中各种工作，也"如数家珍"，使我心里赞叹。凡第一流的科学家，都是极渊博的人，取精而用弘，由博而反约，故能有大成功。

国内科学界的几个老的领袖,如丁在君、翁咏霓,都是博览的人,故他们的领袖地位不限于地质学一门。后起的科学家都往往不能有此渊博,恐只能守成规,而不能创业拓地。

以此相期许,你不笑我多管闲事吗?匆匆祝你

平安。

胡适　一九三六,十,三十

致俞平伯

平伯兄：

谢谢你寄诗给我读。

绝句最难作。但这个"小诗"体裁颇适于写一个小题目，故我想这个方式在将来必定还有人继续试用。但绝句本用于南方民歌，到了文人手里，就往往陈腐化了。今后绝句若能保存，必须多多与民歌接近，一扫陈言套语，用最干净的话语表现一个新鲜的意思或印象——这样才可以有新的生命。

（一）十多年前，废名曾特别称赞李义山这首绝句：

云母屏风烛影深，长河渐落晓星沉。
常娥应悔偷灵药，碧海青天夜夜心。

那天俞大缜女士请我写扇子，也推荐这首小诗。我觉得这首诗不是顶好的绝句，有点小意思，说得不够清楚。我请几位朋友试把这首诗译成英文看看。他们才说，开头七个字就不好译，因为"烛影深"可以有许多种说法。至于末两句，初读似易解，细想才觉得很难翻译成白话或外国文。

这样的绝句已是离开民歌很远了。

（二）我所谓接近民歌的绝句，可举一例：

杨柳青青江水平,闻郎江上唱歌声。
东边日出西边雨,道是无晴还有晴。

这是民歌,也许经过了刘梦得的小小修改,但民歌的风味完全存在。又举一例:

遥知天上桂华孤,为问常娥更要无,
月宫幸有闲田地,何不中央种两株?

香山此诗当然有寄托,但这种写法,还很像民歌。我觉得这首绝句比义山那首高明得多了(白香山自己也很喜欢这首诗,后来他有《听唱桂华曲》的诗,可见此诗在当时颇流行,成为歌曲)。

文人从民歌里得了绝句体裁,加上新的见解,加上比较深刻的观察,加上比较丰富的内容,所以诗人的绝句往往有新的境界,有民间歌唱不容易达到或不能达到的境界。老杜的《漫兴》是最好的例子。

手种桃李非无主,野老墙低还是家。
恰似春风相欺得,夜来吹折数枝花!
隔户杨柳弱袅袅,恰似十五女儿腰。
谁谓朝来不作意,狂风挽断是长条!

这种境界是民歌里稀有或没有的。但这里的语言都还是最朴素,最干净的白话,不靠典故。不靠词藻,意境超出了民歌,而语言还是民歌的语言。

绝句的最上乘,前有老杜,后有杨诚斋,其次则王荆公、刘梦得、杜牧之。二十八个字的小诗,一千年来的作家寥寥如此!

十多年前,我曾想集一本《每天一首绝句》,想挑出三百六十五首绝句。此事至今搁置,只写了一百多首,以七绝为绝大多数。将来我想从古民歌里,如《子夜歌》等,选出五言的民歌;然后从近年印出的南方民歌里选出一些七言民歌。再加上一千多年中诗人做的五七言绝句,也许可以有三百六十五首。

诗人做的五言绝句,好的真少,我最喜欢老杜的:

  漫道春来好,狂风好放颠,
  吹花随水去,翻却钓鱼船。

我也喜欢卢仝的一首:

  村醉黄昏归,键倒三四五。
  摩挲青莓苔,莫嗔惊着汝。

放翁有一首,我也喜欢:

  涨水入我庐,萍叶粘半扉,
  日出水返壑,念汝何由归。

这种意境,都是民歌里没有的。
你若记得有特别心爱的绝句,请写一些给我。

          适之　卅六,十一,十六夜

致张爱玲

爱玲女士：

谢谢你十月二十五日的信和你的小说《秧歌》！

请恕我这许久没给你写信。

你这本《秧歌》，我仔细看了两遍，我很高兴能看见这本很有文学价值的作品。你自己说的"有一点接近平淡而近自然的境界"，我认为你在这个方面已做到了很成功的地步！这本小说，从头到尾，写的是"饥饿"，——也许你曾想到用"饿"做书名，——写的真好，真有"平淡而近自然"的细致工夫。

你写月香回家后的第一顿"稠粥"已很动人了。后来加上一位从城市来忍不得饿的顾先生，你写他背人偷吃镇上带回来的东西的情形，真使我很佩服。我最佩服你写他出门去丢蛋壳和枣核的一段，和"从来没注意到（小麻饼）吃起来侉嗤侉嗤，响得那么厉害"一段。这几段也许还有人容易欣赏。下面写阿招挨打一段，我怕读者也许不见得一读就能了解了。

你写人情，也很细致，也能做到"平淡而近自然"的境界。如一三一——三二页写那条棉被，如一七五、一八九页写的那件棉袄，那是很成功的。一八九页写棉袄的一段真写的好，使我很感动。

"平淡而近自然的境界"是很难得一般读者的赏识的。《海上花》就是一个久被埋没的好例子。你这本小说出版后，得到什么评论？我很想知道一二。

你的英文本,将来我一定特别留意。中文本可否请你多寄两三本来,我要介绍给一些朋友看看。

书中一六〇页"他爹今年八十了,我都八十一了",与二〇五页的"六十八喽"相差太远,似是小误。七六页"在被窝里点着蜡烛",似乎也可删。

以上说的话,是一个不曾做文艺创作的人的胡说,请你不要见笑。我读了你十月的信上说的"很久以前我读你写的《醒世姻缘》与《海上花》的考证,印象非常深,后来我找了这两部小说来看,这些年来,前后不知看了多少遍,自己以为得到不少益处。"——我读了这几句话,又读了你的小说,我真很感觉高兴!如果我提倡这两部小说的效果,单止产生了你这一本《秧歌》,我也应该十分满意了。

你在这本小说之前,还写了些什么书?如方便时,我很想看看。

匆匆敬祝

平安

胡适敬上　一九五五,一,二十五(旧历元旦后一日)

日 记 编

一九一四年一月二十五日(三则)

一

今日吾国之急需,不在新奇之学说,高深之哲理,而在所以求学论事观物经国之术。以吾所见言之,有三术焉,皆起死之神丹也:

一曰归纳的理论,

二曰历史的眼光,

三曰进化的观念。

二

余近来读书多所涉猎而不专精,泛滥无方而无所专注,所得皆皮毛也,可以入世而不足以用世,可以欺人而无以益人,可以自欺而非所以自修也。后此宜痛改之。

三

近来所关心之问题,如下所列:

一,泰西之考据学,

二,致用哲学,
三,天赋人权说之沿革,
皆得其皮毛而止,真可谓肤浅矣。

一九一四年六月七日

吾常语美洲人士,以为吾国家族制度,子妇有养亲之责,父母衰老,有所倚依,此法远胜此邦个人主义之但以养成自助之能力,而对于家庭不负养赡之责也;至今思之,吾国之家族制,实亦有大害,以其养成一种依赖性也。吾国家庭,父母视子妇如一种养老存款(old age pension),以为子妇必须养亲,此一种依赖性也。子妇视父母遗产为固有,此又一依赖性也。甚至兄弟相倚依,以为兄弟有相助之责。再甚至一族一党,三亲六戚,无不相倚依。一人成佛,一族飞升,一子成名,六亲聚啖之,如蚁之附骨,不以为耻而以为当然,此何等奴性!真亡国之根也!夫子妇之养亲,孝也,父母责子妇以必养,则依赖之习成矣;西方人之稍有独立思想者,不屑为也。吾见有此邦人,年五六十岁,犹自食其力,虽有子妇能赡养之,亦不欲受也,耻受养于人也。父母尚尔,而况亲族乎?杂志记教皇Pius第十世(今之教皇)之二妹居于教皇宫之侧,居屋甚卑隘,出门皆不戴帽,与贫女无别,皆不识字。夫身为教皇之尊,而其妹犹食贫如此。今教皇有老姊,尝病,教皇躬侍其病。报记其姊弟恩爱,殊令人兴起,则其人非寡恩者也。盖西方人自立之心,故不欲因人热耳。读之有感,记之。

吾国陋俗,一子得官,追封数世,此与世袭爵位同一无理也。吾顷与许怡荪书,亦申此意。又言吾国之家族制,实亦一种个人主义。

西人之个人主义以个人为单位,吾国之个人主义则以家族为单位,其实一也。吾国之家庭对于社会,俨若一敌国然,曰扬名也,曰显亲也,曰光前裕后也,皆自私自利之说也;顾其所私利者,为一家而非一己耳。西方之个人主义,犹养成一种独立之人格,自助之能力,若吾国"家族的个人主义",则私利于外,依赖于内,吾未见其善于彼也。

一九一五年五月二十八日

与C.W.约,此后各专心致志于吾二人所择之事业,以全力为之,期于有成。

吾骛外太甚,其失在于肤浅,今当以专壹矫正之。

吾生平大过,在于求博而不务精。盖吾返观国势,每以为今日祖国事事需人,吾不可不周知博览,以为他日为国人导师之预备。不知此谬想也。吾读书十余年,乃犹不明分功易事之义乎?吾生精力有限,不能万知而万能。吾所贡献于社会者,惟在吾所择业耳。吾之天职,吾对于社会之责任,惟在竭吾所能,为吾所能为。吾所不能,人其舍诸?

自今以往,当屏绝万事,专治哲学,中西兼治,此吾所择业也。

一九一五年十月三十日(二则)

一

吾自识吾友韦女士以来,生平对于女子之见解为之大变,对于男女交际之关系亦为之大变。女子教育,吾向所深信者也。惟昔所注意,乃在为国人造良妻贤母以为家庭教育之预备,今始知女子教育之最上目的乃在造成一种能自由能独立之女子。国有能自由独立之女子,然后可以增进其国人之道德,高尚其人格。盖女子有一种感化力,善用之可以振衰起懦,可以化民成俗,爱国者不可不知所以保存发扬之,不可不知所以因势利用之。

二

十月二十三日,纽约城及附近各地之女子选举会,因纽约省选举期近(十一月二日),女子参政一问题将于是日由全省公民投票决,故举行"女子参政大游街"。"游街"者,英文"Parade",以其似吾国之游街也,故以是译之。

游街之目的大率有二:一以宣示宗旨,一以鼓动观听。一言以蔽之,曰,示众而已,所谓登广告是也。

是日之"女子参政大游街"为千古未有之大盛举。与游者男妇四万余人。余与张奚若立第五街上观之,至三小时之久,犹未过尽。

是日游街之最足动人者盖有数事:

一、秩序之整肃　数万人之大队非同小可,而乃能井然有条如此,勿谓此中无人也。

二、心理之庄严　与游之人,固属少年男女居多(西人四十以下皆为少年),而中年以上之妇女亦不少。头发全白者亦有之。望之真令人肃然起敬。

三、女教习之多　中有一队全属纽约及附近之妇女教员,其数亦不知有几千(美国中学以下教员多由女子充之)。此等妇女对于国家社会负何等责任,服何等劳役,而犹忍剥夺其公民之权耶?

四、游行者之坚忍耐苦　是日大风寒,其女子之持大帜者皆寸步与风相撑支,终无一人半途散去,其精神可敬也。

此次纽约女子选举胜负未可知。本月十九日,邻近之纽吉色省亦由公民投票定女子之当否参与政权,其结果则主张否定者多至五万一千余票,此省之女子选举遂失败,须再待二年始有第二次投票公决之机会。

纽吉色省乃美总统威尔逊氏之本省。威氏于前月宣言赞成本省妇女参政问题。选举期届,复亲回乡投票。其内阁中人之属于此省者亦皆宣言赞成此案。然此案卒未能通过。以一国元首之赞助,而不能使其乡人附从之,此亦可见西方人士独立思想之高,不轻易为位高爵尊者所耸动也。

一夜,余在室中读书,忽闻窗下笳声。临窗视之,乃一汽车,中有妇女多人,盖也女子参政之活动者也。中有一女子执笳吹之,其声悲壮动人。途人渐集车下。笳歇,中一女子宣言,大学藏书楼前有街心演说会,招众人往赴。余遂往观之。有男女数人相继演说,亦都不恶。余忽见人丛中有杜威先生(Professor John Dewey),为哥伦比亚大学哲学教长,而此邦哲学界第一人也。余初以为先生或偶经此间耳,及演说毕,车门辟,先生乃登车,与诸女子参政会中人并驾而去,然后乃知先生盖助之为进行活动(campaigning)者也。嗟夫,二十世纪之学者不当如是耶!

十一月二日,纽约省投票结果,反对女子参政者战胜矣。然赞成者乃至五十万人之多,则虽败犹足以豪也。(十一月三日)

一九二一年八月三十日

他（此指高梦旦）说许多旧人都恭维我不背旧婚约，是一件最可佩服的事！他说，他的敬重我，这也是一个条件。我问他，这一件事有什么难能可贵之处？他说，这是一件大牺牲。我说，我生平做的事，没有一件比这件事最讨便宜的了，有什么大牺牲？他问我何以最讨便宜。我说，当初我并不曾准备什么牺牲，我不过心里不忍伤几个人的心罢了。假如我那时忍心毁约，使这几个人终身痛苦，我的良心上的责备，必然比什么痛苦都难受。其实我家庭里并没有什么大过不去的地方。这已是占便宜了。最占便宜的，是社会上对于此事的过分赞许。这种精神上的反应，真是意外的便宜。我是不怕人骂的，我也不曾求人赞许，我不过行吾心之所安罢了，而竟得这种意外的过分报酬，岂不是最便宜的事吗？若此事可算牺牲，谁不肯牺牲呢？

一九二三年十月十三日

沫若来谈。前夜我作的诗,有两句,我觉得不好,志摩也觉得不好,今天沫若也觉得不好。此可见我们三个人对于诗的主张虽不同,然自有同处。

到索克思家午餐。到国语专修学校讲演《国语文学史大要》。

沫若邀吃晚饭,有田汉,成仿吾,何公敢,志摩,楼□□,共七人。沫若劝酒甚殷勤,我因为他们和我和解之后这是第一次杯酒相见,故勉强破戒,喝酒不少,几乎醉了。是夜沫若,志摩,田汉都醉了,我说起我从前要评《女神》,曾取《女神》读了五日。沫若大喜,竟抱住我,和我接吻。

一九三七年二月十日

今天来客最多。

读曹禺(万家宝的笔名)的《雷雨》,《日出》。杨今甫赠此二书,今夜读了,觉得《日出》很好,《雷雨》实不成个东西。《雷雨》的自序的态度很不好。

《雷雨》显系受了 Ibsen,O'Neil 诸人的影响,其中人物皆是外国人物,没有一个是真的中国人,其事亦不是中国事。

《日出》是一大进步,其中人物稍近情理,也稍有力量。然不近情理处也还不少。如"小东西",金八早要淫她了,而她卖到下处,却总因为"太小",接不着客,岂非矛盾?《日出》写胡四,顾八奶奶都太不近情理。

今夜是旧历除夕,终夜听爆仗声,睡的很少。

创作要目

1917年　1月,在《新青年》二卷五号上发表《文学改良刍议》,后收入《胡适文存》一集。

5月,在《新青年》三卷三号上发表《历史的文学观念论》,后收入1921年亚东图书馆版《胡适文存》第一集。

1919年　7月在《每周评论》上发表《多研究些问题,少谈些"主义"》,由此挑起"问题与主义"的论战。接下来又发表了《三论问题与主义》《四论问题与主义》。

同年,所著《中国哲学史大纲》卷上由上海商务印书馆出版(1919年重排时,此书收在商务印书馆的"万有文库"中,改称《中国古代哲学史》);《中国哲学史大纲》卷中(中古哲学史前七章)由北大出版部出版(此本未续完。其中第七章"王充"曾在杂志上发表,后来收在黄晖的《论衡校释》作为附录之一)。

1920年　第一本诗集《尝试集》由上海亚东图书馆出版。

1921年　《胡适文存》第一集由上海亚东图书馆出版。

1924年　《胡适文存》第二集由上海亚东图书馆出版。
　　　　《五十年来之中国文学》由上海申报馆出版。

1927年　《戴东原的哲学》由上海商务印书馆出版。
　　　　《国语文学史》由北平文化学社出版。

1928年　《白话文学史》由上海新月出版社出版。
　　　　《庐山游记》（散文集）由上海新月出版社出版。

1929年　《人权论集》（与梁实秋等合著）由上海新月书店出版。

1930年　《胡适文存》第三集、《胡适文选》由上海亚东图书馆出版。
　　　　《中国中古思想史长编》前九章（油印本）由上海吴淞的中国公学出版。
　　　　所编《神会和尚遗集》由上海亚东图书馆出版。

1931年　所编《中国文学史选例》卷一由北大出版部出版。
　　　　所著《淮南王书》由上海新月出版社出版。

1932年　《中国中古思想史的提要》（十二讲）由北大出版部出版。

1933年　《四十自述》（自传）由上海亚东图书馆出版。

1935年　《胡适论学近著》（第一集）由上海商务印书馆出版（后删省为《胡适文存》第四集）。
　　　　《南游杂忆》（散文集）由上海良友图书公司出版。

1939 年	《藏晖室札记》由上海亚东图书馆出版(1947 年由商务印书馆重排出版,改称《胡适留学日记》)。
1942 年	《中国章回小说考证》由实业印书馆出版。
1948 年	《胡适的时论》(第一集)由六艺书局出版。
1949 年	《水经注版本四十种展览目录》由北大出版部出版。 《齐白石年谱》(与黎锦熙、邓广铭合著)由上海商务印书馆出版。
1953 年	《胡适言论集》由中国台湾自由中国社出版。
1954 年	《什么是文学》由中国台湾远东出版社出版。
1960 年	《丁文江的传记》由中国台湾启明书局出版。
1962 年	《胡适书简》由中国台湾时代文化出版社出版。
1964 年	《胡适的诗》由中国台湾亚洲书局出版。 《胡适之先生诗歌手迹》由中国台北商务印书馆出版。
1979 年	《胡适演讲集》(三册)由中国台北大陆杂志社出版。
1985 年	《胡适的日记》由北京中华书局出版。

图书在版编目(CIP)数据

胡适精选集／胡适著. –北京：北京燕山出版社，2012(2014.7重印)
ISBN 978-7-5402-3069-2

Ⅰ. ①胡…　Ⅱ. ①胡…　Ⅲ. ①胡适(1891~1962)-选集
Ⅳ. ①C52

中国版本图书馆 CIP 数据核字(2012)第 317190 号

胡适精选集

作　　者	胡　适
责任编辑	张红梅　白利忠
封面设计	小　贾
出版发行	北京燕山出版社
	北京市宣武区陶然亭路 53 号　　邮编 100054
经　　销	新华书店
印　　刷	北京中科印刷有限公司
开　　本	787×1092　1/32
印　　张	14
字　　数	320 千字
版次印次	2013 年 4 月第 1 版　2014 年 7 月第 2 次印刷
定　　价	32.00 元

版权所有　盗版必究